菊與刀

戰後人類學視角下的日本國民性剖析

The Chrysanthemum and the Sword

以美國著名人類學家潘乃德視角解析
日本社會的矛盾結構與行為邏輯

一本研究民族文化的日本簡史
堪稱「日本國民性格說明書」

優雅與禮序×武士道與紀律

露絲・潘乃德剖析溫柔與殘酷並存的日本文化

目錄

- 致謝 …………………………………………… 005
- 第一章　任務：日本研究 …………………… 009
- 第二章　戰爭中的日本人 …………………… 029
- 第三章　各就其位 …………………………… 053
- 第四章　明治維新 …………………………… 085
- 第五章　歷史和社會的債務人 ……………… 107
- 第六章　報恩於萬一 ………………………… 125
- 第七章　「最難承受」是報答 ……………… 145
- 第八章　洗清名聲 …………………………… 157
- 第九章　人之常情 …………………………… 189

目錄

- 第十章　美德：進退兩難 …………………………… 207
- 第十一章　自我修練 …………………………… 239
- 第十二章　童蒙 …………………………… 263
- 第十三章　投降後的日本人 …………………………… 309

致謝

在戰爭期間，生在日本或者曾經在日本學習但住在美國的日本人，其處境非常艱難。很多美國人不相信他們。在蒐集寫作本書資料的過程中，我見證了他們的樂於助人，我為此感到無比高興。我十分樂意在此對他們表示感謝，特別要感謝我的戰時同事：羅伯特・羽島。他在美國出生，在日本長大，西元1941 年決定回到美國。他曾在一個戰爭安置營裡當實習醫師。我見到他時，他剛剛來到華盛頓，在聯邦戰爭部門工作。

我還要向戰爭情報辦公室表示感謝，這個研究日本的任務，正是他們給予我的。我要特別對情報辦公室遠東部副主任約翰・E・泰勒[01]教授，和美國策略服務局國外部的主管亞歷山大・H・雷頓指揮官表示感謝。

我還要對那些已經全部或部分讀過本書稿的人表示謝意：雷頓指揮官、克萊德・克拉克霍恩教授和納森・雷提斯博士，這幾位都曾為戰爭情報辦公室工作，在我做日本研究期間，曾給予我多方面的幫助。我還要向康拉德・阿仁斯伯格教授、瑪格麗特・米德博士、格里高利・貝特森和 E・H・諾曼給予我的

---

[01] 約翰・E・泰勒（George Edwin Taylor，西元 1857 ～ 1925 年），美國歷史上重要的政治活動家和記者。他以成為第一位獲得全國政黨提名的非裔美國人而聞名，代表著美國政治歷史上的一個重要里程碑。

致謝

　　建議和幫助表示感謝。

　　我要謝謝那些同意我從他們的出版品中引用資料的出版商：阿伯頓──世紀出版公司同意我引用厄普頓‧克洛斯[02]所著《表象背後的日本》[03]中的資料；愛德華‧阿諾德公司則同意我引用儀禮爵士[04]所著《日本佛教》(Japanese Buddhism)中的資料；約翰‧戴儀公司同意我引用《我的狹小島嶼》的內容，這本書作者是三島澄江[05]；鄧特父子公司同意我引用岡倉由三郎[06]所著的《日本人的思想和生活》內容；雙日公司同意我引用杉本鉞子[07]所著的《武士家的女兒》；企鵝圖書公司和《步兵雜誌》同意我引用《日軍怎樣作戰》一書中哈羅德‧都德上校[08]撰寫的文章；賈羅滋出版公司（倫敦）同意我引用野原駒吉[09]所著的《日

---

[02] 厄普頓‧克洛斯（Upton Close，西元1894～1960年），美國著名作家、記者、探險家和廣播評論員。克洛斯職業生涯跨越多個領域，尤以亞洲和環太平洋地區研究的權威專家著稱。以遠東記者身分工作期間，常穿梭於中國、日本、印度等亞洲國家，其作品和評論在當時引起了廣泛關注，至今仍具有研究價值。

[03] 即《Behind the Face of Japan》。

[04] 儀禮爵士（Sir Charles Eliot，西元1862～1931年），英國外交官、殖民地行政官和學者，香港大學第一任校長。代表作：《日本佛教》等。

[05] 三島澄江（Sumie Mishima，生卒年不詳），日本作家。代表作：《我的狹小島嶼》、《康莊大道》等。

[06] 岡倉由三郎（Yoshisaburo Okakura，西元1868～1936年），日本作家和學者，以其對日本文化和藝術的研究而聞名。代表作：《日本精神》、《日本人的思想和生活》等。

[07] 杉本鉞子（Etsu Inagaki Sugimoto，西元1874～1950年），日本裔美國作家和教育家，以其自傳體作品《武士的女兒》（A Daughter of Samurai）而聞名。她的作品不僅反映了個人經歷，還深入探討日本文化與西方社會之間的差異。

[08] 哈樂德‧都德上校（Colonel Harold Doud），美國陸軍上校，以其在第二次世界大戰期間的軍事服務而聞名。

[09] 野原駒吉（Komakichi Nohara，西元1899～1950年），德國日裔作家。代表作：《埃爾文在上海》、《日本的真面目》等。

本的真面目》；麥克米倫公司同意我引用 E・奧博林・斯譚尼爾伯[10]所著的《日本的佛教派別》以及小泉八雲[11]所著的《日本一解》；萊恩哈特公司同意我引用約翰・F・恩布里[12]所著的《日本國》；芝加哥大學出版社同意我引用約翰・F・恩布里所著的《須惠村》。

露絲・潘乃德

---

[10] E・奧博林・斯坦尼爾伯（Émile Steinilber-Oberlin，西元 1878～1923 年），法國作家，以其對禪宗思想的研究而聞名。他的著作探討了禪宗的核心理念和實踐，強調「真知」和頓悟的重要性。
[11] 小泉八雲（Patrick Lafcadio Hearn，西元 1850～1904 年），希臘及愛爾蘭混血裔日本小說家。
[12] 約翰・F・恩布里（John Fee Embree，西元 1908～1950 年），美國人類學家和學者，以其對日本文化和社會的深入研究而聞名。代表作：《日本國》、《須惠村》（Suye Mura: A Japanese Village）等。

致謝

第一章
任務：日本研究

　　美國曾經和日本發生全面性的戰爭，發現日軍與自己截然不同。在與別的任何強敵的戰爭中，從來沒有考慮過對手如此截然不同的行為方式和思考方式的必要。我們和沙皇俄國在之前（西元 1905 年）所遭遇到的是一樣的，與我們戰鬥的日本是一個全民皆兵，並且訓練有素的國家，這並非西方的文化傳統。那些業已為西方國家所接受的、符合實際人性的戰爭慣例，顯然對日本人是不存在的。這使得在太平洋上的美日戰爭當中，我們所面臨的不僅僅是一系列島嶼灘頭的登陸，和無法克服的後勤補給問題，因此我們需要了解他們的行為模式，進而才能對付他們。

　　這極為不容易。日本封閉的大門被打開後已有 75 年，這期間，人們描寫日本人時，用的都是「但是」和「也」這樣的詞彙；如果用這些詞彙來描寫別的任何國家，都會顯得無比荒謬。一名嚴肅的觀察家在描寫日本以外的民族時，不會在介紹他們前所未有的彬彬有禮之後，再補充這樣一句話：「可是，他們也相當傲慢、專橫。」當他說這個民族在為人處世方面非常頑固後，

第一章　任務：日本研究

不會再這樣說：「不過他們樂意調整自己，以適應極端的革新。」當他描述某個民族性格溫順時，不會同時解釋說：「但是他們不會輕易地服從上級的控制。」

當他認為他們寬厚、忠誠時，不會聲稱：「然而他們也有怨恨和背叛。」當他說他們生來勇敢時，不會又羅列起他們的怯懦來。當他說他們做事不會考慮別人的意見時，不會再接著說上一句：「他們的心胸非常寬廣。」當他介紹他們的軍隊如何像機器似的訓練時，不會又說起那支軍隊的士兵怎樣不服管教，甚至反抗上級。當他介紹一個民族如何熱情滿滿地投向西方學術時，不會再遣詞造句渲染他們的保守主義是如何的狂熱。當他在書中論述一個國家審美崇拜十分普遍，如何給予演員和藝術家極高的榮譽，如何願意在菊花栽培的技藝上費時費力時，通常來說，他不會在另一本書中這樣補充道：「那個民族也對刀非常崇拜，並將最高的聲望獻給武士。」

然而，所有這些聽起來矛盾的論述，都是和日本有關的書籍的核心。的確是這樣，刀與菊，共同組成了這樣的畫面。日本人生性既好鬥又和善，既蠻橫又有禮，既尚武又愛美，既頑固又能適應，既馴服順從，又會因被人推來推去而惱怒，既勇敢又怯懦，既忠誠又背叛，既保守又好新。這些特點全都有極端的表現。他們十分在乎別人對自己行為的看法，但是，當別人全然不知他們的劣跡時，他們又會被罪惡所征服。他們的士兵既是被徹底馴服的，也可能對上級發起反抗。

美國要對日本有所了解。當這一點變得十分重要時，我們就再也不能將這些矛盾，以及許多別的同樣讓人心神不寧的矛盾推向一邊。危機接二連三地在我們面前出現。日本人打算做什麼？如果不對日本本土發動進攻，他們會投降嗎？我們該不該轟炸日本的皇宮？對日軍戰俘，我們能有什麼期待？為了挽救我們美國人的生命，同時削弱日本那種誓要戰鬥到最後一刻的決心，我們應該在對日本軍隊和日本國民的宣傳上，說些什麼才好？嚴重的分歧存在於那些精通日本的人士當中。

一旦和平到來，為了維持秩序，對他們實施永久性的軍事管制是否有必要？我們的士兵是不是要做好在日本的每一座山頭的每一個要塞，與那些頑抗到底的亡命之徒展開激戰的準備？在國際和平可能到來之前，日本有沒有可能步法國革命和俄國革命的後塵，發生一場革命？會是誰來領導這場革命？日本民族的結局只有滅亡？我們作出怎樣的判斷，會導致迥然不同的結果。

西元1944年6月，我被委任研究日本。身為文化人類學家，我被要求利用所有能利用的手段，描述出日本人是什麼樣的人。在那年夏天之初，我們對日本的大規模反攻，其威力才剛開始顯露出來。美國人還在說，對日戰爭還會持續三年，搞不好是十年或者更長。日本的人們則說它將會持續一百年。日本人說，美國人雖然在某些區域取得了勝利，不過新幾內亞和索羅門群島離他們的島國，還遠在數千英里之外。日本的公報幾乎不會

第一章　任務：日本研究

公布海軍的失利，因此日本人還以為自己是勝利者。

不過到了6月情況有了變化。盟軍在歐洲開闢第二戰場，兩年半過去了，最高司令部給予歐洲戰場的軍事優先權，已經顯露出成效，人們能夠預見對德戰爭的結局了。而在太平洋戰場，我們的軍隊登陸了塞班島，這場大規模軍事行動預示日本最終將迎來失敗。從那時開始，我們的士兵總和日軍短兵相接。在新幾內亞、瓜達爾康納爾、緬甸、塔拉瓦還有比亞克等的戰役讓我們深知，自己已經深深地陷入與勁敵的對抗之中。

因此，在西元1944年6月，回答很多關於我們的敵人——日本的問題變得異常重要。無論這是一個軍事問題還是外交問題，也不必顧及提出這個問題是會跟高層決策有關，還是會影響到將要撒在日軍前線陣地的傳單，關鍵的是要有洞見。日本在打一場全面戰爭，我們要了解的，不只是東京當權派的目標和動機，也不只是日本漫長的歷史，甚至不僅是經濟與軍事的統計數字，還包括他們的政府能在人民那裡獲得哪些期待？我們需要努力洞悉日本人的思維和感情的習慣，還有這些習慣所落入的套路。我們還要了解支持這些行為和觀念背後的因素。我們需要暫時將身為美國人的行為前提拋在一邊，而且還要盡可能地避免輕易地、武斷地下什麼結論——在某種情形下，我們會做的事，他們同樣也會做。

我的任務想完成很難。美、日正處在戰爭當中，戰時大規模的譴責是容易的，然而，想要弄清楚你的敵人是怎樣透過他

的眼睛看待生活的,就不容易了。但是,我必須要完成這個任務。問題是:日本人將採取怎樣的行動,而不是假如我們處在他們的境況,將會怎樣行動。我力圖將日本人在戰爭中的行為,當作有助於了解他們的有利條件,而非不利條件。我需要觀察他們的打仗方式,同事暫時將它們視為文化問題,而非軍事問題。

日本人的行為,在戰爭中與在和平中是一樣的,都有一定的特點。在處理戰爭事務的方式中,他們留下了什麼特殊的思考方式和生活方式的跡象呢?他們的領導人在疆場上調兵遣將,鼓舞士氣,打消迷惑者的疑慮,所有這些展現出他們自己認為的、可資利用的力量究竟是什麼?我得遵循戰爭的細節,以弄清楚日本人是怎樣逐步展露他們自己的。

然而,我們兩國正在打仗,這個事實不可避免地指向一個嚴重的不利因素,即,我不得不放棄文化人類學家最重要的一個手段:實地考察。我不能去日本,住在日本人的家裡,觀察他們在日常生活中的種種傾向和壓力,用我自己的眼睛去辨別,哪些是至關重要的,哪些的重要性較低;我不能觀察他們在作出決定時的複雜情況;我不能觀察他們孩子的成長過程。約翰‧F‧恩布里所著的《須惠村》,是一名人類學家對一個日本村莊展開實地研究的成果。不過在恩布里撰寫那部專著時,西元1944年的我們面對的不少關於日本的問題,都沒有被提及。

儘管存在這些不小的困難,身為一名文化人類學家,我還

第一章　任務：日本研究

是相信那些能夠利用的手段和條件。人類學家在相當程度上，對面對面接觸研究對象比較依賴，至少，我能夠不放棄這樣的接觸。美國有不少在日本長大的日本人，我可以就他們親身經歷的具體事情，向他們提問，搞清楚他們是怎樣判斷那些事情的，並且用他們的描述來填補我們知識上的很多空白。

身為人類學家，我相信那樣的知識對於我們理解任何文化，都具有本質的意義。別的社會科學領域的學者在研究日本時，往往大加利用圖書館，分析過去的事件或統計資料，還會追蹤書面或口頭的日本宣傳品，在字裡行間的演變情況。我相信，他們所索求的不少問題，都隱藏於日本文化的種種規則和價值之中，透過那些真正生活於其中的人來探究那種文化，取得的效果會更令人滿意的。

這並非意味著我不讀書，或者我不對那些曾經在日本生活的西方人表示感謝。和日本有關的文獻汗牛充棟，曾經於日本生活的優秀西方觀察家也不勝列舉。這是我的優勢。有些人類學家前往亞馬遜河源頭或新幾內亞高原，對沒有文字的部落展開研究，我的這一優勢是他們所沒有的。沒有文字，這些部落就不曾在紙上顯露自己。西方人對那些部落的介紹不僅少，還十分膚淺，沒有人了解他們的歷史。實地調查者不得不在沒有前輩學者的任何幫助下，探究那些部落的經濟生活是怎樣運行的，社會是怎樣分層的，以及在宗教生活中，占據至高無上地位的是什麼。

在日本研究界，我可以說是許多學者的繼承人。在好古者的筆下，藏匿著對生活的細枝末節的描寫。歐美人民將他們活生生的經歷記錄下來，日本人自己也曾寫下大量非同尋常的自我紀錄。和很多東方人不同，日本人熱衷於將自己寫出來。他們寫的既有生活瑣事，也有全世界擴張的計畫。他們的率真讓人覺得困惑。當然，他們並沒有將計畫和盤托出──誰也不會那樣做的。日本人在寫日本時，會將一些真正重要的東西略掉，那些東西像呼吸的空氣一樣重要，讓人習而不察了。美國人寫美國時也是一樣。不過，日本人還是願意自我表露的。

我閱讀這些文獻，和為了創立物種起源理論的達爾文（Charles Darwin）閱讀文獻時一樣，要尤為關注那些無法了解的事情，為了弄懂國會演說中那些並列在一起的觀念，我需要了解哪些？

他們會為某個看起來無可厚非的議案進行激烈的爭論，卻又輕而易舉地接受了某個看起來無法容忍的議案。在他們的態度後面隱藏著什麼？我讀的時候一直在問：這樣的情景到底出了什麼問題？為了弄懂它，我需要了解什麼？

我也看一些在日本編寫並製作的電影──歷史片、宣傳片，描寫當代東京生活的都市片還有農村片。然後我和一些同樣看過這些電影的日本人討論它們，在任何情況下，他們看待男女主角和反面角色，都是以普通日本人的眼光，而我的看法則不一樣。當我感到困惑時，他們顯得相當清醒。他們對情節和動機的理解也和我不一樣，不過他們是從結構方式上理解電

第一章　任務：日本研究

影的。和對小說的理解一樣,我與那些生長於日本的日本人對同一部電影的理解,比表面的差異還要大。他們中有的人總在為日本的習慣進行辯護,還有的人則對日本的一切都表示討厭。我從哪個團體了解到的資訊最多?這不好說。在日本,人們是怎樣規範自己的生活的?不管他們是欣然接受還是痛加排斥,他們最終都同意為我描繪一幅隱祕的圖景。

至於人類學家在研究某種文化時,去尋訪與那種文化中的人直接相關的資料和洞見,他只是在做一切曾經住在日本的、能幹的西方觀察家所做過的事。如果這位人類學家所能做就是這些,那麼就不能指望他為日本研究增添些有價值的東西,那些居住在日本的外國人,已經對日本做出了一些頗具價值的研究。但是,一名文化人類學家所受過的訓練,一定是要開花結果的。所以,他是有一定的資格的;在一個已經擁有眾多學者和觀察家的領域當中,他想要加上自己的貢獻,這彷彿也是值得的。

人類學家對亞洲和大洋洲的許多文化類型,都有所了解。日本的許多社會習俗和生活習慣,甚至和某些太平洋島嶼上的原始部落的習俗和習慣非常像。有些和馬來西亞像,有些則和新幾內亞相似,還有一些則是和玻里尼西亞像。對我而言,了解這種文化的相似性是有意義的。它們是否可以作為古代遷移和接觸的痕跡?這個問題當然十分有趣。不過,這種可能存在的歷史關係問題,無法說明我對這些文化的了解具有什麼價值。

它們的意義,其實在於幫助我了解,風俗習慣在簡單的文化中如何發揮作用,並且讓我可以憑藉自身所發現的類似和差異找出線索,進而了解日本的生活狀況。

我對亞洲大陸上的暹羅、緬甸和中國也略知一二,所以我可以將日本和別的國家放在一起進行比較。那些國家的文化,都稱得上是亞洲重要文化遺產的組成部分。人類學家對原始部落的研究成功已經數次表明,這樣的文化比較具有的價值是非凡的。一個部落可能和它鄰近的部落分享著90％的正式習俗,但是它可能會修補這些習俗,好讓其適應自己的某種價值觀念或是某種生活方式,這個它不會與任何周邊部落分享。它在修補的時候,可能丟棄一些基本的習俗,儘管這些習俗只占整個社會習俗一個很小的比例,然而也有可能會讓它未來的發展途徑,轉到某個獨特的方向上。某些種族在整體上相互分享很多特性,人類學家能在這些種族之間發現相互對比的差異。再也沒有比研究這些差異,更有益、更有價值的了。

人類學家還得最大限度地去適應,自身文化和別的民族文化之間的差異,他們還要思索解決這一特殊問題的手段。他們自身的經驗告訴他們,不同文化中的人所必須面對的情景,是截然不同的。同時,不同種族和民族在定義這些情景的含義所用的方式,也是大不相同的。在某個地處熱帶沙漠或北極的村落裡,他們碰見過血緣責任或財物交換的部落體制;即便是他們將自己的想像力發揮到最大的程度,也杜撰不出來那樣的習

第一章　任務：日本研究

俗。他們必須要展開調查，除了要調查血親關係或交換關係的細節，還要調查這些習俗在部落習慣中的發展狀況，以及每一代人是怎樣從兒童時期就被要求以此為條件，將那些習俗傳承下去，就像他們的祖輩曾經做過的那樣。

人類學家關注差異及其制約性和結果，這一點我們可以在研究日本的過程中加以利用。所有人都清楚，美、日之間的文化差異根深蒂固。在美國民間甚至有一個和日本人有關的傳聞，說不管我們怎麼做，他們都會唱反調。倘若一名學者滿足於下這樣一個簡單的結論：這些差異太奇異了，以至於這樣的民族是我們無法了解的，那麼，這樣對於差異的成見是危險的。人類學家自身的經驗可以非常有力地證明：即便是怪異的行為，也不會對我們進行了解構成障礙。人類學家從專業的角度，將差異認定為優勢非劣勢，在這一點上，是所有社會科學家中做得最好的，表象離奇的習俗和種族，最能激發他強烈的關注。

不管觀察的部落在生活方式上發生了什麼，都不會是理所當然的，這會讓他不是只關注一些少數挑選出來的事例，而是會關注全部事例。那些沒有受過比較文化研究方面訓練的研究者，在研究西方國家時，會對某個習俗的整體性視而不見。他往往會想當然，以至於無論是那些日常生活中細小的習慣，還是所有那些被家庭成員普遍接受的、關於家庭事務的裁決，都不會出現在他探索的範圍中。不過在一個民族的大螢幕上，這些習慣和裁決會被大面積地投射放映，會對這個民族的未來產

生影響，作用可以說遠在外交官們所簽訂的條約之上。

人類學家一定要不斷地完善研究日常瑣事的方法，因為對於作為研究對象的部落來說，那些平常瑣事與他自己社會的瑣事大不相同。當他想要理解某個部落的極端惡毒，或者另一個部落的極端膽怯時，當他力圖要描繪出，他們在某個特定情境中的行為方式和感受方式時，他會發現，自己非常地依賴觀察和細節。如果是在文明國家，這些觀察和細節不會經常被注意到。他有充分的理由確定它們的重要性，同時也相當清楚，想要發覺它們需要用到什麼樣的研究方法。

我們不妨在日本研究方面試一試。這是因為，只有當我們注意到，某個民族生活中帶有強烈人性色彩的日常瑣事時，我們才會賞識人類學家的這一假定，也就是不管在哪個原始部落，還是在哪個處於文明領先地位的國家中，人類行為都是從日常生活中學來的。一個人的行為或想法不管多麼怪異，他的感受方式和思考方式，都和他的經驗存在一定的關係。我越是對日本人的某些行為感到困惑，越是會這樣設想：在日本人生活中的某個領域，一定會有某種產生這樣奇怪行為的平常條件。假使這一探詢將我帶進日常交往的瑣碎細節，那就更棒了。那正是人們學習的途徑。

身為文化人類學家，我起初還有過這樣一個假定：即便是最孤立的行為，它們相互之間也一定存在某種系統性的關聯。我曾經認真研究過，將上百個細節納入幾種普遍模式的途徑。

第一章　任務：日本研究

　　人類社會一定會為自身的生存作出某種規劃，這種規劃將來有可能成為支持人們在遭遇並評估某些情形時所採取的方法。在那個社會中，這些解決問題的方法被人們視為全世界的基礎要素。不管有怎樣的困難，他們都會將這些方法整合。人一旦接受了一套價值觀念，並且按照這套價值觀念生活，就無法再根據一套相反的價值觀念思考和行動了，那是一種被隔離的生活狀態，想要長久維持而不導致失效和混亂是不可能的。若是想要獲取更多的和諧一致，給自己裝備某種共同的理論和動機，某種程度的一致性是必不可少的，否則整個局面就會崩潰。

　　所以，經濟行為、家庭安排、宗教儀式和政治目標，這些相互之間產生了錯綜複雜的連繫。某個領域的變化，說不定比別的領域的變化出現得更快些，並且讓別的領域屈從於極大的壓力。不過，壓力的源頭乃是對一致性的需求。人們在史前社會就追逐控制他人的權力，這種權力意志在宗教活動中的表現，一點都不亞於在經濟交往和與別的部落交流中的表現。那些文明國家擁有古老的書面經文，在這些國家，教會一定會將過去數百年的詞語保留下來，而那些沒有自己文字的部落便無法做到這一點。

　　然而在某些領域，公眾對經濟和政治的權力越來越認可，教會就將與之相左的權威放棄了。詞語保留下來，但是意義變了。宗教教條、經濟活動和政治行為，並不是待在由堤壩分割開來、互不摻雜的小池塘裡，而是溢過了各自圈定的邊界，相

互摻雜是不可避免的。因為這一切總是這樣，因此，一名學者越是在表面上將觀察力分散到性、經濟和宗教以及嬰孩撫養等領域，就越能追蹤作為研究對象的那個社會中發生的事情，也就越能在生活的一切領域，提出有價值的假說，並得到有利的資訊。不論哪個民族，不管是用政治、經濟還是倫理的術語提出要求，他都可以學會觀察；他還會觀察人們的表達習慣和思考方式，這些東西都是在社會實踐中獲取的。

所以，本書並不會專門論述日本的宗教、經濟生活、政治或家庭狀況。日本人在生活舉止上的一些先入之見，是我考察的對象。不管當時的活動怎樣，我所描寫的是這些先入之見自身所表露的情形。本書所論述的，乃是日本之所以成為日本人的國家，這其中的諸多因素。

我們還懷有一些模糊卻極為偏頗的觀念，這是20世紀的一大障礙，這一點不僅是在討論日本之所以成為日本人的國家時如此，在討論美國之所以成為美國人的國家、法蘭西之所以成為法國人的國家、蘇聯之所以成為俄國人的國家時，也都一樣存在。由於這一認知的缺乏，每一個國家都會對別的國家產生誤解。有時這些誤解只是兄弟之間的小麻煩，我們卻擔心這是無法調解的分歧。有時一個擁有一整套屬於他們自己的經驗和價值體系的民族，其所構想的行動方針與我們所認為的大不相同，而我們還在談論與他們的共同目標。我們沒有給自己一個去弄清楚他們的習慣和價值觀，到底意味著什麼的機會。要是

第一章　任務：日本研究

　　我們給自己這個機會，就有可能發現，那套行動方針未必有什麼惡意，只是因為我們不了解它罷了。

　　每一個民族的作家都力圖將自己的民族說明白，但這是很難的事情。因為我們不可能完全依賴一個民族自己所說的思維習慣和行動習慣。不同的民族用來觀察生活的眼光並不一樣，而且又很難讓人們意識到，自己存在著用來觀察的眼睛。所有的國家都覺得這是理所當然的。聚焦和透視的諸般訣竅，讓一個民族擁有全民族的生活景觀，對那個民族而言，這些場景彷彿都是上帝給予的安排。無論是什麼情況，我們都不指望戴眼鏡的人會清楚鏡片的度數，也不能指望任何國家會分析他們看待世界的觀點。早晚有一天，我們會無疑地承認：分析當今世界上的國家，那是社會科學家的工作。

　　這項工作在需要某種程度的鐵石心腸，同時也需要一定程度的慷慨。有時，懷有良好願望的人們會指責那種鐵石心腸。這些「同一世界」的支持者們，彷彿在賭咒似的發願，要讓地球每一個角落的人們都相信：東方和西方之間、黑人和白人之間、穆斯林和基督徒之間，一切差異都是表面上的，實際上全人類的心理都相差無幾。這一觀點有時又被稱為「四海之內皆兄弟」。有一點是我無法理解的，那就是一旦一個人相信了這一觀點，為什麼就不能再說日本人有日本人的生活方式，美國人則有美國人的生活方式？有時，軟心腸的人們彷彿覺得，如果世上所有的民族並非由同一張底片印出來的，那麼源自良好願望

的說教便無從說起。

然而，強求接受這種單一性，作為尊重別的民族的條件，就彷彿要求自己的妻子和孩子跟自己一模一樣類似，是一種神經質的表現。鐵石心腸的人們滿不在乎地覺得，應該存在差異，他們對差異表示尊重。他們的目標是建立一個可以容納各式各樣差異的安全世界，美國可以從頭到尾都是美國，而不對世界和平構成威脅；在同樣的條件下，法國和日本也能夠如此。

對於自己沒做到相信這一點的學者而言，試圖使用外力介入來阻止這樣的人生態度走向成熟，顯得非常荒唐。他也用不著擔心，因為持有這樣的立場，他就是讓世界凝固成當前這個樣子的幫凶。鼓勵文化差異並不意味著世界不再發展了。英國並沒有因為伊莉莎白時代之後有安妮時代還有維多利亞時代，而將英國的特徵丟失了。正是因為英國人與其他民族的人有如此大的不同，所以在不一樣的時代，不一樣的標準和不一樣的民族心態，會宣稱自己的存在。

系統地研究民族差異，除了需要堅韌的精神，還需要某種程度的寬宏大量。只有當人們足夠堅定地深信自己需要非常寬容時，比較宗教研究才會繁榮起來。研究者可能是一個基督徒，也可能是一個阿拉伯的專家，或者是一個不信教者，然而他們不會是宗教狂熱分子。當人們過於關注地防護自己的生活方式時，對他們來說，那種方式彷彿就是世上唯一的解決問題的方式，那麼比較文化研究就無法繁榮起來。

第一章　任務：日本研究

　　這樣的人永遠都不會明白，對其他生活方式了解越深，他們就會越愛自己的文化。他們讓自己斷然放棄那令人愉悅而且豐富的經歷。他們的防備之心如此之重，以至於選擇只有一種，即要求別的國家接納他們特有的解決方法。身為美國人，他們把自己偏愛的原則強加於其他每一個國家。然而我們不能要求其他國家接受我們的生活方式，正如我們學不會用 12 進位制代替 10 進位制計算，或者像某些東非土著那樣，用一隻腳站著休息。

　　本書論述的是日本人預期的和想當然的習慣、任何日本人指望別人幫助或不指望的情景。他們什麼時候感到羞愧，什麼時候感到尷尬，他們的自我要求是什麼樣的。本書中任何陳述的理想評判者是平民百姓，也就是普通人。不過這並非意味著他們曾置身於我所描述的每一種特殊情境，而是意味著他們會承認在那些情形下，他們的言行就是那樣的。這樣研究是為了描寫那些深埋在思想和行為背後的態度。哪怕這個目標沒有實現，那也是本人的理想所在。

　　我們在這樣的研究中，很快就得到這樣的觀點：你可以拿出證據說你調查了非常多的人，卻並不就此可以得到更多的證據。比如，鞠躬應該是誰對誰，以及應該什麼時候鞠躬，就用不著對整個日本做統計學意義上的研究。每一個日本人都可以告訴你那些公認的、習慣性的情境，確認過幾輪之後，便不必再從上百萬的日本人那裡獲取一樣的資訊了。

日本人營造他們的生活方式，靠的是一些先入之見。那些想要挖掘這些先入之見的學者，面臨一個比統計學意義上的證據還要艱難的任務。我們要求他說明白，這些被公認的活動和判斷，是怎樣成為他觀察人生的鏡頭的。他得闡述日本人的先入之見是怎樣影響他們觀察生活的焦點和視角。他得為美國人說明白，要知道，美國人看待生活的視角是截然不同的。在這一分析工作中，權威的法官並不一定是「田中先生」，也就是「任何普通人」。因為「田中先生」並沒有把自己的先入之見說明白，對他來說，那些寫給美國人看的闡釋，一定是非常吃力的。

美國人在研究社會時，往往不會刻意探究文明文化所依賴並建立的那些前提。大部分的研究者都會有這樣先入為主的觀點：這些前提是不證自明的。社會學家和心理學家都在忙著研究觀念和行為的「散布情況」，統計是他們常用的手段。大量調查資料、問卷答案或者心理測試、訪談問答諸如此類的東西，都被他們全交給統計學的分析，然後試圖推演出某些事實因素的獨立性或相互依賴性。

輿論調查領域一項有效的手段是：透過科學選出的抽樣調查人口，在全國進行民意測驗。在美國，這種手段已經高度完善。運用這一手段我們可以發現，某個公職候選人或某項政策有多少人支持或反對。我們可以把支持者和反對者分類：比如是鄉村的或者城市的、高收入的或者低收入的、共和黨的或者民主黨的。在一個投票決定一切的國家，人民代表制定並實施

法律，因此，這樣的調查結果實踐意義很大。

美國人可以就美國的事情開展民意調查，理解調查的結果也頗為容易；然而他們之所以能做到這一點，是因為有這樣一個前提存在，這個前提是如此顯而易見，以至於誰都沒有注意到它：他們清楚美國的生活方式，並且認定那種生活方式是理所當然的。民意調查結果只是比我們業已知道的東西，再多告訴我們一些，僅此而已。我們想要理解其他的國家，必須系統地、專業地研究那個國家人民的習慣和成見，然後民意調查才能有良好的效果。

透過一個謹慎的抽樣調查，我們可以知道有多少人支持政府，有多少人反對政府。但是，如果我們不清楚他們對國家抱有什麼樣的觀念，那麼抽樣調查又能告訴我們什麼呢？要先了解人們的國家觀念之後，我們才有可能清楚各個派別在國會裡或大街上爭論的是什麼。和黨派力量的數字相比，國民對政府的先入之見，具有更為普遍而長久的重要性。

在美國，不管是民主黨政府還是共和黨政府，基本都會被認為是邪惡的，這是因為它限制了個人的自由。除了在戰時，政府職位不會替一個人帶來私營企業裡，同等工作所帶來的那種身分。這樣的國家觀念就和日本大不相同，甚至跟許多歐洲國家也大相逕庭。我們第一個要了解的，就是他們的國家觀念。他們的觀念透過以下方式體現出來：社會習俗、關於國家歷史的神話，以及在全國性節日上的演說。我們也可以透過這

些間接的表現開展研究,當然,系統的研究是我們需要做的。

關於生活,每一個民族都形成過一些基本的先入之見,而且每一個民族都認可一些解決問題的方法;我們可以研究這些先入之見和解決方法。在選舉當中,我們會聚精會神、細緻入微地搞清楚人口中,投了贊成票有多大比例,投了反對票的又有多少。我們在進行研究時,一樣要聚精會神、細緻入微。日本人基本的先入之見非常值得我們進行探討。當然,我發現,一旦我們搞清楚了西方人的先入之見,並不符合他們的人生觀這一點,又掌握了一些他們所用的範疇和符號,那麼西方人習慣於看到的日本人日常行為中的許多矛盾就消失了。

我開始清楚,日本人自己為什麼會把某些劇烈搖擺的行為,視為某一體系的有機組成部分,與這一體系是完全一致的。此間的原因我能夠給出有力的說明。當我跟日本人一起工作時,一開始對他們用的一些熟語和概念都感到奇怪,但是後來的事情證明,那些熟語和概念具有非常豐富的含意,而且飽含長年累月累積的情感。和一般的西方人所理解的美德和邪惡,經歷了滄海桑田的變化不一樣,這一體系是獨一無二的,既非佛教的,亦非儒家的,而是日本的——日本的強勢和弱點都蘊含在其中。

第一章　任務：日本研究

第二章

戰爭中的日本人

一切文化傳統裡都存在一些關於戰爭的正統觀念。無論西方國家之間有什麼樣的區別,一部分正統觀念是各國共有的,比如,全力參戰的號召,局部失敗情形下軍心的穩定,戰死的人和投降的人比例的均衡,對待被俘人員的行為準則等。在西方國家的戰爭中,這些是可以預見的,因為它們是有一個大文化傳統作為共同基礎的,這一傳統甚至對戰爭也適用。

日本人則不一樣,他們的戰爭觀在不少方面與西方的戰爭觀存在偏離,這些偏離的方面是一些資料,可以拿來分析他們的人生觀,和分析他們對人的全部責任的堅定信仰。為了系統地研究日本人的文化和行為,為此,他們那些偏離我們正統觀念的軍事意義是否具有重要性,抑或是無關緊要的。他們的任何思想都可能極為重要,因為這些思想提出了和日本人性格有關的一些問題,而那些問題是我們需要回答的。

日本那些用來證明其戰爭之正義性的前提,和美國的完全相反,對國際形勢的說明也和美國的大不相同。美國將這場戰爭歸咎於軸心國的侵略,日本、義大利還有德國的征服行動,

第二章　戰爭中的日本人

冒犯了國際和平，是非正當的。不管軸心國是不是在偽滿洲國或衣索比亞或波蘭奪取權力，事實證明，他們已經開始了欺壓弱小民族的邪惡征程。他們侵害了這樣一條國際準則——「自己生存，也讓別人生存」，或者他們至少是侵犯了為自由企業「敞開大門」的國際準則。

日本看待這場戰爭的眼光則不一樣。只要各國擁有絕對的主權，那麼這個世界就一定會存在政治混亂，他就一定要為建立階層秩序而戰鬥——當然，這個秩序指的是日本領導下的秩序，因為只有日本代表著一個從頭到腳都真正具有階層秩序的國家，只有日本真正地理解「各就其位」的必要性。日本的國內已經實現了和平與統一，賊寇被鎮壓下去，道路、電力設施還有鋼鐵企業正在建設當中。有官方數據表明，正在成長的一代中，有99.5%的人接受了公立學校的教育。

按照日本的階層秩序理論，他應該對那些落後的小兄弟——中國給予扶持。日本與中國都是屬於大東亞種族的，所以他應該首先把美國，再把英國和蘇聯清除出那個區域，讓他們「適得其所」。每一個國家都將被安置在一個國際等級秩序中，從而世界形成統一的局面。日本人視這個被賦予階層秩序的價值觀為高級的，我們將在下一章中審視它在日本文化中的含義。這是一個適合日本的幻想，有待於他去創造的幻想。

不幸的是，在日本人眼中，被他征服的那些國家看待這一點的眼光，與他並不相同。儘管如此，即使失敗了，他也沒有

從道義上將「大東亞」這一理想拋棄，甚至是那些在外交政策上最不強硬的戰俘，也幾乎沒有責難過日本在亞洲大陸和西南太平洋上的目的。因為，很久之後，日本一定會保持他固有的一些態度，他對階層秩序的信仰和信任，就是這其中最重要的一個。這與愛好平等的美國人態度截然相反，不過，我們一定要去了解，階層制度在日本人心目中意味著什麼，以及他已經嘗到的那些和這個有關的好處。

類似的，日本人寄託獲勝希望的基礎，也與美國人普遍認可的很不一樣。他叫囂，他會用精神戰勝物質，縱然美國非常強大，軍備也高級，但是那又有什麼關係呢？日本人說，所有的這些他們早就知道了，根本沒有將其放在眼裡。「要是害怕數字，」日本人在他們國家的大報《每日新聞》上讀到這樣的文字，「我們就不會開戰。敵人的豐富資源並非這場戰爭造就的。」

即便打勝仗了，日本國內的政治家、大本營以及士兵們也總在，這根本就不是軍備之間的競爭，而是他們的精神信仰和美國人的物質信仰之間的競爭。當我們獲得勝利時，他們會喋喋不休：在這樣的競爭中，物質力量一定會輸掉。在塞班島和硫磺島打了敗仗的時候，這一信條已經成為他們隨手即用的託詞，這是毫無疑問的，不過，創立它的時候並不是作為失敗的託詞。在那些日本節節勝利的月分當中，這是進軍的號角；在珍珠港事件發生之前，它是一個被廣泛接受的悠久口號。在1930年代，日本前陸軍大臣、狂熱的軍國主義分子荒木大將，

第二章　戰爭中的日本人

在一本名叫《告日本國民書》的小冊子中這樣寫道，日本國的「真正使命」乃是「弘揚皇道於四海，力量懸殊不足懼，吾等何懼於物質哉」。

當然，和所有準備發動戰爭的國家一樣，他們還是有一定顧慮的。整個1930年代，他們花在軍備上的錢飛速上升，占去不少國庫收入比例。到了他們進攻珍珠港時，差不多一半的國民總收入，都花在陸軍和海軍的裝備上了，只有17%的政府開支，能夠用在與民用事業有關的事情上。日本和西方國家之間的差別，並不在於日本不關心物資裝備，艦艇和大砲只是不死的日本精神的外在表現，只是一種象徵物而已，正如武士的佩刀是日本人美德的象徵。

正如美國一貫信奉強大，日本總在強調非物質資源。日本和美國一樣，需要竭盡全力進行生產，不過日本這麼做是基於特有的一些前提。日本人說，精神是一切，而且是永久的；當然也需要物質的東西，可那是次要的，而且是漸行漸滅的。

「物質資源是有限的，」日本電臺以前總說，「理性跟我們說，物質的東西一百年都維持不了。」他們還將這種對精神的依賴，原封不動地用在戰爭的日常行動之中。他們的戰爭手冊中有這樣一個傳統的口號，並非為這場戰爭制定的——「以吾等之訓練有素，對抗彼等之人多勢眾，以吾等之血肉對抗彼等之鋼鐵。」翻開他們的戰爭手冊，首先映入眼簾的，就是用粗體字印的這麼一行字：「必讀必勝。」日本飛行員駕駛著小型飛機，

用自殺的方式撞擊我們的軍艦，這就是他們精神優於物質的一個極端案例。日本人把這些飛行員稱為「神風特攻隊」，這是因為 13 世紀的時候，成吉思汗侵略日本時，被「神風」將運輸船吹散、吹翻了，「神風」拯救了日本。

就連在民用領域，日本的當權者也堅定地認為，精神可以統御物質環境。在工廠裡連續工作 12 個小時，加上一整夜的轟炸，人們會覺得非常疲憊吧？「身體越沉重，意志就越高昂，精神總是在物質之上。」、「越覺得累，訓練效果就越好。」人們在冬天的防空洞裡不是會覺得冷嗎？大日本廣播體育文化學會透過廣播，讓人們去做熱身體操；這種體操不僅可以替代取暖設施和床上用品，更好的是，還能替代已經無法得到的食物，從而讓人們的體力保持正常。

「當然，一定會有人這樣說，因為現在食品短缺，我們不想做體操。不！越是食品短缺，我們越是要用別的方式來增強體力。這就是說，我們一定要透過更多地消耗體力來增加體力。」美國人看待體能，則會跟這樣的計算連繫在一起，即，下列這些因素決定了他有多少體力能夠使用：前一天晚上他是不是睡了 8 或 5 個小時？飲食是不是正常？有沒有著涼？這和日本人的計算方式是衝突的，他們不關注保存的能量，在他們看來那是物質主義。

戰爭期間，日本的廣播說得甚至更離譜，說在戰鬥中精神甚至可以超越死亡這一物理事實。有一家廣播電臺曾經這樣描

第二章　戰爭中的日本人

述一位英雄飛行員征服死亡的奇蹟：

　　結束空戰後，日本飛機以三架或四架組成小型編隊的方式返回基地。首批返回的飛行員當中有一位大尉，他下了飛機後站在機場上，舉起雙筒望遠鏡看著天空，數著返回的部下人數。他看起來臉色十分蒼白，不過非常鎮定。當最後一架飛機回到基地後，他寫了一份報告，接著去一趟總部。在總部，他向司令官作彙報。然而，報告剛結束，他就突然倒在地上。在場的軍官們衝上前去想要幫助他時，卻發現他已經死了。

　　人們檢查後才知道，他的身體是冰涼的，並在他的胸部找到一顆子彈，這處槍傷是致命的。一個剛死的人，身體不可能立刻就變得冰涼，然而這名大尉的身體的確已經冰涼了。大尉肯定死了一段時間，是他的精神支撐著他完成彙報。這是一個奇蹟，也是一個事實；這名死去的大尉能夠創造奇蹟的原因，正是他懷有莊嚴的責任意識。

　　對於美國人而言，這當然是無稽之談；然而，就算是受過教育的日本人，都不會嘲笑這種廣播。他們相信在日本，聽眾們不會覺得這是個傳奇故事。首先，他們指出，廣播確實說過，大尉的事蹟是「一個奇蹟般的事實」。為什麼不是呢？他的靈魂可能受到了訓練，顯而易見的是，大尉是自我訓練的高手。倘若每一個日本人都明白「鎮定的精神能延續一千年」的道理，那麼，為什麼它就不可以在一個空軍大尉的身體裡多待幾個小時呢？那個大尉將「責任」視為整個人生最重要的準則，而日本人

相信，技術訓練可以讓一個人的精神至高無上。那個大尉學到了這一點，而且還從這裡受益。

身為美國人，我們完全可以貶低日本人的這些極端行為，將其視為貧窮國家的託詞，或是鬼迷心竅者的孩子氣。但是，如果我們真的那麼想，那麼，我們在和平時期或者戰爭時期，與他們打交道的能力就會降低。透過某些抵制和禁忌，或者透過某些訓練和修練的方法，他們的信條深入內心。這些信條不僅僅是孤立的怪癖。我們美國人只有明白這些東西時，才能搞清楚日本人在戰敗時說的話是什麼意思；他們會承認說，光有精神是遠遠不夠的，「用竹矛守衛陣地」是一種幻想。更重要的是，當他們承認自身的精神力量不足，並且承認他們的精神在戰場上和工廠裡，受到美國人的精神挑戰時，他們能夠領悟出一些道理。就像他們在戰敗後所說的：他們在戰爭中「犯了主觀主義的錯」。

在戰爭當中，日本人對各種事情有著各式各樣的說法，不只是有階層秩序的必要性，還有精神的至高無上；對二名比較文化學者來說，這些說法都具有一定的啟迪意義。他們經常在談論安全和士氣，不過他們說的只是預警問題。不管災難是什麼，平民受到轟炸、塞班潰敗、菲律賓失守，日本軍方總是告訴人民，這一切都在預料之中，所以不必擔憂。當局透過廣播播送著長篇大論，顯然，他們指望人民繼續相信，他們還生活在一個完全已知的世界當中。

第二章　戰爭中的日本人

「美國占領基什加島，日本從而處在美國**轟**炸機的有效**轟**炸範圍當中。雖然這是一個意外事故，但是我們早已瞭如指掌，並且做好充分的準備。」、「毫無疑問，敵人會以海陸空聯合行動的方式對我們發起攻擊，不過我們早已考慮到這樣的情況。」日本戰俘，即便是那些巴望著日本早日輸掉這場無望戰爭之人也確信，美軍的**轟**炸並不會讓日本本土的精神有所削弱，「因為之前已經預警過了」。

當美軍開始對日本的城市發動空襲時，廣播裡出現了日本飛機製造者協會副會長的聲音：「敵機終於來到我們的頭上；身為飛機製造業的業內人士，這種事情我們早就預料到會發生；我們做好了全面的、應付這一切的準備。所以不必擔憂。」只要一切都是預知的，一切都在計畫當中，日本人就可以繼續宣稱，一切的一切都是他們自己主動希望的結果，不曾有誰強加給他們任何東西；對他們來說，這樣的宣稱是非常必要的。

「我們應該這樣想，我們並非被動挨打，而是主動將敵人引向我們。」、「敵人，你們要來那就來吧！我們不會這麼說：『要發生的事終究發生了。』而會這樣說：『我們期待的事情發生了。』我們為此感到高興。」海軍大臣在一次國會演說中，引用了偉大的武士西鄉隆盛於西元 1870 年的訓詞：「機會有兩種，一種是撞大運撞來的，另一種是自己創造出來的。當大難來臨，我們不要氣餒，而要自己去創造機會。」

電臺這樣報導著，當美軍進入馬尼拉市中心時，山下將軍

「爽朗地笑著評論：『現在敵人已落入我手……』」、「敵人登陸仁牙因灣後沒多長時間，馬尼拉就陷落了；這是山下將軍戰術部署的結果，完全符合他的計畫，山下將軍指揮的行動現在還在持續展開。」換言之，沒有失敗，也就沒有成功。

跟日本人一樣，美國人也喜歡反其道而行之。美國人將自己捲入戰爭，還是因為我們這是被迫還擊。我們被攻擊了，所以要讓敵人知道我們有多厲害。發言人總是想著他們怎麼說，才能讓美國老百姓恢復信心，卻絕對不會有哪個發言人在談到珍珠港或巴丹半島時會說：「我們的計畫中已經完全考慮到這一切。」我們的官員會說的是：「既然敵人選擇自找苦吃，那就讓他們看看，我們能做些什麼。」美國人會透過調整人生中的一切，來適應總會有挑戰出現的世界——而且做好了隨時接受挑戰的準備。一種提前計劃並安排好的生活方式，是讓日本人感到安心的基礎，在日本，始料未及的事情是最大的威脅。

在日本的戰爭行為中，還有一個永恆的主題，它也表現出日本人的生活方式。他們總在說「世界的眼睛注視著他們」，所以他們一定要充分表現出日本的精神。當美軍登陸瓜達爾卡納爾島時，日軍接到了這樣的命令：他們現在處在全世界的眾目睽睽之下，應該讓世人瞧瞧他們是什麼材料製成的。日本海軍則得到了這樣的警告：萬一他們中了魚雷後，接到放棄艦船的命令，向救生船上轉移時，要注意保持最好的儀態，否則「世人會嘲笑你，美國人會把你拍成電影，並在紐約播放」。這就和他

第二章　戰爭中的日本人

們想給世人以一個什麼樣的自述有關了。他們注重這一方面，這也是日本文化中一個根深蒂固的特點。

在和日本人態度有關的問題中，最受人關注的問題，是關於天皇陛下的。天皇對其子民實行怎樣的統治？有些美國權威人士認為，縱觀日本這歷時七個世紀的封建歷史，天皇始終就像船頭的雕像似的，是一個傀儡元首，有名無實。每一個日本人直接效忠的對象是他的主子，也就是大名，還有大名之上的軍事元帥，也就是將軍。幾乎沒有誰將對天皇的忠心當回事。天皇被幽禁在那個與世隔絕的宮廷當中，即使出席各種儀式和活動，也都受到將軍所制定的各種規定的嚴格制約。要是哪個封建領主向天皇表示敬意，即是對將軍的背叛，從此他想在日本立足會十分艱難，哪怕他的勢力龐大。

這些美國分析家堅持認為，我們只能透過日本的歷史看日本，而日本又是一個非常保守的國家，在還健在的日本人的記憶中，天皇怎麼會被從默默無聞的狀態中拉出來，成為號令天下的中樞？他們說，日本的宣傳家們一直重申，天皇對其子民具有永遠不會失去的統治權。這樣的斷言過於武斷了，他們的堅持只能證明，他們的論說沒有什麼力量。

所以，在處理天皇問題時，美國的戰時政策不存在對他心慈手軟的理由。相反，針對這近期才編造出來的邪惡元首觀，我們有充分的、給予最猛烈攻擊的理由。這個觀念，是近代日本具有國家主義性質的神道宗教的核心。假使我們削弱天皇的

神聖性，對天皇的神聖性發起挑戰，那麼敵國日本從上到下的整個結構，就會土崩瓦解。

很多才能出眾的美國人都對日本相當了解，在閱讀了來自前線的報告和日語資料之後，都提出了相反的、極具說服力的意見。那些有過日本生活經歷的美國人都非常清楚，最容易刺痛日本人，並激起他們士氣的，就是任何蔑視天皇的語言或者直接的攻擊。他們相信，如果我們攻擊天皇，那麼在日本人看來，我們就不是在攻擊軍國主義。

他們看到了第一次世界大戰之後，對天皇的崇敬和之前一樣強烈，而在當時「德謨克拉西」（democracy）的口號已經十分響亮，軍國主義則正好相反，早已名譽掃地，以至於東京的軍人們不得不小心翼翼地換上便裝才敢出門上街。但這些日本的老住戶堅信，日本人對他們的皇帝陛下的尊崇是無與倫比的，「希特勒萬歲（Heil Hitler！）」那樣的崇拜無法拿來相提並論，後者可以是納粹黨命運的指標，和法西斯所犯下的所有罪惡都捆綁在了一起。

日本戰俘的證詞也恰好給這一切提供了最好的證明。日本戰俘和西方的軍人不一樣，沒有人教過他們在被抓時什麼該說、什麼不該說，他們回答問題明顯缺乏統一性。為什麼沒有人教過他們這些？原因當然是日軍奉行的不投降政策。一直到這場戰爭最後的幾個月，日本軍隊只剩下某幾支部隊或地方武裝時，這種狀況也依然存在，沒有得到改善。我們之所以需要

第二章　戰爭中的日本人

關注這些俘虜的證詞，是因為他們可以說是日軍中的一個橫切面。士氣低落就會投降，從而可能成為非典型的日本士兵，但他們不是那樣的軍人。幾乎所有的士兵，都是在受了傷或者失去知覺時被抓住的，他們是失去了抵抗的能力而被俘的。

那些苦戰到底的日本戰俘，認定天皇是他們極端軍國主義的源頭，說他們自己是在「貫徹天皇的意志」，「讓天皇放心」，「為天皇的命令而死」，「天皇將人民帶入戰爭，我的職責就是服從」。可是，那些對這場戰爭以及未來日本的征服計畫都表示反對的人，也往往將他們的和平主義思想算在天皇身上。天皇是所有人的所有。那些對戰爭已經厭倦的人，稱他是「愛好和平的陛下」，他們堅持認為「他是個自由主義者，一直反對這場戰爭」，「他是上了東條的當」，「他在滿洲事變的時候，是反對軍部的」，「他們在天皇不知情而且不同意的情況下，發動了戰爭。他不喜歡戰爭，而且也不同意將他的人民拖進戰爭。他不了解他的士兵正在受著怎樣的虐待」。

這些供述與德國戰俘就不一樣，無論後者怎樣抱怨希特勒手下的將軍們或高級指揮官們背叛希特勒，他們都會將戰爭和備戰，算在希特勒那個最高級別的煽風點火者頭上。日本戰俘則會非常直率地說，他們尊崇的皇族跟軍國主義和侵略戰爭政策不是一回事。

對他們而言，天皇與日本是密不可分的。「無法想像沒有天皇的日本。」、「日本天皇是日本民族的象徵，是日本人宗教生活

的中心。他是一個超宗教的信仰對象。」即便這場戰爭輸掉了，他也不會被譴責。「日本人並不覺得天皇要為這場戰爭負責。」、「戰爭失敗時，受到譴責的會是內閣和軍方領導人，而不是天皇。」、「就算日本輸掉了這場戰爭，但是每一個日本人都依然崇敬天皇。」

美國人習慣於認為，不管是誰都不能免於懷疑的審視和批判，對他們而言，日本人一致覺得天皇凌駕於批評之上的想法，好像是個騙局。不過，毋庸置疑的是，這就是日本的聲音，即便是打了敗仗時，他們也會這麼說。那些擁有豐富審問俘虜經驗的人，會給出這麼一個判斷：在每份審訊錄都寫上「拒絕說天皇的壞話」是沒必要的，因為所有的俘虜都拒絕，即使那些願意和盟軍合作的、願意配合我們在日軍中造勢的人，也是這樣。

收集上來的所有戰犯審問紀錄中，只有三份對天皇表示溫和的反對，只有一份說到這樣的程度：「保留天皇的位置是錯誤的。」另一份是這樣說的，天皇是「一個軟心腸的人，一個傀儡罷了」。還有一份只是在猜測，天皇說不定會為了他兒子的利益而退位，如果廢除皇權，那麼日本的年輕婦女就有希望獲得自由，就像她們所嫉妒的美國婦女擁有的那樣。

所以，日軍指揮官們充分利用了日本人的這種高度一致的崇拜心理，分發「天皇恩賜」的香菸給士兵們，或者帶著他們朝東方三鞠躬並且高呼「萬歲」。甚至在「部隊晝夜受到轟炸時」，他們也會和全體士兵一起早晚兩度唱誦「聖旨」——那是天皇

第二章　戰爭中的日本人

本人在《軍人敕諭》中向軍隊頒布的——「那唱誦聲伴隨著轟炸聲，在整個森林迴盪」。軍國主義分子以所有可能的手段，利用人們這種對天皇的忠誠訴求。他們號召下屬們「實現天皇之願」、「驅散天皇之慮」、「尊重天皇之仁」、「為天皇獻身」。

然而這種對天皇意志的絕對服從，可以說是一把雙刃劍。就像很多俘虜說的那樣：「若是天皇下旨要臣民投入戰鬥，那麼日本人會毫不猶豫地投入戰鬥，即使他們的手裡只有竹竿。若是天皇下旨停止戰鬥，他們也會馬上停手。」、「假如天皇頒布了停戰令，那麼全日本明天就會放下武器。」、「即使是駐紮在滿洲國的關東軍——那支最為好戰而暴烈的部隊——也會將手中的武器放下。」、「唯有天皇的話可以讓日本人民接受失敗，並且為了能夠重建家園而勉強活下去。」

這種對天皇的忠誠，是無條件的、也是無限制的，但日本人喜歡批評天皇之外的所有人和團體，這兩者對比極為鮮明。不管是日本的報紙雜誌，還是戰俘的證詞中，都可以看到批評政府和軍方領導人的內容。戰俘們會肆意譴責他們所屬部隊的指揮官，特別是那些沒有分擔戰士們危險和苦難的指揮官。那些自己坐飛機逃跑、撇下士兵讓他們戰鬥到底的軍官，更是會遭到他們的嚴厲批評。他們常常會給予一些軍官讚譽，而對另一些給予辛辣的批評。沒有跡象可以表明，他們在本國事務這一方面不具備分辨好壞的意願。甚至在他們的島國內，報紙和雜誌也會對「政府」展開批評。他們呼籲更強的領導才能，呼籲

更好的協同努力。

有一點我要提起注意,他們並沒有從政府那裡獲得他們所需要的東西。他們甚至批評政府對限制言論自由的做法。關於這方面有一個很好的例子,西元 1944 年 7 月,一篇報導刊登在一份東京的報紙上,內容是一些新聞記者、前國會議員和日本極權主義政黨──大政翼贊會主事者參加的座談會紀錄。有人就此發言說:「我認為,有許多方法可以喚醒日本民眾,其中最重要的還是言論自由。這些年來,民眾做不到想什麼就說什麼。他們擔心,要是談論某些事情,就可能會受到譴責。他們態度非常猶豫,只能致力於解決表面問題,所以,公眾的心理委實變得膽怯小心起來。我們永遠都不可能使用這種方法,來提高民眾的整體力量。」

另一人繼續這個話題:「我幾乎每個晚上都和選區的選民一起開會,我問了他們許多問題,他們全都害怕得什麼都不敢說。言論自由被剝奪了,這肯定不是激發他們戰鬥意志的合適方法。所謂的《戰時特別刑法》和《國家安全法》,極大地限制了民眾,讓他們變得非常膽小,彷彿是在封建時代。所以,本來能夠得到發展的戰鬥力,就這樣到現在也沒有發展起來。」

如是,就算是在戰爭期間,日本人雖然也會批評他們的政府、大本營和頂頭上司,卻沒有毫無疑問地承認階層制的好處,然而天皇是一個例外。這是為什麼呢?要知道,他是直到最近才享有至高無上的殊榮。日本人性格中是有什麼樣的怪癖,讓

第二章　戰爭中的日本人

他得以擁有如此神聖的地位？日本戰俘是這樣說的，只要天皇下令戰鬥，每一個日本人都會「拿著竹竿」戰鬥到死；而只要他下令停戰，他們就會和平地接受失敗和占領。他們說得對嗎？真的是這樣嗎？還是只是一派存心想要誤導我們的胡言？

從反物質主義的偏見，到對天皇的態度，所有這些關於日本人戰時行為的重要問題，都跟前線有關，同時也跟日本本土有關。還有一些態度和日本軍隊有著更加特定的關聯，其中之一是和戰鬥力的消耗程度有關。曾指揮一支部隊完成撤離臺灣海峽任務的約翰·S·麥凱恩將軍（John S. McCain Sr.）因此獲得了海軍的勳章；一家報導此事的日本電臺態度非常驚疑，這與美國人的態度對比極為鮮明。他們是這樣說的：

約翰·S·麥凱恩將軍獲得勳章的官方理由，並非他擊退了日軍；我們不清楚他們不那麼說的原因，其實在尼米茲的公報上明明就是那麼說的……官方給出的為麥凱恩授勳的理由是，他成功地解救兩艘慘遭破壞的美國軍艦，並且將它們安全護送回母港。這則消息重要的原因是它並非小說，而是事實……所以，我們並不是對麥凱恩將軍解救兩艘軍艦的真實性有所懷疑；只不過關鍵是，我們要大家一起關注這一奇怪的事實──在美國，救兩艘破軍艦就能被授勳。

對一切救援行動，對一切給予那些被逼到牆角的人們援助的行為，美國人都會感動得發抖。如果解救的是「已經被毀壞的」事物，那麼這樣的行為比起普通的英雄行為，要來得更加

英勇。但是在日本人的英勇概念中,這樣的救援行為是遭到排斥的。甚至我們把一些救生設備安在 B-29 轟炸機和戰鬥機上,都會遭致他們高喊「膽小鬼」。他們的報紙和電臺曾經幾次三番說過這一話題,只有接受生死考驗的,才是英雄好漢,防範措施毫無價值。他們對待傷員還有瘧疾患者的態度,明顯也是這樣的。這樣的士兵是廢物,而部隊沒有配備充足的醫療服務資源,甚至不夠維持合理的戰鬥力。隨著時間的推移,各式各樣的補給困難,讓醫療匱乏的局面更嚴重了

但這並非所有的情形。日本人對物質主義的蔑視,在這件事情上也發揮了一定的作用。日本士兵受到的是這樣的教導:死亡本身是一種精神上的勝利,我們對傷病員的照顧——就和轟炸機上的安全設施一樣——是他們成為英雄的障礙。在日常生活中,日本人也不會像美國人那樣,有依賴醫生的習慣。在美國,和別的福利措施相比,對傷病員的憐憫更會被決定應該是當務之急,甚至在和平時期從某些歐洲國家來的遊客,往往都會對此加以評論。這自然和日本人的觀念是截然不同的。

在戰爭期間,在一切情形當中,日本軍隊裡都沒有安置受過訓練的、以便在戰火中搬運傷員,並實施急救的救援小組。無論在前線,還是在後方,醫療系統都是不存在的,甚至在前線很遠的地方,也沒有康復醫院。他們關心醫療供應的程度,讓人感到難過。在有些緊急情況下,會乾脆地將傷病員殺掉;特別是在新幾內亞和菲律賓,日軍經常得從有醫院的據點撤離。

第二章　戰爭中的日本人

即便是仍然有疏散傷病員的機會,他們也沒有那樣的慣例。除非是在部隊實際上正式開始執行所謂的「有計畫撤退」時,或者在敵人馬上就要占領據點時,他們才會做點什麼。到那時,負責醫療的軍醫往往在他自己離開前,會將傷病員槍殺,或者由傷病員們自己用手榴彈完成自殺。

若說從日本人這種對待傷病員的態度,就可以看出他們對待本國同胞的基本態度,那麼他們對待的戰俘若是美國人,這種態度就顯得非常重要了。以我們的標準來看,日本人不僅是對待他們的俘虜十分殘暴,對他們自己人也是一樣。前駐菲律賓軍隊的軍醫總管哈羅德‧W‧格拉特里上校,曾以戰俘的身分在臺灣被扣留了三年,他說過:「美軍士兵得到的醫療待遇比日軍士兵更好。在戰俘營裡,盟軍軍醫可以給予盟軍士兵照料,而日軍裡是一位醫生都沒有的。有一段時間,他們唯一一名為自己人治病的醫務人員是一個下士,後來則都靠一個中士。」這位上校每年只能看見日本軍醫一兩回。

倘若將日本人這套兵員消耗理論推到最極端的地步,那就是死不投降主義。在盡力而為之後,如果發現自己的局面已經是寡不敵眾、獲勝無望,任何一支西方部隊都會選擇投降敵人。他們仍然視自己為光榮的軍人,而且按照國際條約,他們的名字會被傳回自己的國家,好讓他們的家人知道自己並沒有死去。不管是從哪種身分來看,軍人、百姓,還是家庭成員,他們並沒有丟臉。

然而日本人對此情景,則有著完全不同的解釋。榮譽與戰鬥緊密相連,一直到死。假使面臨無望的情況,日本士兵應該拿出最後一顆手榴彈自殺,或者以集體自殺式攻擊的方式,手無寸鐵地向敵人衝去。無論如何,他絕對不應該選擇投降。哪怕他被俘是因為受傷或昏迷,他也別想在日本再抬起頭來了。他丟了臉,對於之前的生活來說,他這個人已經「死」了。

當然,日軍有導致這種結果的紀律;然而在前線,顯而易見,這種特殊的正式教導根本沒有存在的必要。日軍遵守這條軍紀是如此嚴格,以至於在北緬戰役中,日軍的被俘虜者和陣亡者的比例是 142:17166,比率是 1:120。被關進俘虜營的 142 名士兵中,除了一小部分,大部分都是在受傷或昏迷的時候被抓的。只有極少數幾個是單獨或三三兩兩地「投降」的。

如果是在西方國家的軍隊中,若是不投降,當陣亡的人達到全部兵力的 1/4 乃至 1/3,軍隊就撐不住了,這基本是一條定則。投降者與陣亡者的比例差不多是 4:1。日軍在霍蘭迪亞投降的人數相當可觀,投降者與陣亡者的比例是 1:5;這麼大的比例還是首次,對比北緬戰役中的 1:120 的比例,這個比例已經是相當大的進步了。

所以,對日本人來說,僅僅因為投降而成為戰俘這一事實,就讓美國人顏面掃地。哪怕痢疾或傷病還沒有將他們排除在「完整的人」範疇之外,他們也已經是「廢物」了。許多美國人都曾這樣描述過,在戰俘營中,美國人的笑聲是相當危險的,因為笑

第二章　戰爭中的日本人

聲對那些看守他們的日本兵來說，是相當大的刺激。在日本人看來，那些被俘的美國人覺得恥辱還來不及，居然不知羞恥地笑出來，這讓他們十分痛恨。

日本軍官要求美國戰俘遵守相當多的規定，他們同時也要求看守戰俘的本國士兵一樣遵守。對日本兵而言，急行軍和乘坐密封的運輸船是十分稀鬆平常的事。美國俘虜還說，日本哨兵怎樣嚴格地要求他們隱瞞規避守則的行為，公開規避守則是最大的罪孽。規定要求戰俘們外出時，不能把村子裡的食物帶回營地；然而在他們不在營地裡，在大路上或工程設施裡幹活的時候，有時候這個規定就是一紙空文——他們只要將水果和蔬菜藏起來就好了。

要是這種行為暴露了，那麼這就是冒犯，一種無法容忍的冒犯，也就是意味著美國人輕視哨兵的權威。公開挑戰權威，哪怕只是「頂嘴」，也會被嚴厲地懲罰。就算是在日常生活中，日本針對頂嘴的規則也是非常嚴厲的；在軍隊裡，則會遭到重罰。在戰俘營裡，確實有過殘暴的肆意妄為。我們區分這樣的殘暴行徑，和那些作為文化習慣的結果，並不意味著我們要赦免這些暴行。

特別是在戰爭早期的幾個階段，由於日軍士兵真的相信了，每個俘虜都會遭敵軍虐待並殺死，因此他們再三強調當俘虜就是恥辱。當時所有地方幾乎都流傳著這樣的謠言：在瓜島，美軍的坦克曾經從日本俘虜的身體上碾過。也有日本人想投降，

但是警覺的我軍老是懷疑，他們是來詐降的，所以就將他們殺了。這種懷疑常常被證明是對的。

如果一個日本人面臨除了死亡什麼都沒有的情況，常常會以與敵人同歸於盡為榮。這樣的行為甚至會延續到他被俘之後。就像他們中的一個說的，他決定「寧願在勝利的祭壇上被燒死，因為在沒有取得英勇成績的情況下死去，是極為丟臉的」。這種可能發生的情況，讓我軍對日軍的投降行為懷有高度的戒備，這也降低了日軍投降的數量。

投降可恥的觀念，深深地烙在日本人的意識當中。在他們看來，這種思維習慣是理所當然的，然而它是和我們的戰爭慣例南轅北轍的，就像我們的慣例和他們的背道而馳一樣。當美國俘虜向日本人提出，將自己的名字報告給美國政府，好讓家人知道自己還活著時，日本人的表現是非常的震驚和輕蔑。對於巴丹戰役中投降的美軍，至少普通日本士兵是沒有任何心理準備的；他們還以為美軍會像他們一樣戰鬥到底。這樣的事實，也就是當了戰俘的美國人，竟然一點覺得恥辱的表現都沒有，是他們無法接受的。

西方士兵和日本士兵在行為上差異頗大，毫無疑問，其中最戲劇性的差異，要屬日本戰俘居然能和盟軍合作。在這種新形勢下，他們不知道自己該用什麼樣的生活準則。他們的榮譽沒了，身為日本人的生命也就劃上了句號。只是在戰爭的最後幾個月裡，有一少部分日軍俘虜還在幻想，無論戰爭怎樣結束，

第二章　戰爭中的日本人

他都要回家。

有些俘虜自己要求把他殺掉,「不過,如果你們的習俗不允許這樣的行為,那麼我就來做個模範戰俘」。他們的表現比模範戰俘還要好。有一些軍中老兵和多年的極端國家主義者,為我軍確定彈藥庫的位置提供幫助,認真地介紹日軍兵力的配置情況,替我們寫宣傳資料,和我們的轟炸機飛行員一起飛行,幫忙指認軍事目標。彷彿他們的生命中已經翻開了新的一頁,上面寫的和之前舊頁上的正好相反;不過他們卻顯示出了一樣的忠誠。

當然,這描述的不是所有的日軍戰俘,有個別人是死也不投降的。在任何情況下,在這樣的合作行為可能出現之前,都得提出一些對行為人有利的條件。美軍指揮官們對於接不接受日本士兵只有表面價值的協助問題,往往表現得躊躇不決,這是完全能夠理解的。有的戰俘營裡,美軍根本不準備利用日本人可能會提供的任何服務。不過在那些接受日軍俘虜服務的戰俘營裡,美軍得將起初的懷疑暫時放在一邊,越來越多地依賴日本俘虜非常好的信譽。

戰俘們有這樣180度的轉變,是出乎美國人意料的,這並不符合我們的準則。不過,日本人這樣做了,就如同他們在把自己的全部投入到一條生活道路上卻失敗之後,自然而然地選擇了另一條道路。若是到了戰後,這是不是一種值得我們加以關注的行為方式?或者這不過是個別士兵在被俘虜之後的特殊

行為而已？透過戰爭期間的行為，日軍還表現出別的特殊性，我們曾被迫應對那些特殊性。與這個類似，這種行為提出了一些問題：制約他們的，是一種怎樣的生活方式？他們的各種制度，是如何發揮作用的？他們掌握了怎樣的思維和行為習慣？

第二章　戰爭中的日本人

第三章

各就其位

日本人有一個「各就其位」的說法，不管是誰要理解日本人，就得從這個說法入手。他們十分依賴秩序和階層制，而我們是依賴自由和平等。兩者南轅北轍，因此我們幾乎無法將階層制視為一種可行的社會機制，而將正當的權力賦予它。關於人與人之間的關係、人與國家之間的關係，在這整個觀念裡面，日本人對階層制的信賴，是兩種最基本的信賴。只有描述他們民族的一些組織（如家庭和國家等），以及宗教生活和經濟生活，我們才可以對他們的人生觀有所了解。

日本人看待國際關係問題和國內關係問題，是用同樣的眼光，也就是階層制的眼光。他們在過去的十年當中，將自己描寫成站在金字塔頂端的人，而現在占據這一位置的，卻是西方國家；現在的格局他們接受，但是有個前提，自然是他們的階層制觀念。從他們的外交文件就可以看出來，他們對這一觀念非常重視。西元 1940 年，日本簽署了與德國和義大利的三方條約，條約的前言說：「大日本帝國政府、德國政府和義大利政府認為，使世界各國各就其位，乃長久和平之先決條件。」在簽署

第三章　各就其位

此條約時頒布的天皇詔書,也重申了同樣的意思:

宏揚大義於全球,締造世界為一家,實乃我皇祖皇宗之大訓,亦朕心日夜之所繫念。今世局動亂伊于胡底,人類蒙禍不知何極。朕所熱盼者,在早日勘定禍亂,光復和平……三國盟約成立,朕心甚悅。

唯萬邦各就其位,兆民悉樂其業,此乃曠古大事,前途尚遙……

在對珍珠港發起攻擊的當天,日本特使向美國國務卿科德爾·赫爾(Cordell Hull)遞交一份宣告,極為清晰地表述這一點:

俾使各國各就其位於茲世……乃大日本帝國不可移易之國策……目前世局一成不變,大日本帝國難以容忍,因其與大日本帝國之國策背道而馳。此國策即俾使各國各得其所。

日本的這一備忘錄,是在回應赫爾國務卿幾天前所發表的備忘錄。在那份備忘錄中,赫爾傳達了一些美國的原則,那些原則在美國是基本的,也是廣受尊重的,就像階層制對於日本一樣。國務卿赫爾列舉出四條基本原則:主權與領土完整的不可侵犯性;不干涉其他國家的內政;依靠國際合作與和解;平等原則。所有這幾點都與美國人對平等權利和不可侵犯權利的信念有關,同時我們相信,它們是在日常生活還有國際關係中,都應得到遵循的準則。

平等準則是最高的準則，美國人祈望一個更加美好的世界，正是以平等準則為道義基礎。對我們來說，平等意味著擺脫暴政和干涉，不會遭到強迫，去接受不想接受的東西，也意味著在法律面前人人平等，每個人都擁有改善自己生活條件的權利。人權也是以平等為基礎的，而我們現在也正在所處的這個世界裡爭取著人權。哪怕在我們自己違反平等原則時，也會對平等的好處舉雙手贊成。我們懷著正義的憤慨，和階層制進行著鬥爭。

美國人自從美國建國以來，始終是這樣認為的。傑弗遜（Thomas Jefferson）將其寫進了《獨立宣言》，而《憲法》中的《權利法案》，也是以這個作為基礎的。這些都是一個新國家的公開文件中的正式用語，它們之所以如此重要，正是因為它們代表了一種生活的方式；這種方式是在這個大陸上人們的日常生活中形成的，對歐洲人來說，卻是十分陌生的。一位名叫阿列克斯·德·托克維爾的法國年輕人，曾在西元1830年代早期訪問美國，隨後寫了一篇關於「平等」的報導，那篇報導後來成為該領域最重要的幾篇國際報導文獻之一。

托克維爾是一位聰明的觀察家，又非常富有同情心，他可以在這個與歐洲大陸迥然的美洲世界，看到非常多好的地方。年輕的托克維爾在法國的貴族社會長大，在現在依然活躍，而且擁有一定影響力之人的記憶中，那個社會先是為法國大革命所動搖，後來又遭到拿破崙（Napoleon）所頒布的新法典猛烈衝

第三章　各就其位

擊。在他的眼中，美國的生活秩序有一種新奇而陌生的感覺。他是以一名法國貴族的角度看待那種秩序，並得到了他慷慨的欣賞，他的書則向舊世界報導一些即將發生的事物。他相信，在某些方面，美國處於發展的前哨，儘管歐洲與美國有諸多的不同之處，可是那些發展遲早也會發生在歐洲的。

所以，他詳細地報導這個新世界。這裡的人們真心地覺得自己與他人是平等的。他們的社交是建立在一個嶄新而簡易的基礎上。他們互相談話展現的，是彼此之間平等的姿態。美國人對階層制禮儀的繁文縟節毫不關心，他們並不會要求別人遵從那些禮節，當然自己更不會。他們喜歡掛在嘴邊的，是他們不欠任何人任何東西。那裡沒有什麼舊貴族式的或者羅馬式的家族，曾經統治舊世界的社會階層制，早已消失不再了。除了平等，美國人不信任何東西，包括自由。他說，生活中的他們，經常任憑自由從窗戶飛出去，他們卻扭頭看著別的地方。然而，平等可以說是他們的命根子。

這名外國人將我們在一個多世紀前的生活方式寫了出來，我們透過他的視角，看到自己祖先的狀況。美國人因此深受鼓舞。我們國家有眾多的變化，不過主要的輪廓並沒有變。我們透過讀這篇報導了解到，西元 1830 年的美國，已經是我們眼下所了解的這個美國。傑弗遜時代的亞歷山大·漢彌爾頓（Alexander Hamilton），曾對貴族式的社會秩序表示擁護，在這個國家曾經有過，包括現在那樣的人也依然存在。不過，就算是那樣

的人也會承認，我們的生活方式並非貴族式的。

我們在珍珠港事件爆發前，向日本宣告了最高等級的道義基礎，美國的太平洋政策正是以那些基礎為基礎的，我們實際是在告知日本，我們最信賴的一些原則。按照我們所深信的這些原則，在我們所指出的方向上，每前進一步，都是在改善這個還不完美的世界。當日本人流露出他們「各就其位」的信條時，也是在向某種生活準則求助，那種生活準則經由他們自身的社會經驗，早已在其內心深深地扎根了。

幾百年來，不平等始終是他們有組織生活的準則。對他們來說，認可階層制的習慣思維，就像呼吸一樣十分自然。可是，這並非簡單的西方式權威主義。控制別人的人和被他人控制的人，都在遵循著某種傳統行事，那種傳統與我們的大不相同。現在，既然日本人已經承認，在他們國家，美國權力機關處於階層制的高階，我們就更需要盡量準確地去了解他們的習慣。只有這樣，我們才能在心裡搞清楚，在現在的處境下，他們可能會怎樣行事。

儘管日本最近一段時間興起了西化運動，不過它還是一個貴族社會。每個人的社會地位都存在著差距，每一個招呼、每一次接觸，都必須將這種差距的種類和程度表現出來。對不同的人，比如對方可能是熟悉的人，或者是低等的人，或者是高等的人，他們每次表達「吃」或者「坐下」用的詞語都不一樣。每一種情況都有一個不一樣的「你」，動詞則有不一樣的詞幹。

第三章　各就其位

　　換句話說,日語中有所謂的「敬語」,太平洋地區的不少民族也用「敬語」,在說的時候還會伴隨著恰如其分的鞠躬或者跪拜。所有的這些習慣,都為細微的習慣和規則所制約。人們不僅清楚需要向誰鞠躬,還必須清楚鞠躬到什麼程度。某個鞠躬對這個主人而言是正確的、合適的,對另一個主人說不定就是冒犯了,甚至可能會引起怨恨,因為那個主人與鞠躬者的關係,與這個不一樣。鞠躬有很多種鞠法,動作從低頭跪下、雙手平放在地板上,到只需要稍稍低一下頭、動一下肩,差異頗大。日本人必須學會,而且要盡可能早地學會,怎麼樣在每一種特定的情況下,合適恰當地鞠躬。

　　儘管階級差異非常重要,一定要經常以適當的行為來確認,但是需要考慮的,還不只是階級的差異問題,性別、年齡、家庭關係和雙方之間以前的交往情況,也都要考慮進去。就算是同樣兩個人之間,場合不一樣,他們所表現出來的尊敬程度也會不一樣。兩個彼此熟悉的平民之間,可能根本用不著鞠躬,但是如果其中一位穿上了軍裝,那麼他穿便服的朋友就得向他鞠躬。遵守階層制是一門藝術,需要在不計其數的各種因素中間實現平衡,在某個特定情況下,有些因素可能會相互徹底抵消,還可能再新增另一些因素進來。

　　當然,對於有些人來說,幾乎是什麼禮儀都沒有的。在美國的話,這些人都在自己的家庭圈子裡生活。我們在回到家庭的懷抱裡時,能夠不顧所有的禮儀形式。在日本就不一樣,日本

人恰恰是在家庭當中，需要去學習並細緻地觀察相互尊重的規則。母親用帶子將嬰孩捆在自己背上時，得用手按下嬰孩的小腦袋，這是在教孩子懂禮節；孩子學步時所學的第一堂課，就是觀察學習怎樣向父親或者兄長表示尊敬。妻子向丈夫鞠躬，孩子向父親鞠躬，弟弟向哥哥鞠躬，女孩子則要向所有的哥哥弟弟們鞠躬。

這並非空洞的姿態，這表明鞠躬者承認，有些事情他可能寧願自己去處理，不過別人有干涉他所作所為的權力；受禮者則承認，他負有某些和他的地位相對應的責任。以性別、輩分和長子繼承權等為基礎的階層制，是家庭生活的重要組成部分。

當然，孝道是一種崇高的倫理法則，不光日本有，中國也有；早在西元六七世紀的時候，在採納中國的佛教、儒家倫理和世俗文化的日本，就接受了中國關於孝道的種種說法。可是日本的孝道特徵，為了適應與中國不一樣的家庭結構，不可避免地被修改了。在中國，就算是在今天，一個人要忠誠於他那範圍已經擴大許多的全家族，他所要盡忠的這個範圍裡的人，可能數以萬計，他也可以從這麼多人這裡獲取支援。在那個幅員遼闊的國家，不一樣的地方情況不同，不過在中國的大多數地方，一個村子裡的人全都是同一個家族的。

中國的人口有 4.5 億，姓氏卻只有 470 個，所有同姓的人都認為，他們在某種程度上是一家子。在某個地區，可能所有的人都是屬於同一個宗族的，無一例外；還有，那些居住在遠方

第三章　各就其位

城市裡的家庭，算是他們的本家。在那樣人口稠密的地區，比如廣東，每個宗族成員都聯合起來，一起管理著龐大的宗族祠堂；他們在祭奠的日子裡，向上千已經去世的祖先牌位致敬，那些祖先都可以追溯到同一個遠祖。

所有的宗族都擁有財產、土地、廟宇以及宗族基金，可以為所有廣大的子弟支付教育費用。他們和那些在各地散居的宗族成員保持著聯繫，刊印精美的族譜，族譜內容每十年左右都要更新一次，寫上那些有權分享宗族特權之人的名字。他們還有家法，要是哪個宗族成員犯了國法，而宗族與官府的意見無法達成一致的話，家法甚至可能不讓大家將這名罪犯交給衙門。在帝制時代，這些半自治的宗族大社區不過由朝廷進行名義上治理，朝廷委任的官員走馬燈似地更換著，在這裡他們永遠是外人；在宗族的領導下，那些官吏也樂得逍遙，盡量不去參與治理宗族的事務。

日本則是完全不一樣的情況。直到19世紀中期，日本還只有貴族家庭和武士家庭才可以使用姓氏。姓氏在中國的宗族體系裡是最基本的要素；沒有姓氏或類似的東西，宗族組織的發展就無從談起。在某些宗族裡，族譜的作用就相當於姓氏。然而在日本，族譜那是上層社會才有的，而且他們做紀錄的方式跟「美國革命婦女會」類似，是從現在活著的人往前推，並非反過來往後推，往後推就可以包括源於某個始祖的一切當代人。這兩種紀錄法大不相同。

另外注意，日本乃是一個封建國家，忠誠的對象並非一大幫親戚，而是某一個封建領主。那個封建領主是常住當地的主君，這就和中國那些短暫派駐的官員截然不同，後者永遠是他們派駐地的外人，根本無法有更好的形象。在日本，這個人屬於薩摩藩還是肥前藩才是關鍵。一個人的連繫紐帶就是他所屬的藩。

還有一種讓宗族制度化的方式，就是在神社或聖地崇拜遠祖或族神。對日本老百姓而言，就算沒有姓氏或者族譜，他們也可以做到這一點。不過日本是沒有在祭拜遠祖的；神社是老百姓朝拜的地方，所有村民聚集在那裡，用不著證明他們有著共同的祖先。他們被稱為社神的「孩子」，那是因為他們在那個神祇的領地上生活。這樣的鄉村朝拜者當然相互有連繫，因為世界不管哪個地方的村民都是世代定居，不過，他們並非由同一個祖先傳承下來的、內部關係緊密的宗族集團。

日本人對祖先的崇拜是在家裡進行的，會有一個設於客廳的神龕，與神社的截然不同，受到祭拜的只有六七個剛剛去世的先人。日本所有階層的人，每天都要在神龕前祭拜。神龕的前面要供上一些食物，這是為最近去世的父母、祖父母和別的一些近親準備的。他們還活在親屬們的記憶裡，代替他們的，是擺放在神龕裡的牌位，上面刻著他們的小像。在公墓裡，即使是曾祖父母墳墓上作為標誌的文字，也不會被重新刻寫，甚至是第三代先人的身分狀況也很快就會被遺忘。日本的家族連

第三章　各就其位

繫被削減到差不多和西方一樣,可能和法國的家庭最為接近。

所以,在日本,「孝道」局限於那些抬頭不見低頭見的家庭成員當中。「孝道」的含義是:在一個差不多只包括父親、祖父、他們的兄弟,以及這些人的後裔的團體當中,一個人要按照輩分、性別還有年齡,找到自己合適的位置。那些大戶人家可能包括較大的團體,縱然是那樣的家族,也會再分出幾個獨立的分支,長子以外的兒子們也要外出建立自己的家庭。在這種小範圍的直系親屬團中,用來規定「各就其位」的規則是十分細緻的。他們必須嚴格服從長者,直到長者自己決定隱退。

直到現在,一個人就算他的兒子們都已經成年,若是他的父親尚未隱退,那麼,他對任何事情的處理意見,在沒有得到他年邁父親的同意之前,都不會獲得通過。父母們會安排或破壞孩子們的婚姻,哪怕孩子已經三四十歲了。父親是一家之主,吃飯時要先讓他吃,洗澡時要先讓他洗,全家人向他深深地鞠躬時,他只需要點頭受禮即可。日本有一則膾炙人口的謎語,翻譯成我們的謎語形式是這樣的:「為什麼兒子想要向父母提建議,就好像佛教徒想要頭頂長頭髮?」(佛教徒的頭頂一般都沒有頭髮)答案是:「無論他多麼想這麼做,都是門都沒有。」

「各就其位」除了意味著輩分的不同,也意味著年齡的差異。日本人在想要描述極度混亂的局面時,會說那個局面「非兄非弟」,跟我們說「非魚非鳥」是一個意思;因為對日本人而言,身為兄長的男人需要保持他的個性,就像魚要待在水裡一樣。

長子是繼承人。旅行家們這樣說過:「在日本,長子很早很早就有著負責任的氣質。」長子可以在相當大的程度上分享父親的特權。在過去的年代,他的弟弟遲早會變成他的附庸;現在的話,特別是在鄉鎮裡,常常是這樣的情況:長子一如往常地在家裡待著,而他的弟弟們可能在勇往向前,接受的教育更多,收入也就更高。階層制的老習慣十分強大。

甚至在現在的政治爭論中,關於「大東亞政策」的討論中,也生動地描述這種傳統的長子特權。西元 1942 年春,在討論「共榮圈」這個話題時,一個中佐這樣替陸軍省辯護:「日本是它們的大哥,它們都是日本的弟弟。那些領土被占領的居民,應該將這一事實牢記心中。要是我們對這些居民表現得過於關心,他們的心裡就會產生濫用日本好意的傾向,這會對日本的統治有不好的影響。」換言之,怎樣對弟弟好,是大哥說了算,他不應該在強制執行時表現得「過於關心」。

無論年齡大小,一個人在階層制中處在什麼位置,還取決於他是男是女。日本婦女要走在丈夫的後面,她們的社會地位低於丈夫。有時穿著美式服裝的她們,會和男人們並排走路,在經過門時甚至可能走在男人前面;然而她們一旦穿上和服,就又會退到後面。在日本家庭中,女孩子需要盡可能地與兄弟們好好相處,即使禮物、關心和教育費都是給男孩子的。

甚至在成立女子高中後,學校裡的課程也全都是關於禮儀和身體動作的訓誡,她們所受的正經八百的智力訓練,根本不

第三章　各就其位

能與男孩子相比。有一位女子學校的校長，在為出身中上層的學生訓話時，提倡學習歐洲的語言，他之所以提出這一建議，是因為他懷有這樣一種希望，即，她們可以將她們丈夫書籍上的灰塵除去，然後再準確地把書插回到書架上。

儘管是這樣，和大部分的亞洲國家相比，日本婦女擁有的自由已經非常大了；而這不僅僅是一種西化的現象。日本始終沒有出現過中國上層社會那樣的女子裹腳現象。現在，當印度婦女看到日本婦女進出商場、走在大街上，卻不用把自己藏起來時，她們會發出驚叫。在日本的家庭裡，妻子負責購物和掌管錢袋。要是家裡沒錢了，也是她必須選一些家裡的東西送去當鋪。管理女僕的是她，在孩子們的婚姻大事上，她的發言權也很大。當了婆婆之後，她就對全家的事務大權獨攬，彷彿前半生的她，從來都不是一朵只會點頭的紫羅蘭。

在日本，輩分、性別和年齡擁有的特權是非常大的。不過那些行使特權的人，做起事來就像是受委託的人，而非獨斷專行的人。父親或者長兄要為整個家負責，不只是包括活著的，還包括那些已經死去的或還沒有出生的。他必須作出重大決定，並且監督這些決定落實的情況。但他並不沒有無條件的權力。他的家人們期望他為全家族的榮譽負責。他讓弟弟還有兒子記住家族的遺產，既包括物質的遺產，也包括精神的遺產，另外，他要激勵他們成為配得上家族遺產的人。即使他只是一個農民，也要向祖先籲求他的高尚責任。他所在的階層等級越高，對家

族的責任就越重。家族的需求總是放在個人的需求前面。

如果有重要的事務，任何門第的一家之主都會召開家庭會議，對有關事務進行討論。例如，家庭成員可能會從很遠的地方趕來，只是為了參加一個關於婚約的會議，任何一位無足輕重的成員都可以參與決策。兄弟或妻子可能會讓已經作出的決定出現動搖，一家之主若是不考慮眾人的意見，那麼就要承受重重的困難。當然，最終的結論決定了當事人的命運，卻很有可能根本沒有得到他的歡迎。然而，那些長輩終其一生都服從家庭會議的決定，現在則食古不化地要求年輕人，對他們當年為之低頭的東西表示服從。

普魯士的父親享有對待妻子兒女的專斷權力，不管是在法律上，還是在習慣上；那賦予他們這種權力的東西，與日本年長者對年少者的要求，其背後的東西截然不同。在日本，年長者的要求不會因為這個原因而變得寬容一些，但是，效果則大不相同。在家庭生活裡，日本人不會學習尊重專橫權力的，也不會養成輕易服從專橫權力的習慣。對家庭意志的服從，是以某種最高價值的名義被要求的，無論這一名義下的要求有多麼苛刻，對每一個家庭成員都存在利害關係，因此，是以共同忠誠的名義來要求大家都要服從的。

所有的日本人都是先在家裡學習階層制的習慣，然後在更加廣泛的經濟生活和政治生活中，應用他們在家裡學到的東西。他明白，要向那些在階層制中地位比自己高的人，表達百分之

第三章　各就其位

百的敬意，這和那些人在團隊中是不是真的擁有支配權沒有關係。就算現實情況是丈夫受制於妻子、哥哥受制於弟弟，在表面上，他們也還是會為後者所尊重。在表面形式上，不一樣的特權之間是有界限的，這些界限不會只是因為有人在背後操縱而被打破，表面因素不會為了要適應實際支配因素而發生改變，它始終是不可侵犯的：要是表面地位上的繁文縟節沒有了，那麼在做事策略上甚至會更加方便。在那種情況下做事，一般不會受到攻擊。

日本人還有這樣一條家庭經驗：倘若全家都確信，某個決定對保住家族的榮譽是有幫助的，而這個決定就是由他們作出的，那麼，它會被賦予無以倫比的分量。不過這樣的意思，並非它是要由鐵拳實施的法令，那樣的鐵拳往往是暴君一時興起而揮出的產物，而他剛好又是一家之主。那些實施家庭決定的人，實際上與接受委託，管理某份物質財產或精神財產的角色更為接近，那份財產對全家來說都非常重要，而且要求所有人的個人意志，都要服從家庭的要求。

日本人會譴責使用鐵拳的行為，不過他們並不會因此讓自己不那麼服從家族，也不會減弱他們對那些在階層制中享有地位之人的極端敬意。即使家族中的年長者不會成為強而有力的獨裁者，家族中的階層制依然會被保留下去。

以上是一份略顯枯燥的、對日本家庭中階層制的陳述。由於美國的人際關係標準和日本的有差異，如果美國人讀到這

份陳述時，他們不會欣賞日本人接受家庭中那種情感紐帶的行為。在日本家庭中，那種紐帶的力量無比強大，而且得到了公認。人們經常讚嘆日本家庭成員間的團結，這樣的團結是如何取得的，正是本書的主題之一。還有一點同樣關鍵，本書想要理解，日本人在更加廣闊的政治生活和經濟生活中的階層制需求，以此來確認，他們在家庭環境中掌握的這種習慣，是多麼地根深蒂固。

日本人生活中的階層制安排十分厲害，不管是在家庭關係中還是階層關係中，都是一樣的。縱觀日本的歷史，它始終是一個階層分明、等級森嚴的社會，這樣一個具有幾百年階層制習慣的民族，它所具有的強項和弱項都十分明顯。從日本有文字記載的時候開始，階層制始終是他們的生活準則；甚至上溯到西元7世紀，他們就已經在吸納這些借鑑自中國的生活方式，就是為了適應本國的階層制文化，因為古代的中國是沒有階層制的。

在7世紀和8世紀的時候，日本天皇及其朝廷致力於富國重任，那些去中國的日本使節，見識到偉大中國的高級文明習俗，他們大開眼界，讚不絕口，而他們用的就是這些習俗，他們以無比充沛的精力投入這項富國大業。在那之前，日本甚至連書面語言都沒有；在7世紀，他們拿來中國的象形文字加以利用，創立屬於他們自己的文字，那種文字和象形文字完全不一樣。他們有一種民間宗教，四萬個掌管著山嶽和村莊的神都

第三章　各就其位

被取了名字，為人們帶來好運——後來這種宗教有了許多變化，到現在依然存在，成為「神道」。

7世紀時，日本從中國拿來整個佛教，將其作為「保護國家的、最好的」宗教。在那之前，日本沒有永久性的宏大建築，不管是公家的還是私人的都沒有。於是，天皇們建造了一個新的首都——奈良，正是以中國的首都長安為原型；一些龐大壯觀、裝飾華麗的佛教寺廟，也在日本矗立起來，同樣也是中國式樣的。天皇按照使節們從中國發來的報告，引進了官階、品味和律令。身為一個主權國家，日本能夠這樣成功地、有計畫地引進文明，這在世界歷史上都是絕無僅有的。

然而，日本從一開始，就沒將中國不存在階層制的社會組織複製過來。日本的確採用了中國的官銜，不過中國的官銜是授予那些通過科舉考試的行政官員，而日本的官銜則頒給了那些世襲的貴族和封建領主們。他們構成了日本的階層制。而日本有大量半獨立的封地，封地領主們則經常眼紅對方的權力，那些重要的社會習俗，都是關係到領主、家臣和扈從的。

無論日本從中國引進文明有多麼勤勉，他就是採用不了那些可以取代階層制的生活方式，比如中國的官僚行政系統，再比如擴大了的宗族系統，它將形形色色的人都團結在一個偉大的民族裡。中國的世俗皇帝觀念，日本也沒有採用。日語裡將皇家稱為「雲上人」，只有他們家的人才能當皇帝。日本從來都沒有換過朝代，而中國則經常改朝換代。天皇是神聖不可侵

犯的。毋庸置疑的是，當年日本天皇及其朝臣在引進中國文化時，甚至想像不出來，中國在這些事務上做了什麼樣的安排，也無法猜測他們自己進行了怎樣的修改。

所以，雖然日本從中國多方引進了文化，然而這種新的文明，不過是為幾百年的爭端鋪路而已。世襲領主和家臣為了控制國家的權力衝突不斷。在 8 世紀末，奪得國家支配權的貴族藤原氏，將天皇推到了後院。隨著時間的推移，藤原氏的統治越來越受到封建領主們的非議，整個國家於是陷入了內戰。鼎鼎大名的源賴朝就是一名領主，他將所有對手都消滅了，成為日本的真正統治者。他有一個十分古老的軍事頭銜——將軍，這個頭銜字面上講是「征夷大將軍」。

在日本，源賴朝的子孫只要能夠掌控別的封建領主，那麼按照慣例，這一頭銜就是他們家族世襲的稱號。天皇就是一個沒有任何實權的傀儡。「將軍」為了獲得天皇在形式上的授權，還要依賴於他，這就是天皇的重要性。天皇沒有任何政權，所謂的幕府手中掌握著實權，幕府力圖利用武力掌控那些無法駕馭的封建領主。每一個封建領主，也就是「大名」，都有自己的武裝家臣，也就是「武士」；武士們聽從大名的指揮，若是在動亂年代，他們隨時準備著去爭奪敵對封地，甚至是統治者將軍的「寶座」。

在 16 世紀，內戰變成了一種瘟疫。數十年的動亂過後，偉大的德川家康打敗了所有的對手，在西元 1603 年成為德川家族

第三章　各就其位

的第一代將軍。德川家族在這以後的兩個半世紀當中，始終保留著這個將軍職位；直到西元1868年，日本在這一年開始進入近代歷史，天皇和將軍的「雙重統治」才被廢止。德川時代非常漫長，在很多方面，它都是日本歷史上最值得關注的時期之一。德川家族在日本維持了一種武裝和平的狀態，直到它垮臺前的最後一代都是如此。它讓中央集權制行之有效，而那種制度服務於德川家族的目標服務得極好。

德川家康曾經面臨一個棘手的問題，最後並沒有找到一個簡單的解決方案。某些最強大的封建領主在內戰的時候，始終反對德川家康，直到在決戰中慘敗，他們才不得不向他俯首稱臣。他們就是所謂的「外系領主」。德川家康同意他們可以繼續控制自己的領地和家臣；而實際上，日本全境內所有的封建領主，都在他們的領地上繼續擁有最大程度的自主權。

但是，他消除了他們獲得成為德川家臣榮譽的可能性，同時也消除了他們進入任何公家部門的可能性。這些重要職位都是給「嫡系領主」們保留的，他們在內戰期間支持了德川家康。為了維護這種困難的政權，德川家康依賴這樣一項策略：不能讓封建領主和大名累積權力，同時也不能讓他們聯合起來，否則就有可能對將軍的統治構成威脅。

德川家康不僅沒有廢除封建制度，而且，他出於維護國家和平和德川家族統治的考慮，還在為讓這一制度變得更加強大、強硬而努力。

日本的社會是一個擁有精密分層的封建社會，世襲決定了每一個人的地位。德川家康將這套體制固定下來，並規範每一個階層的日常行為。一家之主必須要在自家的門口張貼標誌，以此來亮明他的階層地位和世襲身分，以及那些屬於這一身分應該遵守的規範。他能穿什麼樣的衣服、能吃什麼樣的食物、能合法居住在什麼樣的房屋裡，這些按照他的世襲職位都有明確的規定。

　　日本的階層制規定，皇家和宮廷貴族以下分為四個階層：士（武士）、農、工還有商。在他們之下還有賤民，最出名的、也是人數最多的賤民就是「穢多」，也就是從事各種說不出口的汙穢行業的工人，包括清道夫、給死刑犯掘墓的人、死去動物的剝皮工還有皮革工。在日本，他們是「不可接觸者」，或者不妨說得更直白些，他們是日本「不可當做人」的人。甚至日本政府還不將那些通過他們村子的道路里程計入在冊，就彷彿那片土地還有土地上的居民，壓根不存在。他們過著赤貧的生活；儘管可以保證能夠從事他們的職業，但他們從來都是游離於社會正式的結構之外。

　　商人的地位僅僅比賤民高。雖然在美國人眼中，這好像有些奇怪，但是在封建社會裡，這是千真萬確的存在。商人階級總會破壞封建制度。只要商人富裕起來且得到人們尊敬，封建制度就會衰落。17世紀時，德川家康推行了比任何國家所曾推行的都要嚴格的法令，以此來強迫日本形成與世隔絕的狀態，

第三章　各就其位

這種措施剷除了商人立足的基礎。

日本在中國和朝鮮的整個海岸地區，都曾發展過海外貿易，商人階級一定會有所發展的。為了遏止這種態勢，德川家康透過法令規定，修造或駕駛任何大於一定尺寸船隻的行為，皆為非法，要處以極刑。那些在許可範圍內的小船，既不能渡海前往中國大陸，也裝載不了貿易物資。同時還嚴格限制國內的貿易，各個領地的邊界處都設上關卡，制定了嚴峻的關於貨物進出的法規。

還有專門用來強化商人低等社會地位的法律，嚴格地限定他們所能穿的衣服、所能帶的傘，以及婚禮和葬禮的費用。他們不可以居住在武士們的住地裡。如果他們受了那些享有特權的武士們的刀下之苦，法律也不會為他們提供任何保護。德川家族的政策是要把商人限定於下等地位，在貨幣經濟體系中，這必然是要失敗的。那個時期的日本正是靠貨幣經濟運行的，可是德川家族還是全力將這項政策推行下去。

對於穩定的封建主義體制而言，有兩個最合適的階級，那就是武士和農夫；德川幕府用僵化的形式凍結了它們。德川家康最終結束了內戰，而在打內戰的時候，偉大的軍事領主豐臣秀吉已經利用大名鼎鼎的「繳刀令」，促成了這兩個階級的分離。他解除農民們的武裝，又只給武士們佩刀的權利。武士們再也無法成為農夫、工匠或商人。即使是階層最低的武士，也無法合法地成為生產者了。他們都成為寄生階級的一員，從農

民那裡徵收來的稅糧,是他們的年俸的來源。

大名向農民收取稅糧,然後按份額分配給自己的武士家臣。武士們從來不會想知道,他們得到什麼地方尋求幫助,他們對自己的主子是完全依賴的。在日本歷史的早期,領主之間的戰爭彷彿綿延無期,就在這樣的戰爭中,封建領主和武士們之間的關係愈加牢固。到了德川家康統治下的和平時代,這種關係轉變為經濟性的了。武士家臣不同於歐洲的騎士,他們既非那種擁有自己領地以及農奴的小地主,也非擁有財產的士兵,而是大名的跟班,領取著固定年俸。

他們的家族所領取的俸祿,從德川幕府時代就已經固定下來,而且數額不大。日本學者曾經推算過,所有武士的平均年俸跟農夫的收入差不多,也就只能餬口而已。最大的家庭問題是,這點俸祿還要分發給繼承人,所以武士家庭的人口都非常有限。有一點讓他們最覺得難堪,那就是財富和日常的表現決定了聲望,所以他們的家規裡都會強調這樣一條:節儉乃是最高的美德。

有一道鴻溝將武士和其他三個階級:農、工和商分隔開來。那三個階級都是「普通人」,但武士不是,他們所佩帶的刀可不僅僅是裝飾,那是特權階級的代表。他們在德川時代之前,就有佩刀的傳統。德川家康頒布的法令,只是准許他們將這一悠久的習慣保留:「對士無禮、對上不敬之庶民,可斬立決。」

在德川家康的法規裡,不會看到哪條哪款會指出普通人和

第三章　各就其位

武士家臣之間，要建立起相互依賴的關係。嚴格的階層制規定是他的政策基礎。這兩者都向大名俯首稱臣，都是直接依附於大名的。他們處在不同的階層當中，就像大名也是處在某個階層當中一樣。每一個階層的上上下下都有法令、法規、管制和義務。不同階層之間，則是除了距離什麼都沒有。這種分隔曾經因為環境需要而一再得到鞏固，可是那並非體制本身所有的。

德川時代的武士家臣不僅僅是舞刀弄劍的人，他們還是上司財產的管理者，同時還是古典戲劇（即能樂）和茶道這類平和藝術的專家。處理所有的文書都是他們的工作，大名的計謀得以實施，也離不開他們的熟練操作。個人舞刀弄劍的機會在長達 200 年的承平歲月裡，其實非常有限。商人雖然被階層規定所限制，但開闢了一種非常高品味的生活方式，那就是追求城市的、藝術的和愉悅的生活；跟商人類似，武士們雖然刀不離手，不過也發展出平和的藝術。

即便農民們不具備防備並且反擊武士的法律權利，而且身上還背負著沉重的稅糧任務，以及名目繁多的、強加在他們身上的限定，不過他們也有一定的安全保障。其實擁有土地就是保障的一種，因為在日本，擁有土地是一個人的尊嚴所在。德川家族統治的時候，土地是不可以永久轉讓的，這一法令是在保障耕作者；這和只保障地主利益的歐洲封建主義不同。農民擁有著他們最為珍視的土地永久權利，因此他們在自己的土地上不辭辛勞地精耕細作，直到現在，他們的後代子孫依然在這

樣耕作著稻田。

另外,他們還是支撐著整個寄生蟲似的上流社會的大力士,那個社會差不多有兩百萬人呢!包括將軍的政府、大名的機構和武士的俸祿,都由農民們承擔。農民交的是實物稅,也就是將若干比例的收成交給大名。同樣是水稻國的暹羅,其傳統稅率是10%,而在德川時代的日本,這個數字是40%。不過,實際上甚至更高,在有些藩甚至高達80%,而且還經常有勞役或者徵用,這些都是在壓榨農民的時間和體力。

跟武士類似,每個農民也在控制著自己的家庭規模,德川家族統治日本的這幾百年間,日本的總人口數量幾乎沒什麼變化。對於一個亞洲國家而言,如此長的太平時期裡,人口數量如此穩定,可以說明這個政權的大致情況。這是一個斯巴達式的政權,嚴格地限制稅收的繳納者和由稅收供養的家臣;但是,在每個下屬和他的上級之間,這個政權相對而言是穩定的。所有的人都知道自己的責任、特權和地位,要是這些被損害,那麼即使是最窮苦的人也可能會奮起反抗。

是的,生活困頓的農民們也會奮起反抗,不只是反抗封建領主,還可能會反抗將軍政府。德川家族統治日本的250多年間,至少發生了1,000起農民的反抗活動。引發反抗活動的並非傳統的重稅——「40%是皇家的,60%是耕作者的」,而是額外的賦稅。

當農民們再也無法忍受自己的處境時,他們會成群結隊地

第三章　各就其位

奔向領主，不過請願和裁判會有一個秩序井然的過程。農民們將要求調整賦稅的正式請願書寫好，呈送給大名的內臣。若是這份請願書被中途扣下，或者大名壓根就不理會他們的抱怨，那麼他們就會派代表去首都找將軍，將他們的狀子呈上去。有些這類很有名的例子裡，他們是這樣做的：趁某高官坐轎子經過首都某條街道時，他們將狀子塞到他的轎子裡，如此才能確保他們的狀子能遞到將軍手裡。不管農民們冒什麼樣的風險遞這請願書，幕府當局隨後就會進行調查，而有利於農民的裁決差不多能占到一半。

然而，幕府判決支持農民的請求，並不能滿足日本社會對法律和秩序的要求。農民們的抱怨可能是正當的，國家尊重他們可能也是可取的，不過他們當中領袖的行為，已經逾越了階層制的嚴峻法律。無論裁決怎樣對農民有利，他們都觸犯了要求他們效忠的根本大法，而這不被注意到是不可能的。這些領袖會因此被判處死刑，甚至在農民們心裡，也覺得這樣的結果是在所難免的。

在農民們看來，被判處死刑的人是英雄，他們成群結隊來到刑場，領袖們要麼被放在油裡煮，要麼被砍頭，要麼被釘死，可是行刑現場的人們不會出現暴動。這就是法律和秩序。他們事後可能會為這些死去的領袖們修建神社，尊他們為殉難烈士，前提是他們接受那樣的刑法，將其視為階層制法律的組成部分，甚至是核心部分，而他們正是依賴著這法律而活的。

簡單地說，德川將軍想要在每一個藩，將階層制固定下來，讓每一個階級都對封建領主形成依賴。在每一個藩當中，大名處在階層制的最上層，他有對倚賴他的人施行特權的權利。將軍在行政上的大問題，是怎樣控制大名，他想方設法地阻止他們，進行聯合或實施犯上作亂的計畫。各個藩的邊界還有關卡，由關員檢驗過往行人的證件，嚴密監視著「出女人炮」的行為，以防萬一大名運出他屬下的婦女，同時走私武器進來。

得不到將軍的許可，任何大名都不可以自立婚約，這一點是防止他們用婚約組成危險的政治聯盟。藩之間的貿易也被阻止，甚至連架橋都是不允許的。將軍的奸細們也讓將軍對大名的花銷情況瞭如指掌，比如某位封建領主的金庫就要滿了，將軍就會要求他承擔昂貴的公共設施建設，讓他的財產降低到原來的水準線。在所有規定的當中，有一條最有名的，那就是：大名一年中必須有半年住在京城，甚至他回自己領地住的時候，還需要將妻子留在江戶（東京），被將軍當做人質。透過上述的這些手段，當局確保維護上層的控制，鞏固其在階層制中的支配地位。

當然，在這個好像拱橋的階層制裡面，將軍並非最後用來封頂的那塊石頭，因為他擁有的統治權，是受到天皇的指派。天皇還有由世襲貴族（公卿）組成的宮廷，被迫在京都隱居，沒有任何的實權。天皇的財政來源甚至比一些較小的大名要少，宮廷的禮儀都為幕府規定所嚴格限制。不過，即便是最有權勢

第三章　各就其位

的德川將軍，也沒有採取什麼措施，廢除這種天皇與實際統治者並存的雙重統治模式。

在日本，這並非什麼新鮮事。大元帥（將軍）從 12 世紀開始，就以天皇的名義統治著這個國家，而天皇被剝奪了所有的實權。有那麼幾個世紀，職權的分化到了如此地步：傀儡天皇將實權委託給某個世襲世俗領袖，然後再由那個領袖的某個世襲顧問負責具體的執行，甚至在德川政權最後、最絕望的時候，培里將軍（Matthew C. Perry）也沒有對日本存在著天皇的政治背景產生懷疑。西元 1858 年，美國的第一任駐日使節湯森‧哈里斯（Townsend Harris）在和日本進行第一個通商條約的談判時，才發現日本居然還存在一位天皇。

事實上，在太平洋島嶼上一再發現日本式的天皇觀念。身為聖主的他可能參與行政管理，也可能不參與。有些太平洋島國的情況是他參與管理，在另一些島國則是委派別人替他執政。不過他的人格始終非常神聖。紐西蘭的部落聖主神聖到了這種地步：他可能不用自己動手吃飯，甚至那餵他吃飯的勺子，只要碰到他那神聖的牙齒，都是不被允許的。他外出的時候需要人抬著，因為不論哪塊土地，只要他的神腳涉足過，都會自動變得無比神聖，也就需要轉到他的名下。他的腦袋最為神聖，不允許任何人撫摸。他的話可以傳進部落神祇的耳朵裡。

在薩摩亞和東加等太平洋島嶼國家，聖主並不會屈尊進入現實生活，而是由一名俗主承擔國家的所有事務。在 18 世紀末

訪問東太平洋島國東加時，詹姆士・威爾遜曾這樣寫道：「東加政府看起來和日本政府最像，那裡的聖主基本就是軍事首領的政治犯。」東加的聖主不能參加公共事務的管理，不過他們有一些儀式性的職責。果園裡的第一批果實需要由他們來接受，然後舉行某些儀式，然後那些果實人們才可以吃。人們會在聖主去世時，這樣宣布他的死訊：「天堂空了。」他在隆重的儀式當中，被葬在巨大的王陵裡。可是，他從來都不參與任何的行政管理。

按照日本人的定義，天皇，即使他在政治上是無能的，「基本是軍事首領的政治犯」，也是發揮了這樣的作用：將階層制中的「一個合適的位置」填補了。在日本人眼中，世俗事務的管理，從來都不是天皇的分內之事。在征夷大將軍統治日本的幾百年裡，天皇在京都的朝廷，其實是日本人所保留的一種價值象徵。只有西方人覺得他的職權是有名無實的。在各個方面，日本人都對階層制角色的嚴格定義習以為常，對這個現象的看法，自然也和西方人不一樣。

在封建時代的每個人，上到天皇，下到流浪漢，在日本的階層制中的定位都極為明確；即使是現代日本，這種情況也還保留著強烈的印記。從封建政權的終結到現在，也就差不多75年，一代人的時間不會讓所有國民的強大習慣消亡。日本的現代政治家們也在小心翼翼地規劃著，保留階層制中的許多內容——即便他們為了適應國家的目標，對階層制進行了很大的

第三章　各就其位

變革,下一章裡我們還會論及這一點。與任何別的主權國家相比,日本人被限定好了一切,包括他們行為的細枝末節,包括他們的地位,全都被指定完畢。

日本社會曾經有200年時間,鐵腕維持著法律和秩序;在那段時間裡,日本人掌握了將這種精密設計的階層制,視為安全與穩定的保障。他們只要待在既定範圍裡,只要將既定任務完成,就可以信任那個社會。賊寇被控制住了,大名之間的內戰也被遏制了。假使臣民可以證明別人有踰越權利的行為,他們可以進行控訴,就像受到剝削的農民們控訴一樣。控訴者自己是危險的,不過控訴這種行為是會得到讚許的。最優秀的德川將軍還專門設立一個「訴願箱」,不管是誰都可以將抗議書投到這個箱子裡,只有將軍一個人有鑰匙。

在日本的社會,如果出現現存行為準則上所不允許的侵權行為,那麼這種行為就一定要改正,這一點是確定得到保證的。只有當一個人信賴那些準則並予以遵守,他才是安全的。在與它們保持一致,而不是更改甚至反對它們的時候,一個人的勇氣和正直才能顯現出來。在日本人眼中,在所公布的範圍內,日本社會是可知的,而且還是可靠的。它的規則並非「摩西十誡」那樣抽象的倫理準則,而是細緻入微的具體規定:在某種情景中,哪種行為是合適的;身為大名或者普通人,什麼樣的行為是合適的;身為哥哥或者弟弟,哪些行為是適當的。

階層制下的日本人並沒有變得溫和恭順,強而有力的階層

制統治，會讓有些民族變成那樣。還有一點十分重要，那就是要意識到，各個階級都是有保障的。就算是賤民，也有專門從事某些特殊職業的保障，他們的某些自治團體還是獲得當局承認的。日本社會固然嚴格限制各個階級，然而他們在秩序和安全上也的確是有保障的。

日本的階層限制仍然有一定的變通性，印度階級制就沒有變通性。在大家都能接受的情況下，日本人的習慣可以提供一些直接有效的手段，十分巧妙地應付階層制。一個人能用幾種手段，來改變自己在階層制中的地位：

像是在日本的貨幣經濟體制下，高利貸主和商人變得富有起來是不可避免的，這時他們就會想出各種傳統策略，滲透進上層社會當中。他們利用租金和抵押利息成為「地主」。農民的土地的確無法轉讓，但是日本的地租非常高，地主只要讓農民留在他們自己的土地上，就有利可圖。高利貸主在這樣的土地上定居，就可以收地租。在日本，這種土地的「所有權」不僅意味著利益，也意味著尊嚴。倘若他們的孩子與武士階層通婚，他們也就成了紳士。

階層制另一種傳統的變通方法是收養，具體做法就是「購買」武士地位。商人不顧德川幕府的一切限制富裕了起來，便安排將他們的兒子過繼給武士家庭。在日本，收養兒子的很少，通常是為自己的女兒招女婿。大家都清楚他是「上門女婿」，他成為了岳父大人的繼承人。可他付出的代價是高昂的：他的名

第三章　各就其位

字從自己家的戶籍上被劃掉,又出現在他妻子一方的戶籍上。他的姓成為妻子家的姓,並和岳父一家在一起生活。只是代價固然高,收益也非常大,因為那位富商的後裔會變成大名,而貧窮的大名一家也會和財富掛上鉤。沒有任何人冒犯了階層制,它過去是什麼樣,現在依然是什麼樣。然而,想辦法變通,讓有錢人得到了上流社會的地位。

所以,日本的階層制並沒有人們只能在同階級內通婚的要求。一些被許可的安排,讓不同階級間可以通婚。富商們滲透進下層的武士階級當中,這一結果在相當程度上,讓西歐和日本之間的對比性差異更嚴重了。歐洲之所以打倒封建主義,主要是因為中產階級的壓力,這個階級當時正在蓬勃發展,勢力越來越強大,在現代工業時代占據著主導的地位。日本並不存在這樣一個強大的中產階級。商人和高利貸透過大家都認可的方式,「買到」了上等階級的地位。商人和下級的武士形成了聯盟。在封建主義到了痛苦的垂死時期時,日本所允許的階級變動程度,要比歐洲大陸高,這一點非常奇怪,讓人吃驚。不過,這裡面最令人信服的證據莫過於:在日本的貴族階級和資產階級之間,任何階級鬥爭的痕跡都沒有。

日本的這兩個階級有一個共同目標——雙贏,指出這一點非常容易;不過在法國,他們的共同目標同樣也是雙贏。在西歐,這一目標不管出現在哪個國家,都有利於那兩個階級。然而歐洲的階級性陷入僵化,在法國,階級之間的衝突導致了貴

族權利被剝奪。而日本這兩個階級相互的關係更緊密些，最後就是商人、金融界人士和武士扈從之間的聯盟，將衰老的將軍統治推翻的。近代日本還保留著封建制度，要是日本階層制不允許階級出現變動，那麼這種情況幾乎不會發生。

如果日本人認同並信任他們精心繪製的、明確的行為圖，那麼他們就會覺得這些都是理所當然的。一個人只要遵守那些規則，安全就會得到保障。可以抗議那些未被授權的侵權行為，還可以想方設法讓那些規則變得於己有利，這就要求兩邊都要履行自己的義務。19世紀下半期，德川政權崩潰的時候，沒有一個團體支持將那張行為圖撕毀。日本沒有發生法國大革命，甚至連西元1848年那樣的革命也沒有。不過，那個時代是絕望的時代。每個階級都深陷在欠高利貸主和商人的債務中，從普通老百姓到幕府將軍都是如此。

事實證明，人口眾多、不從事生產的階級，和習慣性的、規模巨大的官僚開支，已經維持不下去了。貧困的大名們捉襟見肘，支付不了武士扈從的固定年俸，整個由種種封建關係構成的階級網，成了一個笑話。他們試圖透過增加本就已沉重無比的農民稅，讓自己漂浮在水面上，免於沉淪。農民們拜連年提前徵稅所賜，淪落到了赤貧狀態。幕府將軍也破產了，根本保持不了現狀。當培里將軍帶著士兵在西元1853年出現時，日本正處於恐怖的國內危機之中。培里將軍強行進入日本，隨後日本與美國在西元1858年簽訂了貿易條約，當時日本根本無法拒絕。

第三章　各就其位

　　在那時,響徹日本的口號是「一新」——回溯過去,恢復往昔。這和革命是背道而馳的,完全談不上什麼進步。與「尊王」這個口號一起出現的,是同樣流行一時的口號「攘夷」。當時有人準備讓日本回到閉關鎖國的黃金時代,全國上下都表示支持;極少數幾位領導人物十分清楚,這樣的目標根本無法實現,然而艱苦奮鬥的他們,最終被暗殺了。

　　日本,這個沒革命過的國家,看不出一絲一毫改弦易轍、順應西方模式的可能性,也看不出 50 年後它居然能出現在西方世界,和列強一起競爭。然而,事實就是這樣。日本利用自己的強項——並非西方的強項——實現了目標,任何一個權力大、地位高的團體和輿論,都不曾提出過這樣的要求。在西元 1860 年代,若是歐洲人在水晶球裡看到日本的未來,根本不會相信那是真的。

　　那時的地平線上,彷彿並沒有巴掌大的烏雲,預示了隨後幾十年裡會興起的風暴,那騷動的、活躍的、橫掃了全日本的風暴。不過,不可能的事情發生了。落後的、被階層制折磨夠了的日本人,急速轉向一條新的道路,並一直堅持地走下去。

第四章

明治維新

　　那宣告了現代日本時代到來的戰鬥口號，正是「尊王攘夷」，也就是「王政復古，驅逐夷狄」。日本人透過這一口號，探查那讓日本不為外部世界所汙染的途徑，以及讓日本恢復到10世紀黃金時代的辦法，也就是回到天皇與將軍「雙重統治」出現之前的時代。在天皇的支持者眼中，天皇派的勝利代表了外國人的恥辱和滾蛋，代表了日本恢復那些傳統的生活方式，代表了任何事務「改革派」都沒權利發言。

　　一些強藩的大名削尖了腦袋想要推翻幕府政權，他們將「復古」視為一條可以取代德川家族統治日本的管道，他們想要的無非是更換一下統治者；農民們討厭「改革」，只想多留一點自己種的稻米。武士們想要保住他們的俸祿，想要保住用手中的刀去贏得更大榮耀的機會。商人們選擇資助復古勢力，目的是發展重商主義，但是，他們從未責難過封建制度。

　　西元1868年，反對幕府統治的勢力贏了，「雙重統治」為「王政復古」所取代。從西方標準的角度來看，勝利一方將效忠一種非常保守的孤立主義政策。新政權從一開始就選取了相反

第四章　明治維新

的方向。掌權不到一年，它就廢除了大名的收稅權，所有的藩都是。它透過收回地契，將農民們本來「交給大名的四成稅」占為己有。不過這樣剝奪大名並非無償的，政府分配給每位大名相當於他以前收入的一半錢財，同時又免掉他們撫養武士扈從和負責公共設施的費用。武士扈從和大名都是直接從政府領取俸祿。

在接下來的五年裡，各個階級間所有法定的不平等現象，通通就地廢除，宣布階層制所要求的標明階級的徽章和服飾為非法——甚至包括辮子，也都要剪掉——賤民得到了解放，廢除了針對土地轉讓的法令，撤掉那些隔離各個藩的關卡，甚至連佛教的國教地位也取消了。到西元 1876 年，政府一次性發給大名和武士五至十五年的俸祿。支付的數額大小不等，這是按照每個人在德川時代所領取的固定收入決定的；他們足可以拿這筆錢在新的、沒有封建主義的經濟體制中創業了。「商人、金融鉅子與封建貴族曾有過特殊的聯合，而這是那種聯合即將結束時期的最後一個階段。」

新生的明治政權所做的這些改革十分引人注目，卻並不受歡迎，人們對任何這類改革措施都不怎麼熱心。然而，日本在西元 1871～1873 年間侵略朝鮮，卻引發了日本人廣泛的熱情。但是明治政府不僅繼續推行大刀闊斧的改革，還扼殺了侵略政策。它的計畫遭到強烈的反對，反對者中的大多數人都曾為建立新政府而戰鬥過。到了西元 1877 年，西鄉隆盛，這位反對派

最大的領導人組織起一支反政府叛軍,這支配備齊全的部隊,代表了尊王派擁護封建制度的所有願望。明治政權從「王政復古」的第一年起,就背離了那些願望。政府招募了一支沒有武士的志願軍,戰勝了西鄉隆盛的武士隊伍。不過叛亂的發生表明,明治政權在日本引起了多大的不滿。

農民的不滿同樣十分強烈。明治政權的第一個十年間,也就是西元1868～1878年,至少發生了190起農民起義。到了西元1877年,新政府才拖拖拉拉地推行一些措施,來減輕農民所背負的鉅額稅收負擔。農民們有充分的理由認為,新政府辜負了他們。建立學校、徵兵制、剪辮子、丈量土地、給予賤民法律上的平等地位、限制官辦佛教、曆法改革和許多別的措施,都是農民們所反對的,因為那些措施改變了他們固定的生活方式。

那麼,到底是誰促成了這場如此激烈卻又不受歡迎的改革?是那個由低階武士和商人階級組成的「特殊聯盟」,這一聯盟是日本封建時代一些特殊習俗培育出來的。身為大名的管家和助手,武士扈從們已經掌握了政治手腕,並插手管理礦業、紙業、紡織業等等這類封建壟斷企業。商人們花錢買下武士的地位,並在武士階級中傳播他們的生產技巧。這種士商聯盟很快就將那些自信又能幹的行政管理者推上前臺,他們為明治政府制定政策,並且著手實施。

可是,真正的疑問並非是這些管理者歸屬哪個階級,而是

第四章　明治維新

他們是怎樣突然變得如此能幹的？19世紀上半期，剛從中世紀爬出來的日本，和今天的暹羅一樣虛弱，但卻產生了一批構想和實踐都極強的領導人，這些政治家似的人物，他們的工作成功了，這一點能夠跟其他任何國家曾做過的工作相比。他們的強項以及弱項在日本人的傳統性格中，都是根深蒂固的。本書就是想要討論這樣的性格，過去和現在是什麼樣的。這裡，我們只能看一下，明治時期的政治家們是怎樣執行任務的。

他們從來都沒有把他們的任務，視為意識形態的革命，只是將它看成一份工作。把日本建設成為一個受人重視的國家，這就是他們的構想目標。他們並非偶像破壞者，也沒有乞求或者辱罵封建階級，而是用厚祿作為誘餌誘惑那些人，他們給出的俸祿足夠多，足以讓他們選擇對新政權永遠支持。他們最終還是讓農民的處境得到了改善，即便這方面拖拖拉拉地進行了十年。與其說他們是出於階級立場而駁回農民們對新政權的要求，不如說是因為明治政府成立之初，國庫的狀況可以說是捉襟見肘。

運作明治政府的政治家們，都精力充沛又足智多謀，不過他們拒絕一切終止日本階層制的想法。「王政復古運動」透過將天皇放在頂端和廢除將軍統治，讓階層制得到了簡化。此後的政治家們透過廢除藩，又讓忠於領主和忠於國家之間的衝突不復存在。這些變化並不是將階層制習慣廢棄，而是給了它們一個新的地盤。這些領導人被稱為「閣下」，他們甚至還讓中央集

權制得到強化,這樣做的目的,是將他們自己的精湛綱領強加於人民。他們有時向下面提要求,有時送給他們禮物,如此恩威並施而成功立於不敗之地。然而他們從未想像過自己需要去討好輿論,因為公眾可能根本就不想建設公立學校,不想改革曆法,也不想取消歧視賤民。

《大日本帝國憲法》是明治政府的禮物之一,這是在西元1889年由天皇頒布的。它設立了國會,賦予人民在國家中的地位。「閣下」們用批評的眼光,研讀不少西方世界的憲法,然後十分認真地制定這部憲法。然而,憲法的起草者「採取了所有可以採取的預防措施,來防止大眾的干擾和輿論侵擾」。憲法的起草機構是宮內省的一個局,所以是神聖的。

明治政府的政治家們對自己的目標非常清楚。西元1880年代,憲法的制定者伊藤博文公爵,曾派木戶侯爵去英國,就日本現在遇到的問題去問赫伯特・史賓賽(Herbert Spencer)。長時間的交談後,史賓賽將自己的判斷寫出來交給伊藤。關於階層制這個話題,史賓賽是這樣寫的:日本在其傳統安排中有一種無與倫比的基礎,它對國民福利是有利的,因此應該保留並養護。他說,對上司的傳統義務,特別是對天皇的義務,是日本絕好的機會所在。日本能在「上司」們的領導下穩步前行,並可以保護自己不被困難壓倒;在更加注重個人的國家裡,那些困難是無法避免的。史賓賽的這些觀點,正好與偉大的明治政治家們的信條不謀而合,這讓他們感到十分滿意。他們決定,在

第四章　明治維新

現代世界繼續保留「各就其位」的好處。他們並不打算削弱階層制的習慣。

不管是政治、宗教還是經濟，明治政治家們在一切活動領域，都按照「各就其位」的原則，在國家和國民之間分派著職責。他們的全盤計畫和美國或英國的安排差異極大，大得我們經常無法理解他們的基本要點。當然，他們施行的是自上而下的強力統治，這是一種不必跟隨輿論方向的統治。階層制的最高層手中掌握著政府，被選舉出來的人絕對無法進入這一層級。在這樣的制度水準上，人民擁有發言權是不可能的。

西元 1940 年時，階層制政府中的最高層人物，包括有「接近」天皇門道的人、隨時能夠受到天皇召見的顧問團隊成員，以及那些任命書上蓋有玉璽的高官。內閣大臣、府縣知事、法官、全國性辦事機構的長官，和其他諸如此類的負責人，都屬於最後這一部分。任何一名透過選舉出來的官員，都不可能在階層制中享有這樣的一席之地，比如內閣大臣或大藏省或運輸省的大臣，其遴選或任命的過程中，透過選舉產生的國會議員根本沒有發言權。

選舉產生的國會下院議員代表的是人民的聲音，具有質問並批評高官的特權，是不可輕視的。可是在任命、決策和預算等方面，他們根本不具有真正的發言權，而且也無權發起立法工作。下院的工作甚至還為上院所限制，而上院議員並非由選舉產生，他們中的一半是貴族，天皇又任命了四分之一。由於

上院的立法批准權與下院的差不多，因此又憑空多了一道階層制的限制。

所以，「閣下」依然把持著政府中的高階職位，這才是日本所要確保的，不過這並非意味著，在「各就其位」體制下不存在自治。在亞洲國家都是如此，不管統治這個國家的是什麼樣的政權，從上面來的權力總是往下延伸，並在中間某個地方遇到正在從下面升上來的地方自治政府。不同國家之間的差異，都是關於這幾個方面的：民主責任的進展有多大？政府的義務有多少？地方的領導團隊是要為全社會負責，還是早以為當地的富豪把控，從而做出不利於人民的事？

德川時代的日本跟中國類似，有一些由五至十戶組成的小組織，最近這種組織得名「鄰組」，是最小的責任組織。這一種由鄰里若干個家庭組成的團體，其領頭之人擁有領導權，可以處理他們的內部事務，負責他們的行為良好，發現任何人的可疑行為，都要向上呈報，假使發現的是被通緝之人，則要將其扭送政府。明治政府的政治家們一開始曾廢除這些社會組織，不過後來又恢復了，還給它們命名為「鄰組」。鎮裡和城市裡的鄰組得到了政府的積極培養，不過現在在村子裡，它們已經很少能夠發揮作用了。

日本還有一種社會組織，就是部落，部落的情況是既沒有被廢除，也沒有作為一個單位被併入政府。這是一個國家沒有發揮作用的領域。這種部落差不多包括15戶家庭，甚至現在，

第四章　明治維新

它們還在透過每年一換的村長,以組織的形式發揮著功能。村長的職責是「照管村裡的財產,監督村人去援助那些遭遇火災或死亡的家庭,定適合集體造房子、修路或做農活的日子,搖響火警鈴發出火災警告,以用某種節奏敲響兩塊金屬片的方式,通知當地的節假日」。

市、町、村等地方行政管理機構,獲得了近代日本國民政府的正式承認。其運作是先選出「長者」,再由長者選出負責的「頭人」。身為本地區居民的代表,頭人出面處理和國家相關的一切事宜,而地方政府和中央政府則代表著國家機關。村子裡的頭人一般是一名老住戶,來自一個擁有土地的農民家庭。他做這樣的事,對於自己的經濟是有損失的,不過卻可以贏得相當高的威望。他和長者們共同負責村裡的財務、公共衛生以及校舍維修,特別是個人檔案和財產登記。和有些亞洲國家不一樣的是,頭人不用負責徵收本地區的國家稅收,所以他們不需要承擔這一項重任。他們的職位十分明確,即在民主的責任範圍內發揮自己的作用。

村公所十分忙亂。國家會撥小學教育經費給每一個孩子,這筆款項由村公所負責支出,而且它還要負責本村學校費用的籌集和支出,後者的數額比前者更大;全村共有的財產、土地改良和植樹造林的管理和租賃,以及所有財產轉移的登記,也是由村公所負責的。這種轉移行為只有在村公所完成備案後才合法。它還需要將每個人的居住情況、婚姻狀況、孩子出生情況

與過繼情況、犯法的情況以及其他種種情況登記並即時更新，這些人在村子裡都擁有正式的住房。另外家庭紀錄顯示的是一個家庭的這些類似資訊。

一個人無論在哪裡，當地都會將他上面所說的這些資料，轉發到他家鄉的村公所裡，進入他的檔案袋當中。一個人無論什麼時候要申請一個職位，或者在法官面前接受審訊，或者被問及身分，他就需要寫信給家鄉的村公所，或親自去一趟拿到複本，交給有關人士。如果一個人自己的或家庭的檔案裡，有可能被加入不良紀錄，那麼他臉上不會出現輕鬆的表情。

所以，市、町和村都承擔著非常大的責任，這是一個社區的責任。甚至在西元1920年的日本，是存在一些全國性的政黨，這放在任何一個別的國家，都意味著可能出現「執政黨」和「在野黨」之間的更迭。但是在日本，這一新情況基本沒有影響到地方行政管理機構，為整個社區做事的長者依然領導著那些機構。只不過，地方行政當局有三方面是沒有自治權的：法官都由國家委派，還有員警和教師都由國家僱請。

在日本，由於大部分民事案件的解決，還是要靠仲裁或調停，所以法院在地方行政事務中，幾乎沒發揮到什麼作用。員警則不一樣，員警比較重要。他們需要在公眾集會時隨叫隨到，然而這樣的任務一般是臨時性的，他們大部分的時間都用在了記錄人與物上。國家可能會頻繁地為員警調動職位，這樣就可以讓他們置身於地方關係場之外。學校教師也經常被調換。國

家規定了學校的每一個細節，任何一所學校用的都是同樣的課本，在同一天學的是同一篇課文，每天上午的同一時間，學生們聽的是同樣的廣播，做的是同樣的體操。這跟法國的情形相同。社區對學校、員警以及法院沒有地方自治權。

因此，日本政府在各個方面都和美國完全不一樣。美國擁有最高行政權力和法律責任的人，是選出來的；員警和法院負責管理地方的治安。不過，在形式上，日本這樣的政府機構，與荷蘭和比利時那樣的西方國家政府機構，基本不存在什麼區別。比如，在荷蘭和日本一樣，所有法律議案都由女王的內閣起草，國會實際上從來都沒有實施它的立法權。荷蘭女王甚至要依法任命鎮長、市長，所以和西元1940年前的日本相比，在形式上來說，國王的權力是可以直達地方事務的。儘管荷蘭國王做的一般是批准地方的提名，但是事實上地方官員的確是由國王任命的。荷蘭的員警和法院同樣也是直接向國王負責。法國的教育系統是日本的翻版，不過在荷蘭，任何一個宗派團體都能夠任意設立學校。在荷蘭，也是社區來負責運河挖掘、圍海造田和設施改善這些工作，而不是由政治選舉產生的長官或官員。

其實，日本政府機構和西歐國家的同類機構之間，真正的差別是功能而非形式，日本政府機構相當依賴在過去的經驗中建立起來的老習慣，這種老習慣還是在倫理體系和禮儀傳統中成型的。國家能夠仰仗它的是：只要「閣下」們各就其位、各司

其職，那麼他們的特權就會得到尊重。這並非因為這項政策得到了人們的擁護，而是因為在日本，踰越了特權界限的行為就是錯誤的。「輿論」在最高決策層沒有任何地位，政府所要求的不過是「大家的支持」。倘若中央政府超出它自身的管轄範圍去插手地方事務時，地方當局也會順從地接受中央政府的裁決。在美國，人們的一個普遍感覺是──中央政府的形象是一個不可或缺的魔鬼；而在日本人的眼中，在一切國內的職能上，中央政府都不是美國人眼中的那種形象，而是近乎至善的。

不僅如此，在合法的大眾許可權領域，哪怕是出於大眾自身利益的角度考慮，日本政府也得向民眾懇求，這樣的說法並不為過。在改良農耕舊方法的過程中，中央政府的農業推廣員和美國愛達荷州的同行一樣，強行推廣是不可能的。如果想要提倡建立由國家擔保的農民信用合作社或農民供銷合作社，政府官員不僅需要和地方名流進行漫長的圓桌會議，還要遵守他們的決定。地方事務由地方來做，日本人的生活方式就是適當分權，然後為權力規定出適當的範圍。和西方文化相比，這種生活方式給予「上級」更多的尊重，和更多的行動自由，當然上級也必須做到恪守本分。各就其位，這就是日本人奉行的一句箴言。

和行政領域相比，明治政治家們在宗教領域做的安排更加離奇，因為他們所奉行的是同一條箴言。某種信仰被國家用做自己的領地，這種宗教應該大力支持國家的統一和至高無上；

第四章　明治維新

個人則擁有信奉其他信仰的自由。這種由國家管轄的信仰領域，就是國家神道。鑑於作為國家象徵的它，受到了特別的尊重，就像美國人對國旗的尊敬態度一樣，日本人說國家神道「根本不是宗教」。所以日本政府能夠要求全體國民都信奉它，這就像美國政府要求全體國民敬重星條旗一樣，這和宗教自由的西方信條並不衝突，它不過是忠貞的符號。

而正因為它「不是宗教」，因此它能夠進入學校課程，不會出現被西方批評的危險。學校課程裡講述的國家神道，將日本的歷史追溯至神話時代，同時也促進了對天皇──即「萬世一系之統治者」──的崇拜。國家支援它，管理它。其他所有宗教領域，包括佛教和基督教的派別自不必說，甚至神道的分支或餘脈，也基本和美國一樣，都交給個人傳授。在行政上和財政上，這兩個領域是各自分開的。國家神道在內務省有專門的管理機構，它的神官、祭祀和神社都有國家在提供支援。普通神道、佛教以及基督教各派別，則都歸文部省宗教局管轄，完全靠信眾的自願捐獻維持營運。

鑑於日本政府在這一問題上所持有的官方立場，我們雖然暫且不能將國家神道認定為一個龐大的「國教會」，可是稱其為一個龐大的機構是合適的。日本有11,000多座神社，大一些的如伊勢神宮，也就是太陽女神廟，小一些的像是為舉行某個特殊祭祀的地方神社，神官負責它們的打掃工作。全國性的神官階層制和政治階層制相對應，官階從最低階神官，到地方的

神官,一直到最高級的「閣下」。與其說神官們是在引導民眾祭祀,還不如說他們是在替民眾舉行祭儀。

我們去教堂是家常便飯的事,但國家神道可不是這麼回事。國家神社的神官——因為它並非宗教——法律不允許他們宣講任何的教義,也沒有任何西方意義上的教堂禮儀。取而代之的,是在頻繁的祭祀日子裡,村子裡會派出官方代表,前來站在神官面前,神官會為他們驅邪,透過揮舞一根嫩樹枝,上面繫著麻繩和紙條。然後他將內殿的門打開,口中高聲喊著請下神明分享盛宴。神官祈禱著,每個參與的人都按身分排好隊,畢恭畢敬地拿著一根上面垂掛著一些白紙條的嫩樹枝。在以前和現在,這樹枝都被日本人視為無所不在的聖物。隨後神官又大喊一聲送走神靈,然後將內殿房門關上。

如果趕上國家神道的節日,天皇要親自前往觀摩那些為國民舉行的祭祀,政府機構則會在這一天關門休息。不過,這些節日並非重要的群眾節日,和地方神社的慶典活動或佛教節日不一樣。後面的兩種屬於國家神道之外的「自由」領域。

日本人在這一領域組織大型教派和祭祀活動,這些全都緊貼著他們的心靈。佛教還是大部分日本人信奉的宗教,各種教派具有各自不一樣的教義、創始人以及提倡者,全都生機勃勃、遍地開花。甚至在神道當中,也有一些大派別是不屬於國家神道的。1930 年代,也就是政府推行國家主義之前,有些教派可以說是純粹的這一主義的堡壘。有些教派屬於信仰治療宗派,

第四章　明治維新

經常被拿來和基督教科學相提並論;有的則信守儒家教義;有的專門研究靈魂出竅術;有的則去聖山神社裡朝拜。

大部分群眾性的祭祀日,也被排除在國家神道之外。人們在這些日子裡會成群結隊地前往神社。每個人透過漱口將自身的邪氣驅除,然後透過拉繩打鈴或拍手擊掌的方式呼喚神靈下凡。他畢恭畢敬地鞠躬,然後再拉繩打鈴或者拍手擊掌將神靈送走。然後從神殿離開,去做這一天的要事,比如在擺攤的小商販那裡買一些玩物珍品,觀看神樂舞或相撲比賽、驅魔表演。小丑們演出的神樂舞揮灑自如、趣味盎然,常常為大家喜聞樂見。有一位曾經在日本過生活的英國人,在日本的祭祀日時,總會想起威廉·布萊克(William Blake)的那幾句詩:

假如在教堂裡他們奉送給我們幾杯啤酒,
一片快樂的火焰,讓我們的靈魂盡情享受;
我們就會整天唱著聖詩,向上帝祈禱,
永遠不會想離開教堂,從來都沒有。

恪守教規的,只有極少數那些專門獻身宗教的人,除此之外的日本人,並沒有嚴肅地對待宗教。日本人也沉湎於朝聖,朝聖的日子也是廣為歡迎的節日。

所以,明治政治家們認真地劃出,國家在政府中發揮作用的範圍,也劃出國家神道在宗教領域發揮作用的範圍,別的領域就留給民眾了。然而身為新階層制的最高官員,他們確保自

己可以控制那些與國家直接相關的事務。他們在建立軍隊時,也遇到了類似的問題。他們廢除了軍隊裡的舊階層制,就像在別的組織系統裡一樣,可是和別的地方相比,他們在軍隊裡進行得更遠。他們在軍隊裡甚至廢棄了日語中的敬語,儘管——當然啦——實際生活中,一些舊的用法還是有的。

軍隊中,升官靠的是個人能力,而非家庭背景,這種原則落到實效的程度,是別的領域根本無法相比的。在這方面,軍隊在日本人心目中擁有極高的聲譽,而且還是當之無愧的。對新軍隊來說,顯然這是可資利用的、贏得民眾支持的最佳辦法。由來自同一地區的鄉鄰組成了連、排等單位,和平時期時是在離家近的地方服兵役。這不僅意味著地方上各種關係的維護,也意味著每名士兵在接受部隊訓練的這兩年時間裡,武士與農民之間,或富人與窮人之間的關係,會由官與兵之間的關係、一年兵與兩年兵之間的關係所取代。

部隊在許多方面都在提升日本的民主水準,日本的軍隊是真正的人民軍隊。而在大部分的國家,軍隊都被當作賴以維護現狀的強大武器。日本的軍隊對小農階層是同情的,在這份同情的驅使下,軍隊集結起來,經常向大金融家和企業家發起抗議。

建立人民軍隊的所有這些後果,日本政治家們可能並不贊成,卻也沒有達到這種程度,也就是他們覺得應該確保軍隊在階層制中的至上地位。為了確保能夠實現這一目標,他們在最

第四章　明治維新

高層做了安排。他們並沒有將這些安排寫進憲法，不過最高司令部按照慣常程序，繼續擁有獲得公認的、獨立於文官政府的地位。比如陸軍大臣和海軍大臣，與外務省及內政各省大臣正好形成對比，他們可以直接覲見天皇，也就可以利用天皇的名義，強制執行他們的措施，而不必再去通報或者向文官內閣中的同事請示。

另外，軍方還可以在任何內閣的頭上，舉起他們的鞭子。軍方甚至可以透過略施小計——拒絕派出陸海軍將領出任內閣中的軍方內閣職務——來實現阻止他們並不信任的內閣組成。若是沒有現役高級軍官去當陸、海軍大臣，內閣就成立不起來，而且不可以由地方人士或者退休軍官擔任這些職位。與此相似，軍方如果不滿意內閣的任何行為，就可以透過將他們在內閣中的代表召回，促使內閣解體。在這個最高的決策層，軍部首腦會確保他們不需要忍受任何干涉。如果說他們還不滿意，需要更進一步的保障，那麼憲法中還有這樣的一條：「倘若內閣提交的預算沒有得到議會的批准，那麼政府會自動將前一年度的預算當成本年度的預算。」

當內閣沒有達成一致意見而作出決策時，軍部會成功地支持前線的指揮官。外務省曾經許諾軍隊不至於佔領滿洲，但是軍隊竟然走了這步棋。這不過是其中的一個例子。在軍隊和在別的領域一樣，在和階層制特權有關的地方，日本人傾向於接受所有後果，這並非因為他們同意這一政策，而是因為他們不

支持踰越特權之間界限的行為。

在工業領域，日本走的是所有西方國家都比不了的道路。這場比賽的規則，也是由「閣下」們安排並制定的。他們不僅參與謀劃，還用政府的錢，建立他們認定所需要的企業，後續還會給予資助。這類工作由一個專門的國家機構負責組織並實施，一方面從國外輸入技術人員，另一方面派國內技術人員前往國外學習。就像他們說的，政府會在這些企業具備了「良好的組織狀況和繁榮的業務前景」時，將其賣給私營公司。它們以「低得離譜的價格」逐漸被賣給精心篩選出來的金融寡頭，主要是三菱和三井等著名財閥。日本的政治家們斷定，工業發展對於日本太關鍵了，以至於他們無法選擇相信供求法則和自由企業。然而這一政策並不源自社會主義教條，獲利的正是那些大財閥。日本所成就的，是以最小的失敗和浪費，建立起他覺得必需的企業。

日本透過這些途徑，修正了「資本主義生產的開端，和隨後各個階段的正常順序」。日本不是先發展生產消費品的輕工業，而是先興辦關鍵性的重工業。在日本，兵工廠、造船廠、鋼鐵廠以及鐵路建設等擁有優先權，在技術上迅速達到極高的水準以及效率。不過所有這些產業，也並非都讓渡給了私人，大規模的軍工業還是歸屬於政府官僚系統的，並且由政府給予特別的財政資助。

這些行業領域都擁有政府所給予的優先權，小商販或非官

第四章　明治維新

方經營者在其中根本「沒有合適的位置」，只有那些國家的、備受信賴的，和政治上得到眷顧的大財閥才能運轉起來。不過，就像在日本生活的其他領域一樣，日本工業中也有一個自由空間，就是以最少的資本和最多的廉價勞動力，來經營的「剩餘」行業。在不具備現代技術的條件下，這些輕工業也能夠生存下去。

一直到現在，它們始終在之前我們美國人總提起的「家庭血汗工廠」裡運轉。一個小型製造商採購原材料，將其中一個環節外包給某個家庭，或者某個僅有四五個工人的小鋪子，等這個環節完成再把它收回，然後下一個步驟再把它外包出去，最後將成品賣給普通商人或者出口商。在 1930 年代的日本，像這樣員工不到 5 名的商店和家庭作坊，至少有 53％ 的僱工就是工作於此。身為學徒，多數工人得到了古老的家長式作風保護，其中有不少是住在大城市的媽媽級婦女，她們將孩子綁在背上，在家裡做著計件的工作。

對於日本人的生活方式，日本工業的這種兩面性顯得非常重要，差不多和政治領域和宗教領域的兩面性一樣重要。彷彿是這樣的：當日本政治家決定需要一個財政貴族體制，讓它和其他領域的階層制匹配時，他們會為那些貴族建立一些策略性的企業，選出一些享有政治特權的商人家族，並讓他們在別的階層制中也享有「相當的地位」。政府根本不想放鬆它與大財主之間的關係，財閥們憑藉某種延續下來的家長制而獲利，這種

家長制為他們帶來的不只有利潤，還有相當高的地位。

日本人對利潤和金錢是這樣的固有態度：財主貴族應該受到來自人民的攻擊。不過，政府會按照約定俗成的階層制觀念，盡其所能地扶植這些貴族。然而這種做法並沒有取得十分徹底的成功，因為財閥還是被攻擊了，攻擊的人是軍隊裡的所謂「少壯派軍官」還有農民。事實上，辛辣的日本輿論還是將矛頭指向了財閥，而非「成金」。「成金」通常被翻譯成「暴發戶」，可是這個詞無法準確地將日本人的感情表達出來。

在美國，「暴發戶」的嚴格含義是「新來的人」。他們可笑是因為他們粗魯的舉止，還因為他們沒有時間將自己收拾得妥貼而優雅。但是他們擁有足以激動人心的資本，平衡掉了這一缺點。那資本就是他們從小木屋起家，從趕騾子的把式一步步爬升為控制石油業的百萬富翁。而日本的「成金」是一個源自日本將棋的術語，就是卒子晉升為「金將」的意思。這卒子像個「大亨」似的在棋盤上橫衝直撞。它沒有任何階層制中的權力允許它這樣做。人們相信，「成金」是靠剝削或詐欺別人發財的，這和美國人對「窮小子發大財」的態度大不相同。日本人在階層制中提供社會地位給鉅富，並和他結成同盟。如果誰在階層制範圍之外取得財富，就會遭致日本輿論的忌恨。

所以，日本人對他們世界的規範，永遠都會指向階層制。在家庭裡，在人際關係裡，年齡、性別、輩分以及階級，規範著妥當的行為舉止。政治、宗教、軍隊以及工業等領域，都認

第四章　明治維新

真地劃出了不同的階層，一個人不管地位高低，只要他踰越特定的許可權，就會遭到處罰。只要保持著「各就其位」的狀態，日本人便會這麼活下去，沒有任何抗議，這讓他們有安全感。從保護最大利益的角度來說，他們當然是不「安全」的，然而正是因為承認階層制的合法性，所以他們又可以說是「安全」的。這就是日本人生活觀的特徵，就像信賴平等和自由是美國人生活觀的特徵一樣。

當日本企圖輸出這一「安全」公式時，受到了懲罰。在它自己的國家，由於公眾的想像是由階層制構築而成的，因此它和那種想像是合拍的。野心只能是在那種世界裡所能成型的那種樣子。然而，出口階層制卻是致命的東西。別的國家無比厭惡日本各種誇大其詞的宣告，覺得那些宣告都是荒謬的，甚至比荒謬還要糟糕。

日本官兵震驚地發現，在每一個他們占領的國家，當地人並不歡迎他們。日本不是已經在階層制中，安排一定的地位給他們了嗎？即使是低下的地位，甚至那些地位卑微的人，不也一樣是需要階層制嗎？日本軍部連著推出了一系列戰爭電影，這些電影描寫的，都是中國對日本的「愛」，裡面塑造了幾位陷入絕望的中國女孩，透過與日本士兵或日本工程師相愛，最終過上了幸福的生活。

這和納粹關於征服的解釋大相逕庭，不過從長遠的角度看，同樣不會獲得成功。日本人不能將強求自己的東西，再強加給

其他國家,他們的錯誤就是他們以為自己能夠那樣做。日本的道德體系要求他們「各安其所」,這種體系對他們而言是適合的;然而他們沒有意識到:他們並不能想當然地以為,它也同樣適合其他地方的人們。別的國家並不存在這樣的體系,這是真正的日本產物。日本的作家們完全是理所當然地認同這種倫理體系,所以不寫它;在我們能夠了解日本人之前,描述一番這套體系是必不可少的。

第四章　明治維新

第五章

歷史和社會的債務人

在英語中，我們過去總說自己是「歷史的繼承人」。兩場戰爭再加上一場大規模的經濟危機，多多少少讓我們再這麼說時，便不是那麼的自信了，但是，這種轉變並沒有讓我們加強過去的負債意識。東方民族看見的，則是相反的一面：他們覺得自己是歷史的債務人。西方人將東方人的崇拜命名為祖靈崇拜，可大部分並不是真正的崇拜，所崇拜的也並不完全是祖靈。這只是一種儀式，想要表達的意思是：人們對過去的一切都負債累累。他們不僅對過去負著債，對現在也負著債，後面的負債感在日復一日與人交往中越來越強。

他們的日常決定和行動，都必然源自於這種負債感，這是一個基本的出發點。然而，西方人極少關心自己是不是對世界負債，也不在意世界給予他們的照料、教育、富足，或者哪怕只是他們生於其中這樣一個事實。因此，日本人感覺我們的動機有不當的地方。日本那些道德高尚的人，不會說他們不欠任何人任何東西；在美國，人們總會這樣說。日本人從來都不會輕視過去。在日本，正直由個人在宏大社會網中的位置認可所

第五章　歷史和社會的債務人

決定，大家相互欠著債，不僅欠著祖上的，還欠著同輩的。

說出東西方之間的這種對比十分簡單，想了解它在生活中所產生的差異卻很難。我們只有理解了這一點，才可以探究到日本人那種有些極端的自我犧牲精神，也才可以探索為什麼日本人易怒。我們在「二戰」期間算是熟悉了這種精神；我們有些情景下沒有動怒理由，日本人卻會怒氣沖天。欠債意識會讓人容易感覺自己被冒犯，日本人就證明了這一點，這也讓他們承擔了十分重大的責任。

不管漢語還是日語，都有許多含有「義務」含義的詞彙。這些詞並不是同義詞，每個詞的特定意義，並不能對等地譯成英語，這是因為它們所表達的觀念和我們的理念大相逕庭。表示「義務」的詞彙常常涵蓋了一個人的負債意識——從最大到最小，這個詞便是「恩」。若要將它在日語中的用法翻譯成英語，我們得用到一整套詞彙，包括「義務」、「忠誠」、「友善」到「愛」等等，但是這些詞的本義都歪曲了。假如它真的表示愛甚至義務，那麼日本人當然會對他們的孩子說「恩」，只是這個詞他們不可能這麼用。它也不表示「忠誠」，因為日語中用別的詞彙表示「忠誠」，那些詞與「恩」在含義上大不相同。

在所有用法中，「恩」都表示「負載」、「負債」和「負擔」，人們要盡可能地去承「恩」。一個人從上級那裡得到「恩典」，或者接受任何人的「恩典」，如果是和他地位差不多的人，他就會產生一種不舒服的自卑感。當他說「某人有恩於我」，他的意思

是「我對某人負有義務」,這位債權人、慈善家被他們稱為「恩人」。

「記恩」也許純粹是相互間的奉獻。日本小學二年級的課本裡,有一篇小故事,題目是〈不要忘恩〉,「恩」就是「奉獻」的意思。這是一堂倫理課上講給小孩子們聽的故事:

八公是一條十分可愛的小狗,全家都很寵愛牠,就像寵愛孩子似的。所以牠那本來虛弱的身體變得健壯起來。牠的主人每天早晨去上班時,牠會一直陪著主人到車站;主人晚上下班回家時,牠還會去車站迎接主人。

後來主人去世了。無論八公知不知道這一點,總之牠依然每天尋找主人,每天去往常去的車站。一有車到站,牠就會東張西望,看那群走出來的乘客中是不是有牠的主人。

就這樣歲月流逝,一年過去了,兩年過去了,三年過去了,甚至十年過去了,八公已經老邁,每天卻還是能夠在車站前,看見牠尋找著主人的身影。

這則小故事的道德寓意是忠誠,而忠誠不過是愛的別名。一個深愛著母親的兒子,會說自己永遠不忘來自母親的「恩德」,這表明他愛戴母親,就像八公死腦筋地熱愛著牠的主人。只是,這個概念並不僅僅指他對母親的愛,還指在他還是個嬰兒時,母親為他所做的一切,指在他還是個少年時,母親為他所作出的犧牲,在他長大成人後,母親為了他的利益所做的一切,以及僅僅因為母親存在,他所欠她的一切。這也表示還債,所

第五章　歷史和社會的債務人

以也意味著愛。不過，這首先意味著負債，而我們美國人覺得，愛是某種自由給予的東西，並不需要受什麼義務的拘束。

當「恩」被用於表示首要的「恩德」，也就是「皇恩」時，它往往意味著沒有限制的奉獻。「皇恩」指一個人所接受的皇帝恩德，他需要懷著無限的感激之情，來接受這份恩德。日本人認為，倘若不念及自己所受的皇恩，就不可能為自己的國家、生活，和大大小小關係到自己的事情感到高興。在芸芸眾生中，那個有恩於你的人，就是至高無上的人，也就是你的世界裡最高的領導者。

縱觀日本的歷史，在不同的階段，這個人便不同，他曾是諸侯、領主和將軍，現在則是天皇。最高領導者是誰固然重要，可還有更重要的，那就是日本人的「記恩」習性，這種習性已經保持了幾百年。近代的日本想盡辦法要將這種情感集中在天皇身上。日本人都偏愛自己的生活方式，這種偏愛往往會讓他們的「皇恩」意識得到增強。在前線，發放每一根犒勞士兵的香菸，都打著天皇的名義，這裡強調的是每個士兵所負的「皇恩」。在投入戰鬥之前，每一口發放給士兵的米酒，更是來自天皇的恩賜。他們說，每位神風特攻隊飛行員的自殺式攻擊，都是在報答皇恩；他們說，從全軍覆沒，到一個人獨自守衛著太平洋上的某座島嶼，那都是在報答無邊的皇恩。

地位比天皇低的人也會有恩於你。從父母雙親那裡承受的自然是「恩」，眾所周知，這就是東方孝道的基礎。父母因這種

孝道而在孩子面前擁有策略性的權威地位，不妨這樣來解釋，父母對孩子有恩，孩子要努力報恩。所以，孩子必須竭力服從父母，這跟德國的情形不一樣——德國的情形是，父母在孩子面前同樣是權威，不過父母必須竭力強求並迫使孩子服從自己。日本人對東方孝道的解釋非常現實，他們有一個說法是關於「父母之恩」的，大致可以翻譯為「養兒方知父母恩」。也就是父母之恩，是父母親每天實實在在地照料、關心孩子。

日本人祖先崇拜的範圍，僅限於近親還有記憶中的先輩，這種限定讓他們腦子裡首先浮現的，是孩提時代自己真正仰仗的親人。當然，在任何文化中，這都是極其淺顯的真理，我們中每一個都曾經是無助的嬰孩，要是離開了父母的照料，根本無法存活下去。父母提供住所、食物還有衣服給他，一直到他成年之前。日本人有一種強烈的感覺：美國人缺乏報恩意識；就像一位作家說的，在美國說記得父母之恩，不過意味著要善待父母。當然，不會有人將恩加在孩子頭上；然而，不求回報地關心、照顧自己的孩子，就是報答父母在自己是個無助的嬰孩時給予的恩德。一個人養育自己的孩子，就像當年父母養育自己一樣，或者養育得更好，這就算是部分地報答了父母的恩德。

對兒女盡養育的義務，就相當於在報答父母的養育之恩。另外，對老師和主子也有比較特殊的報恩心理。他們在一個人的成長道路上提供幫助，因此是對他有恩；有朝一日，他們在遇到什麼麻煩時，可能會向他求助，他就一定要答應他們的要

第五章　歷史和社會的債務人

求，或者，在他們去世後，去優待他們的子女。人們應該不遺餘力地盡這樣的義務，這份人情債並不會隨著時間的流逝而消減，相反的是，還會隨著歲月的遞增而加強，和累積利息有點相像。受恩於人，是一件極為嚴肅的事情，就像他們總說的「恩情之大，難報萬一」。這是一副沉重的擔子，而且「恩情的力量」常常被認為，直接超越於受恩者的個人意願。

這一報恩倫理能否順利運作，取決於這樣一點：所有人都能覺得自己受了大恩大德，而在履行他應盡的義務時，不會有什麼怨恨的情緒。我們在前面已經看到了，在日本階層制的組織和安排是十分徹底的。日本人嚴格遵守著隨之而來的種種習慣，並可能高度重視人情債務，這樣的念頭不會在西方人的心頭產生。

假使你覺得上級對你懷有十分美好的願望，那麼你遵守起那些習慣就比較容易。我們能夠在他們的語言中找到有趣的例證。事實上，上級被認為是「愛」那些依附於他們的人。日語裡「Ai」這個詞的意思是「愛」，上個世紀的傳教士們認為，日語中唯一一個能被翻譯成基督教意義上「愛」的詞就是它了。他們翻譯《聖經》(Bible) 時，用這個詞來表示上帝對人類的愛，以及人類對上帝的愛。但是「Ai」這個詞，其實是專門指上級對下級的愛。西方人也許會認為感受到了「家長制」的意味，可是在日語中，它的含意還有更多，如友愛。

在現在的日本，嚴格來講，「Ai」還是用來表示上級對下級

的愛；不過可能是因為基督教的用法，當然更可能地是因為官方努力打破階級界限的作為，今天，它也能夠用來表示地位相同之人互相間的愛。

即使在文化上出現了緩和的跡象，不過只有在某種幸運的場合，日本人才會無條件地背負「恩德」，他們並不喜歡頻繁肩負「恩」所指向的人情債。他們總說的「讓某人受恩」，最貼近的譯法是「迫使別人受恩」——即使在美國，「迫使」指的是向某人要求某物；而在日本不是，這個短語指的是給予某人某物，或者幫某人做什麼事，受到相對比較陌生之人突然的幫助，是讓人最惱火的。這是因為，只有在鄰里之間，在歷史悠久的階層制關係中，人們才懂得並接受「恩」的種種複雜性。倘若只是一般的熟人或者地位與自己差不多的人，那麼，他們就難免會惱火，寧願選擇逃避，好讓自己免於陷入被糾纏於受「恩」的種種後果。

日本的大街發生突發事件，人們會選擇袖手旁觀，這並非因為他們缺乏主動性，而是因為他們的一個共識，也就是所有非官方的介入，都會讓人背上人情債。明治維新之前的通行法律中，有一條是這樣說的：「一旦發生爭吵或爭辯，如果沒有必要，不得管其閒事。」在日本，若是這樣的情形，一個人要是沒有得到明確的授權，便去為另一個人提供幫助，那麼他會被懷疑：他是不是想謀取不正當的利益？因為這樣會形成一個事實：被幫助的人會對他感恩戴德。恰恰是因為這一點，大家都不會

第五章　歷史和社會的債務人

急著將這等好處攬到自己身上,所以在幫助別人時,顯得十分謹小慎微。

特別是在非正式的情境中,為了防止自己捲入「恩情」中,他們會更加謹慎。就算是別人遞過來的一根菸,如果是之前與自己沒什麼關係的人,他也會覺得不舒服,他會這樣說來禮貌地謝絕:「哦,這真的讓人過意不去。」有一個日本人這樣跟我解釋:「要是直截了當地表明你會覺得非常難過,那麼別人會更好受些。你從來沒有想過要為對方做任何事,因此你羞於接受對方的『恩情』。」所以,「真讓人過意不去」有時可以翻譯為「謝謝」,就比如你謝絕別人的香菸時;有時也可翻譯成「抱歉」,比如你欠了人情債時;有時還可以翻譯為「我會覺得自己像個無功受祿的卑鄙小人」,因為你迫使我接受你的慷慨助人之舉。所有的這些意思,都有和都沒有皆是有可能的。

日本人關於「謝謝」的說法不少,這些說法都可以表示受恩時的不安。其中歧義最少,並且被現代城市裡百貨公司廣為接受的說法是:「哦,真難為情。」日本人這麼說背後的含義一般是:顧客來商場購物,就是在賜予商場一種難得的大恩大德,這是一個帶有恭維意味的說法。這種說法在我們接受禮物時,以及無數其他情境都可以使用。和「真過意不去」類似,還有幾種普通的說法,也可以表達你在受恩時的難為之情以及「感激之情」。那些自己開店的小老闆常常說的是:「哦,這可沒辦法交代啊!」意思是「我受了您的恩德,不過以我現在的經濟條件

下,是無法報答您的;您讓我處於這樣的境地,真的非常不好意思」。

「這可沒辦法交代啊」,翻譯成英語可以是「謝謝」、「感謝」或「抱歉」、「對不起」。比如走在大街上,你的帽子被風颳跑了,對幫你追上去撿回來的人,就能這麼說,它是最能表達謝意的說法了。當他把帽子交給你時,出於禮貌的需要,你得坦然地表達出,接過帽子時內心的不安。「他這是在施恩給我啊!我以前並沒有見過他,從來沒有施恩給他的機會,我為此感到內疚。不過,要是我向他道歉,會覺得更好受一些。在日本,用來表示感謝的、最慣常的說法,可能就是「這可沒辦法交代啊」。我這是在告訴他,我承認,我受了他的恩,這份恩情並不會隨著我拿回自己的帽子而告終。不過,我可以做什麼呢?我們可是陌生人啊!

在日本人眼中,另一個表示感謝的說法是「誠惶誠恐」,這一說法在表現負恩的態度上,甚至是更加強烈的,通常寫做「侮辱」、「失面子」,同時具有「受辱」與「感恩」兩種意思。日語詞典這樣解釋,你這麼說的意思是,表示自己接受了額外的好處,而你是沒有接受資格的,因此感到羞辱。你用這樣的說法,坦誠了自己在受恩時所感到的羞愧,就像我們接下來要說明的,羞愧在日本是一種苦楚的感覺。保守的店主在對顧客表示感謝時,還是會說「誠惶誠恐」(辱沒)。顧客請求結帳時,同樣會用這個說法。

第五章　歷史和社會的債務人

　　明治維新以前的傳奇故事裡，總會讀到這個說法。一名漂亮的、出身下層的女孩在宮廷裡做事，如果被領主選中成為情婦，就會說「誠惶誠恐」，意思就是「我不配領受這樣的恩寵，內心有愧；您的抬愛讓我充滿敬畏」。那些捲進爭端的武士，若是得到當局的赦免，也會說「誠惶誠恐」，意思就是「我受此隆恩，失了面子；置身於如此卑賤的處境，是不恰當的；十分抱歉，伏惟謝忱」。

　　跟任何概括相比，這些說法是可以更好地解釋「恩的力量」。報恩的心理通常和矛盾的心情相伴。在大家所接受的、結構嚴密的人際關係中，由「恩」所產生的「欠恩」意識，常常激勵人們為了報恩而竭盡全力。不過，欠恩的人會非常難受，容易產生怨恨情緒。日本最著名的小說家之一夏目漱石，在他的小說名作《少爺》中，曾生動地描寫這一點。主角少爺是一名東京的男孩，平生第一次去鄉下的一個小鎮教書，他很快發現自己瞧不起大部分同事，自然也就無法跟他們相處了。不過他對一位年輕的教員產生了好感。他稱這位新交的朋友為「豪豬」。他們有一次一起外出，「豪豬」請他喝了一杯一錢五厘的冰水，這相當於 1/5 美分。

　　沒過多久，另一位教員告訴少爺「豪豬」說了輕賤他的話。少爺輕信了那個麻煩製造者的挑撥，立刻想起了自己曾經受過「豪豬」的恩。

　　「一杯冰水縱然微不足道，不過終究還是我欠那個傢伙一份

情,這會對我的名譽有損。無論是一錢或半錢,背負著這份人情債,我都死不瞑目⋯⋯我受了某人的恩,卻沒有選擇拒絕,我是出於善意的,是在尊重他,認為他是一個正直的傢伙。」

「我沒有堅持自己付帳,而是選擇接受他的杯水之恩,並表達我的謝意。這謝意是多少錢都買不到的。雖然無權也無勢,然而我是個獨立的人。讓一個獨立的人去接受別人的恩惠,這回報遠遠勝過一百萬元呢 —— 我是說如果能給一百萬的話。我讓『豪豬』掏了一錢五厘,向他表示了謝意;這謝意可比一百萬元要貴重得多呢!」

第二天,他把一錢五厘甩到「豪豬」的桌子上;因為,只有了斷那份冰水之恩,他才可以去處理他倆之間的問題,也就是他聽說來的辱罵之事。這個問題說不定會讓他們打起來,只是在那之前,要先做到恩斷義絕,因為那份恩已經不再是朋友之間的恩情。

對瑣事如此敏感又痛苦,而且非常容易受到傷害,如果是在美國,這些要麼會出現在青少年犯罪集團的紀錄裡,要麼就是精神病人的病歷裡,但是在日本,這卻被視為一種美德。當然,大部分日本人並不會如此極端行事,而是會比較隨意。談論少爺的日本評論家們,將他描寫成一個「水晶般純潔、古道熱腸」的正義戰士。作家本人也十分認同少爺,批評家們通常也都認為,這一人物形象是作家的自畫像。

這是一個關於高尚品德的故事,因為受恩者可以僅僅透過

第五章　歷史和社會的債務人

覺得他的謝意值「一百萬元」,並且採取了相應的行動,而讓自己得到提升,擺脫了舉債者的處境。他只能接受值得交往之人的恩惠。怒火中燒之際,少爺將「豪豬」的恩情,和很久以前他所受的老奶媽的恩情,進行了一番比較。老奶媽有些盲目地偏愛他,覺得家裡其他人都不欣賞他。她會偷偷地給他一些小禮物,比如彩筆或者糖果,甚至有一回還給了他三塊錢。但是,老奶媽給他那三塊錢時,他雖然認為自己這是受了辱,卻還是收下了,不過是當作借款。然而此後他並沒有還過這筆錢,那是因為「我將她視為自己的一部分」── 他自言自語著。

他這麼說,是在對比「豪豬」的恩情和老奶媽的恩情,兩者給他的感受是不一樣的。了解日本人對恩情的反應,就可以從他的話入手。只要「恩人」真的是自己人,比如對方在「我」的階層制中地位十分穩定,或者他正在做某件「我」知道自己也會做的事情(大風的日子裡幫「我」撿起帽子,並還給「我」),或者他是一個敬慕「我」的人,那麼,不管伴隨的感情有多麼複雜,都可能產生那樣的反應。這些認同感一旦消散,「恩」就會變成一種煩人的痛楚。這種人情債所招致的後果不管多麼微不足道,會因此感到怨恨總是必然的。

任何一位日本人都清楚,不管什麼情況下,要是你欠下太多人情債,那不管怎樣,你陷入麻煩將會是必然的。最近某雜誌的《諮詢欄目》中,有一則例子非常好。這個欄目與美國雜誌上的《失戀者勸誡》類似,是該雜誌的特色,它所提供的勸誡與

佛洛伊德（Sigmund Freud）基本沒有關係，完全是日本式的。一名年紀大的人寫信徵求忠告：

我是三個男孩和一個女孩的父親。我老婆去世 16 年了。因為認為自己會對不起孩子們，所以我始終沒有續絃。在孩子們看來，我這麼做是一種美德。現在孩子們都結婚了。我的小兒子 8 年前結婚後，我就退居到一座和他家隔著幾個街區的房子裡。說出來真有些難為情，在最近這 3 年裡，我和一位暗娼相好（她是個妓女，和一家酒吧簽了合約）。她告訴我自身的遭遇，我替她感到悲傷。我花了一小筆錢為她贖回自由，帶著她來到我家，教她禮儀，以女僕的身分留在家裡。她擁有非常強的責任感，十分節儉，這也令人稱道。可是，我的兒子兒媳和女兒女婿都因此鄙視我，和我形同陌路。我並沒有責備他們，錯的人是我。

女孩的父母好像並不了解情況，她已經到了談婚論嫁的年齡，所以他們寫信讓她回去。我見過她的父母，並跟他們解釋了情況。他們非常窮，卻不貪財。他們承諾，就當她已經死了，同意她繼續現在這樣活下去。她自己的想法也是留在我身邊，直到我去世。不過，我跟她的年齡差距就像父女一樣，所以我有時也考慮把她送回家去。我的孩子們則覺得，她是貪圖我的財產。

我有慢性病，生命大約只剩一兩年了。我該怎麼做？如蒙指引，將感激不盡。讓我來做一個小結：即使這女孩曾經是一

第五章 歷史和社會的債務人

名「夜店女郎」,然而那是環境導致的。她本性是善良的,她的父母也並非貪財小人。

日本醫生覺得這個案例清晰地表明,那位老人壓給他的孩子們太重的人情債。他說:你描述的是每天都在發生的一類事情⋯⋯

在正式評說之前,我想說的是,我根據您的來信總結出這樣一點,您是在求我給出您想要的答案,這導致我對您產生了某種對抗心理。我當然對您長期的鰥居生活表示讚賞,但是您利用了這一點,來讓孩子對您感恩,並極力想要證明,您現在的行為是正當的。我不喜歡您這樣想,我並非在說您狡猾,只是您的個性過於軟弱。若是您向孩子們解釋,您為什麼得跟一個女人一起生活 —— 比如您就是忍不住,想要一個女人 —— 那樣其實是更好的。不要讓孩子們因為您長時間的鰥居,而欠了您的恩情。孩子們會出於本能地抵制您,因為您太過強調這份恩情了。

總而言之,人總是有性慾的,您也有忍不住的時候。不過人們總在努力克服性慾。您的孩子們希望您可以克服,因為他們希望您擁有一個高大的形象,合乎他們心目中對您的期許。然而事與願違,您背叛了他們的期許,他們的感受我能夠理解,雖然他們這種表現是自私的。他們自己結婚了,性慾得到了滿足,卻自私地否認父親也是有性慾的,而且還沒得到滿足。您的思維和孩子們的思維不在一個方向上(如上所述)。您和孩子

們都沒有想到一塊去。

您說那女孩和她的父母都是好人,那不過是您的看法。我們都清楚,人的好壞是由環境、情境決定的,我們不應該因為他們現在沒有追逐利益,就說他們是好人。在我看來,女孩的父母任由她當一個垂死之人的填房,簡直是一種麻木不仁的行為。倘若他們考慮過女兒是當填房這一點,那麼他們的目的就應該是從中謀取某種利益或好處;如果不這麼認為,那只是您的幻想。

您的孩子們在擔心那女孩的父母想要得到一筆財產,我相信他們確實是有這樣的擔心。那女孩還小,心裡可能沒有這樣的念頭,可是我覺得她的父母應該會有。

現在擺在您面前的是兩條路:

(1) 做一個「完人」(各方面都非常好,無所不能),跟那女孩一刀兩斷,並達成分手契約。不過,我覺得您做不到這一點。您那凡人的感情不想讓您這樣做。

(2) 「回頭做個普通人」(放棄您那種種藉口),將孩子們因為視您為理想人物而賦予您的種種幻象打破。

至於您的財產,您應該立刻立一份遺囑,寫清楚那女孩能夠繼承什麼,您的孩子們又能分得多少。

總之,您要牢記一點:您已經老了,變得有些孩子氣了;我從您的筆跡中能夠看出這一點。您的思維中,情緒要比理性

第五章　歷史和社會的債務人

多。即便您口口聲聲說,想要拯救那女孩脫離貧困的境地,實際上您卻是要她來當母親的替代品。我認為,任何嬰孩離開母親都活不了——所以,我的建議是您走第二條路。

這封信裡有一些和「恩」有關的說法。一個人一旦選擇讓別人感覺受了他格外沉重的恩情,哪怕是他的孩子,那麼除了他自己,誰也無法冒險改變他行為的方向。他應該清楚自己會因此而受苦。另外,無論他付出怎樣的代價,來讓自己對孩子們有恩,他都不應該抬高自身的功勞,然後躺在功勞簿上。

想利用「恩」來「證明你目前的行為是正當的」就是錯誤的。他的孩子們「自然」會因為父親善始卻沒有善終而感到反感,在他們看來,這是一種「背叛」。如果一位父親想當然地覺得,只是因為在孩子們需要他照料時,自己曾經為他們奉獻了一切,現在他們長大了,就需要特別地來照顧他,那他就是非常愚蠢了。相反,孩子們腦子裡只會想著他們所受的「恩」,但「在內心深處的聲音是反對您的」。

美國人面對這樣的情形,是不會這樣判斷的。我們覺得父親在孩子們失去母親之後,獻出了自己的一切,所以在他的晚年,在孩子們的心裡占有一個溫暖的角落,是理所應當的,而不應該得到他們「本能的反感」。不過,為了讓美國人像日本人那樣地理解這一點,我們不妨將其視為是一筆經濟上的交易,因為我們在這個領域,有一些態度可以比較。

我們完全能夠說，父親若是以正式交易的方式借錢給孩子們，他們需要還債，還需要加上利息，那樣的話「他們自然會反對您」。也正是在這樣的說法裡，我們能夠理解日本人在接受一支香菸時，說的是「慚愧」，而不是直截了當的「謝謝」。也能夠理解他們在說到某人讓別人負恩時，會有反感情緒的原因。

為什麼「少爺」對一杯冰水之恩要那樣地誇大其實？我們至少可以取得一條線索來幫助理解。不過，美國人沒有將金錢標準應用在這樣的事情，就好像冷飲櫃檯前一次偶然的請客，或者一位父親長年累月地為沒有母親的孩子奉獻自己。像「八公」那樣忠誠的狗，在日本人看來卻是習以為常的。我們覺得，在人們奉獻愛、慈善或者慷慨時，越是不帶附加條件的，這些品行的價值就越高；而在日本，這樣的奉獻一定是帶有附加條件的。任何一種這樣的行為，你只要接受了，就一定會欠上一筆人情債。就像日本人總說的：「受恩要有天生的慷慨（那樣的程度是不可能達到的）。」

第五章　歷史和社會的債務人

第六章

報恩於萬一

「恩」是債,一定要還。然而在日本,一談到報恩,就被視為是墮落到另一種與「恩」全然不同的範疇。日本人發現,在我們的倫理學中,在我們類似「責任」和「義務」這樣的中性詞彙中,往往把這兩個道德的範疇弄混淆了。正如我們會認為,某個部落中的生意經是十分奇怪的,因為那個部落在金錢交往中所使用的語言,連「借方」和「貸方」都不分。對日本人來說,稱為「恩」的是原有的、常存的債務,與「報恩」不是一碼事;後者是主動的,彷彿繃著的弓弦,解釋它需要用到一整套概念。受恩並非美德,而報恩是美德。美德始於你竭盡全力的感激行為。

要想理解日本人所謂的美德這回事,我們一定要牢記,將他們的那套倫理與金錢交易類比,並且還要想到,在美國要是在實物交易中出現了詐欺,接下來就會遭到一系列的制裁,我們就是用這種方式牢牢地控制住人。當某人拿了不屬於他的東西,我們會處罰他,而不會考慮什麼環境的因素。一個人僅憑一時衝動來決定,自己是不是要去銀行還款是不被允許的。借方要對他借走的本金負責,同樣還要負責自然產生的利息。我

第六章　報恩於萬一

們認為，愛國或愛家與這一切完全不一樣。我們認為，愛和心靈相關，最好是無條件奉獻。愛國的含義是要國家利益置上，有人認為愛國主義是唐吉訶德式的狂想，在美國遭遇敵軍武裝攻擊之前，它和人類易於墮落的本性並不相容。

關於日本人的倫理，有一個基本的原則，那就是無論男女，生來就受了父母的大恩大德；這樣的原則我們美國人是沒有的，因此我們覺得，自己應該給予需要幫助的雙親同情和幫助，不應該毆打妻子，應該為孩子提供生活上的保障。我們對這些行為不應該斤斤計較，和對債務一樣，也不應該指望得到回報，就像做生意那樣。可是日本人基本視其跟美國人心目中的還錢行為很像，其背後還有非常嚴厲的制裁，這相當於在美國，你有還分期付款的本金和利息的能力，卻故意不還時的制裁。它們並非那些只在諸如宣戰或父母病危等等危急關頭，才需要注意的事情，它們是始終伴隨你左右的影子，就像紐約小農為他的抵押貸款而擔憂，或者賣空之後的華爾街金融家，要緊盯市場的攀升一樣。

「恩」被日本人劃分成幾種不同的類型，每一種都擁有獨特的規則，有的報恩在數量上還有時間上都是無限的，有的則在數量上是有限的，要與所受的恩相當，而且在某些特殊情況下，還是有期限的。無限的報恩被稱為「義務」，他們給出這樣的解釋：「永難報恩於萬一。」日本人的義務又可以分成兩種不一樣的類型：一種是「孝」，報答父母之恩；一種是「忠」，報答天

皇之恩。這兩種強制性的義務，屬於日本人普遍的命運。事實上，日本的初級教育叫做「義務教育」，因為除了這個詞，別的詞都不能準確地表達「必須」的含義。生活中的一些偶然事件，可能讓義務的細節有所調整，但義務是自動加在所有人身上的，而且超越於所有偶然的情境之上。

日本人的義務及相應的報答包括：

1. 恩：被動招致的義務。包括「受恩」、「負恩」，都是被動接受的義務。

皇恩，天皇授予的恩。

親恩，雙親授予的恩。

主恩，主子授予的恩。

師恩，老師授予的恩。

還有一生中接觸各色人等時所受的恩。

（注：所有這些有恩於某人的人，都成了「恩公」、「恩人」。）

2. 報恩。向恩人還債，有報恩的義務，這樣的義務被認為是主動的報答。

A. 義務。只能償還一部分，全部還清是永遠不可能的，而且還是沒有期限的。

忠，對天皇、法律和日本國的義務。

孝，對父母和祖先的義務（連帶著對子孫後代的義務）。

職責，對自己工作的義務。

第六章　報恩於萬一

B. 情義。這樣的人情債被視為是一定要償還的,而且數量上相當於所受的好處,時間上則是有限的。

(1) 對社會的情義。

對君主的義務。

對姻親的義務。對非親屬的義務。具體由所受的恩決定,比如送錢、好意、送工(作為工作中互相幫助的一種形式)等。

對不是近親的親戚所負的義務(比如叔父、姑媽、堂兄、姪子等),並不是因為他們於自己有恩,而是因為有共同的祖先。

(2) 對自己名聲的情義,這和德國人說的「名譽」類似。

倘若一個人的名聲受到侮辱,或因為失敗而受損,他就有洗刷名譽的義務,如報復世仇家恨的義務。(注:這種算帳行為,不被視為侵犯。)

一個人有不承認自己專業上的無知或者失敗的義務。

一個人有遵守日本各種禮節的義務,也就是觀察一切表示尊敬的習慣做法,不能僭越自己在社會生活中所屬的地位,在不恰當的場合要克制自己情緒、不能過分外露,等等。

這是兩種無條件的義務,日本人將這些美德極端化了。在這一點上,他們的對國家盡忠和對家庭盡孝的義務概念,和中國的並不一樣。日本人從西元 7 世紀之後,持續借鑑中國的倫理體系,「忠」和「孝」這兩個字本來就是中國字。可是中國人並不提倡這些美德都是無條件的。中國人假設了一種美德,一

種超越一切的美德，它是忠和孝的前提條件，那就是「仁」，它總被翻譯成「仁慈」；不過它差不多意味著西方意義上，所有良好的人際關係。父母一定要「仁」。如果統治者不「仁」，那麼就給了人民正當地起來反對他的理由。「仁」是忠的前提條件，皇帝以及百官能不能保住自己的位置，取決於他們有沒有施行仁政。在中國的倫理中，「仁」是一切人際關係的試金石。

中國的這一基本倫理準則，日本人從來都沒有接受過。日本大學者朝河貫一在談到中世紀時期兩國的這種對比時，說過：「對日本來說，因為這些觀念明顯不相容於天皇制，所以始終沒有得到全面的接受，就算只是作為理論也沒被接受。」（《入來院文書》，第 380 頁，西元 1929 年）實際上，「仁」在日本成為一種非法的美德，被徹底降格了，失去了它在中國倫理體系中所擁有的崇高地位。

日本的「仁」被讀成「jin」（寫法和漢字一樣）。事實上，即便是在社會的最高層，「行仁」或「行仁義」也根本不是一種需要具備的美德。它已經被日本的倫理體系所摒棄，成為某種法外的東西。除非將自己的名字列入慈善捐贈名單，或者對罪犯施與仁慈，「行仁」才可能值得讚揚。但是它根本是職責以外的事，也就是說，它並非必不可少的品德。

說「行仁義」是一種「非法」的行為，還有另外一種含義，那就是它在不法分子那裡是一種美德。德川時代搶劫殺人的盜賊和暴徒，就視「行仁義」為一種榮耀——他們都身佩單刀，

第六章 報恩於萬一

以此區別自己和橫行霸道的武士。如果哪個不法分子請求另一個陌生的不法分子窩藏自己，後者為了避免拒絕後，此人的同夥日後找上門來報復，就會選擇庇護他，於是乎這被視為「行了仁義」。

在近代的日本，「行仁義」的用法就更加地等而下之了，關於要受處罰的行為，其討論中隨處可見。日本的報紙這樣寫道：「普通工人還在『行仁義』，必須要讓他們受到懲罰。警方應該關注這種行為，這種依然盛行在日本犄角旮旯裡的『仁義』應該取締。」他們指的就是那種「盜賊中的光榮行為」，它盛行於慣於敲詐勒索的黑幫世界裡。在近代日本，有些小工頭和世紀之交美國碼頭上的義大利籍工頭有點像，透過和沒有技術的勞工訂立契約，來建立一種非法關係，透過將他們租出去來獲取利益，因此大發橫財。

在日本，這樣的行為也被說成是在「行仁義」。中國的「仁」這一概念被降格到了無以再降的地步。（日本人用的「知仁」一詞，是和中國的用法比較接近的。佛教勸人「知仁」是指讓人們慈悲為懷、善待眾生。然而就像日語詞典所說的：「與其說知仁指的是一種行為，還不如說是一種理想的人格。」）日本人徹底竄改並貶低這一中國倫理體系中的重要美德，又沒有用其他可以成為「義務」條件的概念來替代它。於是，「孝」在日本成為一項不得不履行的義務，哪怕那意味著要將父母的罪孽和不公赦免。想取消它，只有它和忠於天皇的義務發生衝突時；某人的

父母即使非常不足取,即使在破壞他的幸福,他也不能不盡孝。

近代日本有一部電影,裡面一位母親偶然看到,她已經成婚的兒子從鄉民那裡籌集來一筆錢;她的兒子是一位鄉村小學教師,籌集那筆錢是為了贖取一位小女生。那女生的父母因為饑荒,想把她賣進妓院。那位母親經營著一家有名的餐廳,這餐廳是她自己的,所以她並不缺錢,卻還是偷了兒子那筆錢。她兒子清楚是母親拿的,卻也不得不扛起這罪孽。他的妻子發現真相後,留下一張紙條,攬下了丟錢事件的全部責任,然後就帶著孩子投河自盡了。

後來大家都知道了這事,然而在這樁悲劇中,並沒有去追究母親的罪責,甚至都沒有傳喚或者質詢她。那兒子盡了孝道後,離開家鄉一個人去了北海道,培養自己的性格,想讓自己強大起來,好應對將來再出現這類的考驗。這位兒子是個擁有美德的英雄。身為美國人,我的裁決顯而易見:偷錢的母親應該為這起悲劇負責。我的日本朋友卻對我的裁決表示極力反對。他說孝道常常會和別的美德衝突,假如作品中的主角足夠聰明,就能夠找到一種妥善的、不至於失去「自重」的方法。然而,要是他責備母親,即使只是在心裡責備,就必然失去「自重」。

小說和現實生活中,到處都是各式各樣盡孝的義務,結婚之後的年輕男子就要承擔這些沉重的義務。只要不是某些「摩登」圈子裡,通常可敬的家庭都會想當然地認為,要由父母來為兒子選定媳婦——通常是由媒人牽線搭橋。主要是由整個家庭

第六章　報恩於萬一

來考慮，什麼樣的媳婦才是好媳婦，而不是兒子本人，這不僅是因為婚姻關係到金錢交易，還因為那媳婦將被列入家譜，並且透過生育兒子來綿延香火。

媒人的習慣做法是：安排一次兩個年輕的男女主角見面的機會，但是兩人並不交談。他倆好像是偶然撞見的，卻又有雙方的父母在場。父母有時會為兒子選定一門有利的婚姻，這樣的婚事裡，女方父母會得到金錢上的收穫，男方雙親則實現了和某個享有清譽的家庭聯姻。有時，他們看中了某個女孩本身具有的、某些能讓人接受的品格，於是決定選擇她作為兒媳婦。善良的兒子因為得報答父母的養育之恩，所以不可能質疑他們的決定。

兒子在結婚之後還要繼續報恩。如果他是家業的繼承者，那麼他需要和父母在一起生活。婆婆往往不喜歡兒媳婦，這是眾所周知的，她總會發現兒媳婦各式各樣的毛病。就算年輕的丈夫跟妻子在一起非常幸福，除了兩相廝守，就別無所求，婆婆卻還是有可能會趕走她，破壞這段姻緣。日本的小說和個人傳記中，描寫和強調了妻子及丈夫的痛苦。循規蹈矩的丈夫因為要盡孝，會對母親解除婚姻的要求表示服從。

有位現住在美國的日本婦女十分「摩登」，她曾經將一個懷孕的小媳婦帶到自己在東京的住所，那小媳婦的婆婆逼著她離開自己痛苦的丈夫。她身體病了，心也碎了，然而她並沒有責備丈夫。她漸漸對自己即將出生的寶寶有了興趣。可是，當孩

子出生時,她的婆婆帶著一聲不吭、唯唯諾諾的兒子趕過來搶孩子。孩子當然是屬於夫家的,因此婆婆帶走了孩子,隨後就將孩子送進了育幼院。

所有這一切都屬於孝道的範疇,都是子女需要還給父母的人情債。若是在美國,這樣的故事會被視為外人干涉個人幸福權利的例子。由於對日本人來說,人情債是基本的前提,所以他們不會覺得這種干涉是「外面的」。日本的這類故事和我們美國的一類故事很像,後者講述的,常常是老實人透過難以置信的個人努力將債務還清。美國故事表達的是真正的美德,比如某些人努力爭取自重的權利,或者努力證明自己足夠堅強,能夠承受特別的人生挫折。這樣的挫折儘管可以磨練美德,卻依然會留下怨恨的痕跡。亞洲那些和「可恨之物」有關的諺語,值得我們關注。比如緬甸的說法,依次是「火、水、賊、官僚和惡棍」,而日本則是「地震、雷霆和老人(一家之主、父親)」。

日本的孝道和中國的不一樣,幾百年前的列祖列宗,或者由祖上傳承衍生出來的龐大家族並不在內。日本人只崇拜那些晚近去世的親人。為了確保前後一致,墓碑上的文字必須年年重寫。當某位祖先不再為活人所記得,那麼他的墳墓也就可以忽略不計了,家裡的佛龕也不會再為其保留牌位。那些被活人記得的祖先,是日本人著重盡孝的對象,他們關注的是現時現地,對抽象思維和建構不在眼前的物體形象,都沒有什麼興趣;許多作家曾對此做過評論。日本的孝道正好與中國的形成對

第六章　報恩於萬一

比，可以作為是對那些評論的另一個例證。但是，日本孝道限制了對活人的盡孝義務，這是它最重要的實際意義。

孝道遠不止是尊重和順從父母和祖輩，在中國和日本都是這樣。就說照顧孩子吧，西方人認為它是母親的本能和父親的責任感使然，而東方人則說那是因為孝敬祖先。在這一點上，日本人是十分明確的：一個人報答祖先恩德的方式，就是將他自己曾經受到的照顧，轉移到孩子身上。日語中不存在「父親對孩子的責任」這種說法，所有的這類義務都包含於對父母及其父母的孝道裡了。按照孝道的要求，一家之主需要承擔各式各樣的責任：撫養孩子，教育自己的孩子以及年幼的弟弟，關注家業的管理事務，庇護那些需要幫助的親戚，以及數以千計的、每天差不多都一樣的義務。

高度組織化的日本家庭限制極大，這嚴格地限制了人們盡義務對象的數量。若是兒子去世了，那麼父母有撫養他的遺孀以及孩子的義務；同樣的，如果是女婿死了，在特殊的情況下，父母也有庇護成了寡婦的女兒及其子女的義務。但是你沒有收留成為寡婦的姪女或外甥女的義務。要是收留了，那麼你就是在履行一項完全特殊的義務。撫養並教育自己的孩子肯定是你的義務，可若想教育姪子，那便需要先按照習俗，將他合法地過繼給你，成為你的兒子；如果你讓姪子依然保留姪子的身分，那麼你就沒有教育他的義務。

對於小輩的親戚，即使是已經入不敷出的直系親屬，孝道

也沒有要求你需要帶著敬意和愛心,去給予他們幫助。年輕寡婦在家族內部被稱為「冷飯親戚」,意思是她們只能吃冷飯,對家裡的無論誰都要點頭哈腰、隨叫隨到,任何有關她們事務的決定,她們都必須接受,還要顯得心悅誠服。她們還有她們的孩子都是家裡的窮親戚;某些特殊情況下,她們的日子會好過些,那可並非因為一家之主出於義務給予她們優待。兄弟之間也不是生來就有義務相互幫助,當兄弟倆勢同水火,哥哥只要盡到對弟弟的義務,一般就會得到讚揚。

最大的反感出現在婆媳之間。兒媳婦嫁到家裡來時,對大家來說是個陌生人,她有了解婆婆喜歡別人怎麼做事的義務,然後需要她學著去做。婆婆在許多情況下,會有這樣相當明確的立場:那小媳婦根本配不上她的兒子。在別的情況下,我們能夠推斷,她是相當嫉妒兒媳婦的。不過就像日本人所說的:「兒媳婦固然可恨,卻能夠生出一個個可愛的孫子,所以孝道一直存在。」

表面上看,小媳婦始終保持著低眉順眼的態度,但是過了一兩代,這些溫柔、嬌滴滴的小媳婦也會熬成婆婆,變得吹毛求疵、苛求別人,跟她們自己的婆婆一樣。你不會在小媳婦階段的她們,看到侵犯的本性,那不代表她們真是溫文儒雅。到了晚年,她們會將累積得過多的怒氣,轉頭撒到她們的兒媳婦身上。現在日本女孩會公開表示,不嫁給某家的長子好處多多,這樣她們便不用跟頤指氣使的婆婆一起生活。

第六章　報恩於萬一

「盡孝」不一定能得到家人的愛。尊老愛幼在有些文化中，是大家庭道德教條的關鍵，但是在日本卻並非如此。就像一位日本作家說的：「正是因為日本人如此看重家庭，所以他們唯獨不看重家庭成員的個性，以及彼此之間的紐帶。」（野原駒吉：《日本的真面目》，倫敦，西元 1936 年，第 45 頁）當然，這話並不是符合所有的場合，卻可以從中了解基本的情形。義務、還債是日本人所強調的。年長者承擔著重大的責任，其中監督年輕人作出必要的犧牲，就是他們的責任之一。哪怕年輕人討厭這麼做，也什麼都改變不了。他們不得不服從年長者的決定，否則那就是他們沒有盡到義務。

家庭成員之間存在怨恨情緒，而且還極為明顯，這就是日本孝道的典型表現，但是在另一項重要的義務，也就是效忠天皇中，卻不存在這種現象。日本的政治家們謀劃得非常出色，天皇被他們奉為聖上，離亂糟糟的現實生活遠遠的。在日本只有這樣，天皇才能有效地團結全國人民，拋開分歧，一起為國家效力。他還不足以被視為國民之父，因為在家庭裡，他雖然也承擔著各式各樣的義務，但人們對他的評價說不定只有「一般」。天皇得是擺脫了一切世俗掛慮的聖父。忠是最高的美德，它要求子民對天皇效忠，一定要成為某種狂熱的崇拜，而對象需要是一位來自幻想的好父親，他雖然也接觸塵世，卻出淤泥而不染。

明治時代早期的政治家們，考察西方列國之後寫道，在那

些國家,歷史都產生於統治者和人民之間的衝突,對日本精神來說,這並不足取。回國後的他們在憲法中寫道,天皇是「神聖不可侵犯」的,不為大臣們的任何行為負責任。天皇不是擔當職責的國家首腦,而是日本人團結的最高象徵。在大約7個世紀的時間裡,由於天皇始終都不是實際的統治者,所以他非常容易就在後臺發揮永久性的作用。明治政治家們需要的,無非是在每一個日本人的心中,種下一種最高的、無條件的美德,這種美德就是忠,而天皇就是盡忠的對象。

在封建時代的日本,忠曾是對世俗首領,也就是將軍所盡的義務。明治政治家們從漫長的封建歷史中得到經驗:在新的權力分配中,他們需要讓日本人在精神上團結一致,他們的目標才能實現。在那7個世紀中,將軍始終是大元帥和行政首腦。即便人們對他忠心,也總會出現針對他的最高統治權和生命的陰謀。忠於他往往和別的義務發生衝突,那些義務的對象是封建領主。而往往忠的等級越高,強制性就越弱。畢竟,忠於自己領主是基於那些面對面的關聯,相對來說,忠於將軍大機率是低的。因為扈從們在動亂時代,也會為了推翻將軍的寶座而奮起戰鬥,從而擁立他們自己的封建領主取代將軍。

明治維新運動的先驅以及領袖們,和德川幕府打了長達一個世紀的戰爭,他們打著忠於天皇的口號。而天皇呢?他隱居在彷彿影子的背景裡,任何人都可以描畫天皇的輪廓,還是按照他自己的願望。這幫人得到了明治維新的勝利,正是忠的對

第六章　報恩於萬一

象從將軍變成象徵性的天皇,「復辟」一詞才讓西元 1868 年的那場維新運動,有了正當的理由。天皇還在隱居,他將權力授予官員,自己不管政府,不管軍隊,也不聽政。同樣的一群諮議掌管著政府,他們都是上選之士。真正的巨變出現在精神領域,因為忠轉變為每個人對聖主的報恩──他是最高祭司,同時還是日本統一與永恆的象徵。

當然,為忠的對象平穩地從將軍過渡到天皇,有一個古老的傳說幫了不小的忙。那個傳說為:天皇家族是源於天照大神(太陽女神)的。不過,這種憑藉神話來宣稱君權神授的說法,並不是像西方人想像的那麼重要。日本的知識分子當然對這樣的說法是完全拒斥的,可是他們並沒有因此質疑忠於天皇的口號;普通的群眾倒是順利地接受了天皇乃神裔的說法,只是他們想的跟西方人理解的並非一碼事。「Kami」通常被翻譯為「神」,其實它的本義是階層制的頂峰──「首領」。日本人不像西方人那樣,在人和神之間劃就一道鴻溝,因為每一個日本人死後都會變成神。

在封建時代,忠的對象始終是階層制中的首領,而他們沒有任何的神性。在忠的對象轉向天皇的過程中,獨一無二的皇室建立的王朝,發揮了更加重要的作用,因為在日本整個歷史上,它始終綿延不斷。西方人會發出抱怨,這種延續性是在愚弄人,畢竟日本的皇位繼承規則,不同於英國和德國,不過這種抱怨沒有用。那些規則是日本的規則,按照這些規則來看,

皇位的更替始終都沒有間斷。中國有記載的歷史中，有過幾十個不同的朝代。

日本則不一樣，他也出現過各種變遷，卻從來都沒有把他的社會結構撕成碎片，他的模式是恆久的。在明治維新之前的100年間，那些反對德川幕府的勢力，正是利用了這一論點，而非天皇神裔說。他們表示，大家應該向那個站在階層制頂點的人，也就是天皇盡忠，別無他選。他被他們打造為全日本地位最高的祭司，不過那個角色未必意味著神性。這比說他的家族源於某位女神更有效。

近代日本努力地將忠的對象人性化，還專門指向天皇本人的形象。明治維新後第一個天皇非常自重，所以在他漫長的統治期裡，輕而易舉地成為臣民心裡具有個人品格的國家象徵。他不常出現在公共場合，每次出現都會安排各種崇拜儀式。有人將民眾組織起來，當民眾向天皇鞠躬時，不會發出一點聲音，甚至抬眼正視他都不會。他到的地方二層以上的窗戶全要關起來，因為不可以有人從高處俯瞰天皇。

他與高級幕僚之間的來往，也是一樣的階級森嚴，這意思倒不是由他來召集群臣議政，而是只有那些享有特權的閣員，才有「拜謁」他的權利。他不會頒布關於那些引起議論的政治問題的詔書。他的詔書全都是跟道德或節儉方面有關的；有時它們會擁有里程碑的意義，這是因為這表明某個問題已經得到解決，所以需要出一個安民告示。他駕崩時，全日本會變成一座

第六章　報恩於萬一

廟宇，崇拜者會將自己的所有事情都放下，專心為他祈禱。

天皇就這樣被打造成為一個象徵，被安置在國內所有有爭端的領域之外。就像美國人對星條旗的忠誠，要超出所有黨派政治之上、之外，因此天皇是「不可侵犯的」。我們升旗降旗時，會在旗幟周圍肅立，舉行某種儀式，在我們看來，那種儀式用在個人身上，不管是誰，都是非常不妥當的。但是在日本，他們完全就是在利用那個最高象徵的人性特徵。他們可以愛戴他，而他也會做出反應。當他們聽到「他顧念國民」，會感動得欣喜若狂。他們願意為「讓他寬心」而獻出自己的生命。日本文化的根基就是人際關係，在這樣一種文化中，天皇作為忠誠的象徵，意義要比國旗大得多。受訓的教師們如果聲稱人的最高義務是愛國，他就不會及格，他需要說大家要身體力行地報答皇恩。

「忠」在臣民和天皇之間，構成了一個雙重體系。臣民們向上沒有任何中介地面對天皇，他們透過自己的所作所為，「讓天皇寬心」。可是臣民們聽取天皇的命令時，卻不得不依靠站在他們和天皇之間的各種中介。「這是天皇諭令」這句話，本身就可以激發忠心、激發效果，可能要比任何其他現代國家的都要好。

羅里描述過一件事，發生在和平時期日本軍隊演習中。一名軍官帶著一個團出發，下令說沒有他的許可，誰也不能喝水壺裡的水。日本軍隊在訓練時，就尤其強調能在困難條件下持續行軍，一走至少要走五六十英里。這一天因為乾渴和虛脫，

倒在路上的有 20 人，死亡的有 5 人。當人們檢查這些人的水壺時，發現一點都沒有動過。那軍官下命令時就說過「這是天皇諭令」。（羅里・希爾：《日本的軍事大家》，西元 1943 年，第 40 頁）

「忠」制約著內務管理中，從喪事到納稅的全部事宜。稅吏、員警還有地方徵兵官員都是工具，臣民透過他們盡忠於天皇。在日本人看來，遵守法律就是在報答他們所受的最高恩典──皇恩。這和美國的社會習俗截然不同，對比鮮明。在美國人眼中，任何一部新的法律──從街頭停車時使用燈光，到徵收所得稅，都會引得民怨沸騰，這被認視是在干涉個人自由和個人事務。如果是聯邦的法規，那受到的懷疑會是雙倍的，因為這不僅涉及到干涉個人自由，還涉及到干涉各州制定本州法律的自由。

人們會覺得，這些法規是華盛頓的官僚集團強加在他們頭上的，許多國民覺得，反對那些法規的呼聲，再高也不為過，因為那是出於自重，是理所應當的。日本人會由此斷定，我們美國人無法無天；而我們則斷定，他們是一點民主思想都沒有的順民。更為精準的說法是，兩國民眾的自重，其相連的態度是不同的。在美國，自重取決於各自管好自己的事；在日本則不一樣，它取決於回報自己信賴的恩人。這兩種做法都存在一定的難處。

我們的困難是，讓民眾接受法規很難，哪怕是一些有益於

第六章　報恩於萬一

整個國家的法規；他們的困難是，不管怎麼說，人的整個一生都籠罩在人情債的陰影之下。任何一個日本人可能都有過在某一時刻，曾想方設法地不去違法，當別人對他提出什麼要求時，他又可以有巧妙的辦法繞過去。他們還會對某些形式的暴力、直截了當的行為，以及私人之間的報復持欣賞的態度，這是美國人通常不會的。不過，儘管有這些以及其他任何可能被強調的限制條件，它們仍然不足以讓人們對「忠」、對日本人的控制力產生懷疑。

西元 1945 年 8 月 15 日，日本投降時，「忠」在全世界表現出了令人無法相信的運作效力。不少對日本有親身體驗、了解日本的西方人都曾覺得，要日本投降是不可能的。他們堅持認為，幻想亞洲和太平洋那些群島上的日本軍隊，會和平地交出武器太過天真。很多日本軍隊在他們的駐紮地還沒打過敗仗，而且他們堅信自己是站在正義一方的。日本本土各島也到處都是要拚命到底的人。而占領軍的先頭部隊規模必然不大，在他前進到海軍砲彈射程之外的時候，就有被屠殺的危險了。處在戰爭期間的日本人必然不會善罷甘休，他們這個民族就是好戰的民族。

美國分析家在評估局勢時，並沒有將日本人的忠君思想考慮進來。天皇一下發詔書，戰爭就停止了。激烈的反對者在他的聲音從電臺播放出來之前，在皇宮的四周設下了一道警戒線，想要阻撓電臺播放詔書。然而，詔書一被宣讀，就得到了接

受。不管是爪哇或者滿洲國的前線指揮官,或是日本國內的東條英機們,誰都沒有站出來表示反對。我們的軍隊降落在機場後,還受到了禮貌的歡迎。

有一位外國記者這樣寫道,他們上午降落時,手指可能還扣在小型武器的扳機上;不過到了中午,武器就被扔在了一邊;傍晚時分,他們已經在購買小商品了。日本人透過遵守和平的方式「讓陛下寬心」。就在一週前,他們還莊嚴地宣誓,為了「讓陛下寬心」,他們要奮不顧身地擊退野蠻人的進攻,哪怕手裡的武器只剩下竹矛。

這樣的忠心並不神祕,只是有些西方人對支配人類行為的情緒,非常多變的不予承認而已。有人曾經這樣預言,要想停戰,除了將日本徹底滅亡之外,別無選擇。也有人給出的預言是,日本獲得自救的唯一前提,是自由派掌握政權並推翻了政府。假如一個西方國家傾其所有地發動一場全民支持的戰爭,那麼這兩種分析都是有道理的。但是他們的預言都錯了,因為他們將根本上屬於西方的行動方針,扣在了日本的頭上。

還有一些西方預言家在和平占領幾個月之後,分析這是全盤皆輸的局面,因為「日本人不知道他們已經戰敗了」。這是非常出色的西方社會哲學,它是以關於正確和恰當的西方標準為基礎的。然而日本並非西方國家,他沒有用上革命這一西方國家的殺手鐧,也沒有使用暗中搞破壞的方法,來反抗敵方的占領軍。他用的是自己的力量:在他的戰鬥力還沒有被擊垮的時

第六章　報恩於萬一

候，要求自己將無條件投降的巨大代價，說成是「忠」。在他看來，這一大規模的報恩行為，換取了他最看重的東西：他有權說，這是天皇下的命令，即使那命令讓他投降。就算是在失敗的時候，日本的最高法則依然是「忠」。

第七章
「最難承受」是報答

日本人總會說,「最難承受」的是情義。一個人一定要報答情義,正如他一定要報答義務一樣,不過情義是一套與義務不一樣的義務。在英語中根本就沒有相應的概念;人類學家在世界各類文化中,發現很多奇怪的道德義務,而日本的情義是其中最奇怪的,它是日本獨有的。中國也有忠和孝,儘管日本人改造了這兩個概念,不過它們跟其他東方國家所熟悉的一些道德規則,仍是有些相似的。然而,日本的情義並非來自中國的儒教或者東方的佛教。這是日本自有的道義類型,不考慮它,就理解不了日本人的行為規則。如果不總談起「情義」,日本人就不會談起動機、名譽,還有他們在自己國家所遭遇到的困境。

對西方人而言,「情義」包括一系列彼此差異頗大的義務類型,比如酬謝舊恩,比如復仇。有一點毋庸置疑,日本人並沒有努力為西方人解釋,「情義」到底是什麼。他們自己編的日語詞典,也根本無法替它下定義。其中有一部詞典是這樣解釋的 —— 這是我的翻譯 ——「正道,人應遵循之道;並不情願做的事,為的是避免日後因為沒做這事,而要向社會道歉」。

第七章 「最難承受」是報答

　　西方人看到這個解釋會摸不著頭緒，不過，「不情願」一詞表明，「情義」和「義務」不一樣。人們被義務加在身上的要求不管有多少，也不管多麼困難，至少有一些義務的對象是屬於近親的，或者他的身分是國家、生活方式，和愛國主義象徵的統治者。一個人之所以要向這些人盡義務，是因為從他出生的那刻起，就和他們建立了緊密的連繫。在某些特定情形下，他的順從行為也有可能有不情願的成分；然而「義務」從來都沒有和「不情願」沾邊。而「報答情義」則往往讓人感到不舒服，在「情義圈」裡，欠人情的難處是最大的。

　　情義有兩種全然不一樣的類型。一種被我稱為「對社會的情義」，它的本義是「償還情義」──也就是向與自己地位相同的人報恩的義務。另一種被我稱為「對自己名聲的情義」，這是保證自己的名聲或者名譽，免遭任何詆毀和玷汙的義務，與德國人所說的「榮譽」有點像。「對社會的情義」不妨直接敘述為履行契約，這與「義務」正好形成對比，後者給人的感覺，就是履行人們與生俱來的某些義務，它的對象是親人。所以，「情義」涉及對姻親家屬的一切義務；而「義務」只和自己這方的直系親屬有關。岳父和公公的稱呼是「情義上的父親」（義理の父），岳母和婆婆的稱呼是「情義上的母親」（義理の母），婚姻關係上的兄弟姊妹的稱呼，則是「情義上的兄弟姊妹」。這套稱謂法不僅對配偶的親屬適用，對親屬的配偶也適用。

　　日本人的婚姻自然是家庭之間的契約關係，他們終生都要

向對方家庭履行，由這種契約關係產生的義務，這叫做「為情義出力」。父母安排了這種契約的關係，因此對父母一代的「情義」最為沉重——小媳婦對婆婆所要盡的情義，屬於重中之重，因為就像日本人所說的，新娘是去一個不是她出生之地的家庭裡生活。丈夫對岳父岳母的義務有一定差異，不過也非常可怕，他可能需要借錢給窮困的岳父岳母，還不得不負擔別的契約責任。就像一位日本人所說的：「如果一個成年男子為他的母親做事，那是因為愛她，所以這並非什麼『情義』。當你做事是心甘情願的，就不是在為『情義』出力。」人們在向姻親履行義務時，一定要謹小慎微，因為，不管付出什麼代價，他都應該避免那種恐怖的譴責——「這人不懂情義」。

人們在「入贅為婿」這樣的事上，可以最最深刻地感受到這種對姻親的義務。「入贅為婿」意思是一個男的像女的那樣「嫁」出去。當某個家庭沒有兒子，只有女兒，父母就會替其中一個女兒擇婿，以賡續自己的姓氏。入贅者自己的家譜上，則會將他的名字消除，他轉而姓岳父家的姓。他入贅妻家，從「情義」的角度上，就隸屬於岳父岳母；他死了以後，也會在岳父家的墳地下葬。在一切關於婚姻的行事方式上，他都和普通婚姻中的女性完全一樣。

之所以替女兒招婿，可能不止因為自己沒有兒子，還常常是一種兩方希望雙贏的交易，所謂的「政治婚姻」就是這種。女方家裡可能非常窮困，卻是名門望族；男方就可能帶來現金，

第七章 「最難承受」是報答

得到的回報則是社會階級的上升。或者，女方家裡可能非常富裕，可以供丈夫上學；丈夫接受了這一好處，以離開自己的家作為回報。或者，女方的父親透過聯姻這種方式，說不定能在自己的公司和某個未來的合作夥伴之間建立起連繫。

無論是哪種情況，入贅者的情義都十分沉重——這被認為是理所當然的，因為，對於日本人來說，一個男人改變姓氏的行為可不是小事。在封建時代，為了證明自己已經融入新家，要是有了爭鬥，他得站在岳父這一邊，哪怕這可能意味著，他要將親生父親殺掉。在近代日本，與入贅為婿有關的「政治婚姻」，通常能夠造成這種「情義」的強大約束，用日本人可以提供的最沉重的枷鎖，在年輕人與他們岳父家的事業和產業之間，建立起最緊密的連繫。特別是在明治時代，這種做法是有利於雙方的。

可是，當女婿的往往有強烈的怨恨情緒。有一句日本俗話是這樣說的：「只要你有三合（約等於一品脫）米，就絕不去做女婿。」日本人認為，產生這種怨恨的原因就是「情義」。如果美國也有這類的習俗，那我們可能會說，他怨恨的原因是「他無法做男子漢了」。總之，履行「情義」很難，大家都不願意。所以，在日本人聽來，「出於情義」這一說法，表示的完全是沉重的人際關係。

對姻親的義務是「情義」，不僅這樣，甚至對叔叔輩和姪兒輩的義務，也同樣屬於「情義」。在日本，對這些相對來說關係

不是很近的親屬，所負的義務並不在「孝道」範疇內，這一事實是中、日在家庭成員關係方面的一個不同。在中國，不少這樣的親屬以及比這更遠的親屬，都可以共用家族的各種資源；而在日本，這些都是「情義」關係，或者叫做「契約」關係。日本人指出，這些人從來都沒有親自幫助過被叫來幫助他們的人，事情往往如此，因此，向他們提供幫助，不過是在向共同的祖先報恩。同樣，照顧自己的孩子也是基於這樣的認知——那當然是一種「義務」——不過，就算是基於同樣的認知，但幫助遠親被視為一種「情義」。一個人在不得不為遠親提供幫助，就像為姻親提供幫助時，會說「我為『情義』所纏。」

傳統意義上，扈從對主君和同袍的關係，是非常重要的「情義」關係，大部分日本人甚至在考慮姻親關係之前，先要考慮這層關係。這是一個榮譽感強的男人，對上級以及同儕的忠誠。這種「情義」在大量傳統文學作品中，得到廣泛的讚譽，基本可以和武士的美德劃等號。在古代日本，在德川家族利用它的影響力統一國家之前，人們甚至認為它比忠還要重要，還要可貴，因為那時候忠是對將軍的義務。

12世紀時，源氏某位將軍要求某大名，交出一位由他庇護的敵對領主，那大名的回信留存至今。他為自己的「情義」被玷汙了而深感惱恨，所以，就算被扣上不忠的罪名，他也不能背叛情義，便拒絕了將軍的要求，「對於公事，」他寫道，「不屬於我個人控制的範圍內，然而，好男兒之間的情義這是恆久不變

第七章 「最難承受」是報答

的，甚至是超越將軍的威權的。」他拒絕「對摯友背信棄義」（引自朝河貫一[13]：《入來院》[14]，西元 1929 年）。這就是古代日本武士超脫一切的美德，大量歷史傳說中俯拾即是。今天，那些傳說已經流傳日本各地，並被精心製作成能樂、歌舞伎以及神樂舞蹈。

其中力大無比的浪人故事最有名。這是一位沒有主君的武士，憑藉自己的聰明才智生活，他就是 12 世紀的英雄弁慶，除了神奇的力量之外一無所有。他寄身寺院的時候，為了把自己打扮得像個武士，將每一個過往的武士都給殺了，然後收集他們的刀，僧人們因此感到害怕。最後他去挑釁一名年輕領主，在他看來，那不過是個微不足道的紈褲子弟。然而，他發現自己遇到了真正的對手，並且發現那年輕人是源氏後裔，正在準備為他的家族恢復將軍地位，那就是日本真正廣受愛戴的英雄源義經。

弁慶將自己狂熱的情義都奉獻給了源義經，為了後者的事業，他承擔了數百項開拓性的任務。在他們不得不帶著追隨者，逃出敵軍鋪天蓋地的圍追堵截時，他們化裝成建造廟宇化緣的朝聖和尚，走遍了日本。為了逃過檢查，弁慶和源義經分別假扮成朝聖隊伍的領隊和隊員。沿途到處是敵人布置的崗哨，在

---

[13] 朝河貫一（Kan'ichi Asakawa，西元 1873～1948 年），日本歷史學家、學者以及和平宣導者。他在日本和美國的學術界都享有盛譽，尤其以其對日本歷史與文化的深入研究而聞名。

[14] 即 Iriki。

遇到其中一個崗哨時，弁慶拿出一份名單給哨兵，那是一份長長的、他偽造的向寺院捐款者的名單，然後假裝唸了起來。敵人差點就要放了他們。但是就在這最後一刻，源義經的優雅貴族氣質讓哨兵產生了懷疑——他就算裝成一個下人，也掩蓋不了那種氣質。

哨兵不願放行，弁慶靈機一動，讓他們徹底消除對源義經的懷疑：他因為一件小事而嚴厲批評源義經，還打了他一耳光。敵人這下相信了：如果這個朝聖的人是源義經，那麼他的扈從絕對不會打他，那樣違背情義的舉動，根本是無法想像的。弁慶的不敬行為，可以說救了這支小隊伍全體生命。等他們一走到安全的地方，弁慶就跪倒在源義經腳下，請求後者殺了他；不過他的主子和藹地原諒了他。

在這些古老故事發生的年代，「情義」從來都是發自內心的，絲毫不見怨恨的成分，這其實是近代日本人對黃金時代的一種白日夢，具有幻想的成分。那些故事告訴他們，那時候的「情義」中並不包含不情願的成分。倘若「情義」與「忠」出現了衝突，那麼當事人會選擇「情義」，並以此為榮。所以，「情義」是一種可愛的、面對面的關係，被完全包裹在封建性的裝飾裡面。「知情達意」的意思是：扈從一生都要為主子盡忠，反過來主子也要照顧他的扈從。「償還情義」的意思是：扈從的一切，即便是性命，都是屬於主子的，隨時都要準備為主子而獻出。

顯然，這是一種幻想。在日本封建歷史上，扈從的忠誠被

第七章　「最難承受」是報答

敵方大名收買的事情屢見不鮮。就像我們在下一章中所要講述的，主子對扈從稍有怠慢，扈從就會離開，甚至會和敵人勾結在一起，這樣的行為被認為是正當的，這也是有例可循的。日本人對復仇行為會給予歡欣鼓舞的讚揚，對以死效忠的行為也是同樣的態度。這兩種行為都是屬於「情義」。「忠」是對主子的「情義」，因為受辱而進行「報復」，則是對個人名譽的「情義」。在日本，這是同一面盾牌的兩面。

對於今天的日本人而言，那些和忠誠有關的古老故事，都成了讓人聽了覺得舒服的白日夢，這是因為「償還情義」，不再指向忠於自己法律上的主子，而是要履行各色人等的各種義務。現在，人們談論起「情義」，往往會用充滿怨恨情緒的語言，強調是某人在輿論的壓力下，才不得不去履行「情義」，是違心的。他們會說「我同意這樁婚事，不過是為了情義」，「只是因為情義，我才不得不給他這個工作機會」，「我只是出於情義該見他」。

他們總會說自己「被情義所糾纏」。詞典中對這個說法的解釋是，「我不得不這麼做」。他們說，「他用情義強迫我」、「他用情義逼迫我」。這些說法和別的說法一樣，都表示有個人透過提起某個應該報恩的問題，來要求對方採取行動，而他並不情願那麼做。大家都是「為情義所逼」或「為情義所迫」的情況，可能是在農村裡，在小商店的買賣裡，在上層財閥的圈子裡，甚至在日本內閣裡。求婚者可以利用情義，也就是憑藉兩家是故

交或者之前有過交易,而指責他未來的岳父。人們能夠利用同樣的手段,去謀奪農民的土地。那「被逼無奈」的人會覺得自己應該屈服,他說:「如果我不扶恩人一把(他可是於我有恩啊),就會有人說我不講情義。」所有這些說法,都包含了不情願或委屈的成分,就像日語詞典解釋的,「只是為了情義」。

「情義」的規則十分嚴格,也就是嚴格要求報恩。它們不是一套類似「十誡」的道德準則。當某人為「情義」所迫時,人們猜想他可能被迫踐踏自己的正義感;他們總說「因為情義,我無法堅持正義」。「情義」的規則根本沒有要求人,像愛自己一樣地愛鄰居,也沒有要求人們發自內心地慷慨行事。他們認為你應該履行情義,因為「你要是不履行,人們就會說你『不懂情義』,你就會在世人面前感到羞恥」。那讓你被迫屈服的,就是人言。事實上,英語中常常將「對社會的情義」,翻譯為「和輿論保持一致」,而詞典將「因為這是對社會的情義,所以沒辦法」這句話,翻譯成「你想採取別的做法,然而不管你做什麼,世人都不會接受」。

在這樣的「情義圈」中,「講情義」和美國「借債還錢的交易規則」類似,而正是這一點,可以為我們理解日本人的態度,提供相當程度的幫助。有人寫信給你,送你禮物或適時地勸告你,我們不會嚴格地考慮,去償還這類的恩惠。但是在我們看來,銀行的借款和利息是一定要及時償還的。在這些金錢交易裡面,破產是對失敗的懲罰──非常重的懲罰。可是,在日

第七章　「最難承受」是報答

本,當一個人無法償還他的「情義」時,就會被視為破產者。而在生活中,你可能會以這種或那種方式,常常導致「情義」的破產。這意味著,日本人在複雜的世界上如履薄冰,要有一筆帳來記錄生活中細微的言行,而美國人根本就不會想到,這樣的言行會帶來什麼義務,因此會輕鬆地拋掉它們。

日本人對社會的情義觀念,和美國人對還錢的觀念之間,還有一個點很類似,償還「情義」被視為完全對等的償還。在這一點上,「情義」與「義務」完全不同,不管你怎麼盡義務,對方都永遠不可能覺得滿足,就算是接近滿足也不可能。不過「情義」不一樣,它是有限定的。在美國人眼中,日本人的報恩和他們原先受到的恩惠,根本不成比例,只是日本人並不這麼想。在我們看來,他們的送禮行為也非常奇怪。比如,每個家庭都要將某種東西包裝成喜慶的樣子,作為 6 個月前所受禮物的還禮,這樣的事情每年兩次;女傭人家裡年年會送禮物給主人家,以此報答僱傭她的恩惠。可是,還禮比送禮大的行為,是日本人忌諱的。「還禮」時讓人「淨賺一筆」的做法,會讓人感覺顏面掃地。在關於送禮的種種說法裡,最能詆毀送禮人的是「送小魚,還大魚」。在償還「情義」時也是一樣。

人們一有機會,就會將來往的交易行為記錄下來,無論是勞動的交換還是物品的交易。在農村,一部分紀錄由村長保管,一部分則由互助組保管,還有一部分則屬於家庭或個人的紀錄。人們參加葬禮時有個習慣,就是帶「奠儀」。親眷們也會

帶著彩布來製作送葬的幅。鄰居們會來幫忙，男人們幫著挖墓穴、打棺材，女人們幫著做飯。在須惠村，村長在紙張上記錄下這些事情，然後裝訂成一本帳簿。在死者家屬看來，這樣的紀錄非常有價值，因為上面鄰居們送工送禮的情形一目了然。裡面還包括一張表，上面記錄的是那些需要禮尚往來之人的名字；當別的家庭有人去世時，還禮被視為一件和榮譽有關的事。

這些都是長年禮尚往來的情形。在任何一個村子的喪事上，就像在任何一類的筵席上，都有短期的交換行為。協助打棺材的人會有飯吃，所以，他們會帶一些米來，當成部分地回報自己吃的飯。在大部分的筵席上，客人們為了部分地回報宴會上的酒，也會帶一些米酒來。不管是慶祝生還是哀悼死亡，不管是蓋房、插秧還是聚會，交換「情義」的狀況都有認真地記錄，以備以後償還。

日本人關於「情義」還有一個慣例，和西方關於借債還錢的慣例類似。如果償還的時間超過了一定的期限，這份情義就會變多，就像產生利息似的。愛克斯坦博士說過這樣一個，他與某日本製造商交往的故事。那製造商曾經資助他前往日本的旅費，讓他收集和野口英世有關的材料，為寫作傳記做準備。愛克斯坦博士回到美國以後，開始寫作此書，寫完後他將手稿寄去了日本。他沒有得到任何回音或者回信，因為害怕書中的哪個部分冒犯了日本人，他也感到十分煩惱，於是又往日本去信，還是沒有回音。幾年後，那名製造商打來電話，說他現在

第七章 「最難承受」是報答

就在美國。過了不久,他來到愛克斯坦博士家裡,還帶著了幾十棵日本的櫻花樹。這是一份十分豐厚的禮物。之所以這樣,就是因為送禮行為過於遲了。「當然,」那日本人向愛克斯坦博士說,「您也沒想過要我盡快還禮吧!」

當一個人「為情義所迫」,通常是指他被迫還債,那債務會因為償還得不及時而加重。例如一個人可能會求助於小商人,因為他是那名小商人小時候的老師的姪子。年輕時,這位學生無法償還老師的情義;那筆債務在過去的歲月裡越積越重,那個商人雖然「不情願」,卻依然需要償還,「以表示他致歉在先」。

第八章

洗清名聲

對自己名聲的「情義」，是保證名聲不遭到玷汙的義務。這是一系列的美德──對於西方人而言，有些是相互矛盾的，不過對於日本人而言，則是完全統一的，因為這些義務並非對之前所受好處的回報，並不在「恩」這個範疇之內。這是保護自己名聲的行為，和之前受恩於別人的問題沒有關係。

所以，它們包括：維護「各就其位」的各種禮儀要求；遭遇痛苦時表現出來的忍耐；在專業上、技能上保護自己的名聲。對自己名聲的「情義」也需要人付諸行動，去消除汙點或侮辱；汙點會玷汙人的好名聲，因此清除理所應當。報復那些惡意誹謗者，或者自殺，可能都是必須的，在這兩種極端行為之間，還存在各式各樣的具體做法。不過，任何對自己名聲有損的事情，他們是不會輕鬆地聳聳肩就過去了的。

對於我在這裡所說的「對自己名聲的『情義』」，日本人並不存在一個唯一的說法。他們僅僅把它簡單地說成，處在「恩」這個範疇之外的「義務」。這是分類的基礎，意思並非對社會的情義，就是回報別人好意的義務；也不是對自己名聲的「情義」，

第八章　洗清名聲

就一定包括復仇。在西方語言中,它們被分成相互對立的兩類,也就是報答和報復,不過這不會給日本人留下什麼深刻的印象。一個人對別人的善意會有一定的反應,而別人的嘲笑或惡意,他也是會有一定的反應;這都屬於他的習慣。為什麼他的美德不應該包括這種習慣呢?

在日本來說,就是包括的。一個好人面對傷害會產生強烈的感受,對他所受到的好處也是一樣。不管是報答還是報復,都是美德。日本人不像我們,他們並沒有將這兩者分開,然後稱一種為侵犯,稱另一種為非侵犯。對他們而言,只有在「情義圈」以外的才存在侵犯;只要某人是在維護情義,在清洗和自己有關的汙名,就不存在侵犯的罪行,他就是在平帳。他們認為,只要侮辱、汙衊或失敗,沒有受到報復或清除,「這世道就不正」。好人應該努力使世界再度回到平衡狀態,這是美德,並非罪惡。

在日本,對自己名聲的「情義」,在語言上和「感謝」以及「忠誠」是有關連的。即便這樣,在歐洲的某些歷史階段,它也是一種美德。在文藝復興時期的歐洲,特別是曾在義大利盛極一時。它與古典時期「西班牙的勇敢」和德國的「名譽」共同之處頗多。在 100 年前的歐洲,某種跟它非常相似的東西,成了決鬥的基礎。清除自己名聲上的汙點是一種美德,不管是在西方國家還是在日本,只要這種美德居於支配地位,那麼它的核心含義往往是:在任何物質意義的利益之上。

一個人會為了「榮譽」而獻出財產、家庭和生命，能獻出多少決定了他的美德高度。這使它得以成為道德定義的一部分，這些國家有了它就有充足的理由宣告：他們總是提倡「精神」價值。當然，它讓他們遭到了非常大的物質損失，這一點是難以用利害得失衡量的。美國人的生活中充滿了劇烈的競爭和公開的敵對，與這種榮譽觀恰恰形成了鮮明的對照。在美國，在某種政治或金錢交易中，什麼樣的控制手段可能都不會被禁止；然而，為了得到或控制某項物質利益，可能就要訴諸戰爭了。榮譽的習俗只有在某些特殊情況下才會盛行，比如在肯塔基山區民眾的爭鬥中，這時才會進入對自己名聲的情義範疇。

不管哪種文化，對自己名聲的「情義」，都會和敵對與觀望相伴；但是，它並非亞洲大陸特有的美德，即所謂的東方特質。這樣的「情義」中國人就沒有，印度人和暹羅人也沒有。在中國人看來，對這樣的傷害和誹謗如此敏感的，一定是「小人」，也就是道德上的矮子。在日本則不然，它屬於高貴理想的範疇，在中國則並非如此。中國的倫理觀認為，要是一個人突然使用暴力，那他就是錯誤的，即使是遭遇了傷害而實施報復，濫用暴力也不可能成為正當行為。

中國人覺得這麼敏感是相當可笑的。透過做出各式各樣善良而偉大的舉動，來證明誹謗是無稽之談，對他們來說是可能的，他們應付汙衊不會用這樣的方式。在暹羅人的眼中，根本沒有這種對傷害的敏感。與中國人差不多，他們看重的是讓惡

第八章　洗清名聲

意誹謗者顯得滑稽好笑，而非想像他們的榮譽受到損害。他們認為，「暴露對手及其殘忍本性的最佳辦法，就是讓著他」。

在日本，一切非侵犯性的德行，都被納入「情義」的範疇中，假使討論這些德行不考慮上下文，那麼就無法完全理解，對自己名聲的「情義」這其中的含義。報復不過是它在特殊情況下可能涉及的一種德行，它還包括不少克制的、安靜的習慣。自重的日本人都需要自我克制，這種斯多葛主義（Stoicism）的行為準則，也屬於對自己名聲的「情義」的範疇。分娩時的女人不能大聲哭叫，男人應該戰勝危險和痛苦。當洪水向村子襲來時，任何一位自重的人，都會趕緊收拾要隨身攜帶的生活必需品，然後去找高些的地方。不會跑來跑去、大哭大叫，或者驚慌失措。

人們在面對赤道暴風雨像颶風一樣襲來時，也是如此自我克制。在日本，這樣的行為屬於一個人尊重自己的表現之一，即使他無法完全做到。日本人覺得美國人的自重，是不要求自我克制的。在日本，自我克制中還包括「高貴義務」的含義，因此，在封建時代，對武士的要求要多於對普通人的；而對平民德行的要求雖然沒有那麼高，也依然是各個階層的生活準則。如果對武士的最高要求，是要他們戰勝身體的疼痛；那麼對普通人的最高要求，就是能夠忍受武士的武裝侵犯。

有一些著名的故事，都是和武士的吃苦耐勞有關的。他們不允許喊餓，餓死事小，不值一提。他們奉命不吃飯而餓著肚子

的時候,也要裝出一副剛剛吃過的樣子,一定要用牙籤剔牙。諺語這樣說:「小鳥為食而鳴,而武士只有牙籤。」這句話在二戰時成為軍中士兵的格言。武士們也不應該向痛苦屈服。日本人的態度和那個少年士兵對拿破崙的反駁有點像:「受傷了嗎?不,大人,我被殺了。」武士一直到倒下,也不應該流露出任何痛苦的神色。他一定要忍受痛苦,絕不退縮。據說,出生於武士家庭的勝伯爵(聖海舟)(西元1899年去世),小時候曾被狗咬破睪丸。在醫生幫他做手術時,他父親拿著一把刀指著他的鼻子說道:「要是叫出聲來,我就殺了你,這樣你至少不會感到恥辱。」

對自己名聲的「情義」,還有一個這樣的要求:一個人的生活要和他在社會上的地位保持一致。若是這項「情義」他沒有履行,就沒有尊重自己的權利。在德川時代,這個要求意味著:他需要遵守一套詳細規定,這套規定是限制他花費的,他要將這套規定,視為自重的組成部分。從衣著到財物到用品,他的一切都受到了嚴格的規定。這些按照世襲階級地位,規定人的一切的法令,美國人看到了內心會無比震驚。在美國,自重和提高自己的地位密切相關,而那些限制人花費的固定法律,和我們社會的基礎是格格不入的。

我們會對德川時代的法律感到驚恐,是因為它們規定了某個階層的農民,可以為他的孩子買一個這樣的洋娃娃;而另一個階層的農民,則要買另一個不一樣的洋娃娃。然而在美國,

第八章　洗清名聲

我們會採用另一套交易的辦法，不過結果是一樣的。我們會接受這樣的事實，卻毫無怨言：工廠主的孩子擁有一列電動的火車玩具，而一個玉米棒做的洋娃娃，就可以讓佃農的孩子心滿意足了。我們承認不一樣的人，收入是不一樣的，並認定這是正當的。賺取高薪在我們的社會體制中，是自重的表現。收入的高低決定了可以購買的洋娃娃是不同的，就不會對我們的道德觀念產生衝擊。那些富裕起來的人買給孩子們的，是好一些的洋娃娃。

在日本，則是致富的人常常會遭到質疑，無法享受相當的社會地位。就算是在今天，窮人和富人一樣，也將自重寄託於對階層制慣例的遵守。法國人德·托克維爾在1930年代的一本書中指出，這一德行與美國不一樣。在前面我們引用過他的話。他生於18世紀的法國，因此，儘管他曾對美國的平等主義不吝讚美之詞，不過他了解並熱愛的，其實還是貴族式的生活方式。他說，儘管美國優點多多，然而缺乏真正的高貴。「真正的高貴包括採取適當的姿態，不卑不亢。不管是農夫還是王子，都可以這樣。」德·托克維爾了解日本人的態度，就是階級區分本身並不讓人覺得羞恥。

現在，我們有客觀研究各種文化的條件；因此大家認為，不同的民族對「真正的高貴」這個說法，有著不同的定義，正如他們對「丟臉」一詞的定義，也往往是各不相同。現在，有一部分美國人叫囂著，直到我們將平等主義強加給日本人，才能

讓他們享有自重；然而，這種說法是犯了民族自我中心主義的錯誤。就像他們所說的，如果他們想要給日本人一個自重的日本，那麼他們就先要承認日本人的自重基礎。我們可以承認，就像托克維爾所說的，現代社會中那種所謂的貴族式「真正的高貴」正在消失；我們相信取而代之的，會是一種更為美好的高貴。顯然，這樣的情況也會發生在日本。同時，日本將不得不在現在重建自重，在他自己的基礎上，而非在我們的基礎上。

除了那些分內的義務，對自己名聲的「情義」，也意味著要履行很多其他的義務。當某人跟我們借錢時，可能會以他對自己名聲的「情義」發誓。上一代日本人常常這樣發誓：「這筆錢我若不還，願為公眾所嘲笑。」如果他真的沒還這筆錢，那麼他也不會真的成為公眾的笑柄；因為日本壓根不存在被公眾嘲笑這回事。不過，債務一定要在新年來臨之際償還，因為破產而無法還債的人，可能會用自殺的形式來「洗刷罵名」。在現在的除夕之夜，還是會有一些人自殺，他們這麼做，不過是想要挽救自己的聲譽。

一切各種工作上的義務，也和對自己名聲的「情義」有關。當某些特殊的環境因素，將人帶入公眾的視野，他可能就會被大家批評；這時日本人的要求常常會顯得十分奇怪。比如，有不少小學校長只是因為學校失火就選擇自殺，即便那場火災和他們沒有任何關係──他們是被張掛在每所學校的天皇畫像給嚇的。為了搶救天皇畫像，老師們會衝入已經在燃燒的學校，

第八章　洗清名聲

甚至有因為這樣被燒死的。他們以死表明他們是如此地看重對自己名聲的「情義」，以及對天皇的「忠誠」。

還有不少廣為流傳的故事說，有些人在某些公開場合舉行的儀式上，朗讀天皇的詔書時，會因為偶爾唸錯而內疚，不管那詔書是關於教育的還是關於軍事的，他會以自殺來洗刷自己的名聲。就在現在天皇統治時期，有個人因為不小心替他的兒子取名為「裕仁」——那是天皇的御名，任何其他日本人都不可以用——就自殺了，還殺了自己的孩子。

在日本，專業人士對自己名聲的「情義」有著極高的要求，不過並不需要用我們美國人心目中的高水準來維持這份「情義」。教師們說：「身為一名教師，我做不到漠視對自己名聲的『情義』。」他想說的是：倘若他不了解某隻青蛙屬於哪一類，他也要假裝了解。就算他自己的英語也就是幾年的學校教育基礎，而他正好是教英語的，他也絕對不會承認任何人擁有改正他錯誤的能力。「一名教師對自己名聲的情義」，就是專指這類自衛機制的。

商人同樣也有對自己名聲的「情義」，他不會讓別人知道他的資產已經歸零了，或者他制定的公司計畫遭遇了失敗。外交官也因為對自己名聲的「情義」，不會承認策略遭遇失敗。在所有這些「情義」的用法中，人和工作被完全畫了等號，任何對他的行為和能力的批評，都自動等於對他本人的批評。

這就是日本人對失敗和不足，所導致的失去名譽的反應；

在美國，這樣的反應也會一而再，再而三地發生。我們都明白，有些人會因為被誹謗而氣得發狂，然而我們基本不會像日本人那樣自衛。要是一個名美國教師不了解一隻青蛙屬於哪一類，他會覺得和不懂裝懂相比，承認不懂是更妥當的做法，即使他說不定也會屈服於掩飾自身無知的誘惑中。如果一位美國商人不滿意自己所推行的策略，他會想推出一項新指令。他不會這樣想：保持自重的條件，不在於堅持說自己所做的一切都是正確的，若是他承認自己犯下了錯誤，他就該辭職甚至退休。可是，在日本，這種自衛機制已經深入人心。別在當面過多地說，某人在專業上犯的錯誤──這是一種廣泛適用的禮節，也是一種理智的表現。

在某人敗給別人的情況下，這種敏感特別顯著。他之所以失敗，可能不過因為被對方認為，他更適合某一份工作；或者某項競爭考試中，他落選了。他會為這樣的失敗「背上恥辱的名聲」，即使這種恥辱在有些情況下，會強烈地激勵他加倍努力，但在許多情況下，會有讓他氣餒的可能。他會喪失信心，變得憤怒、憂鬱或者憂憤交加，這會讓他不再努力。特別重要的是，美國人需要意識到，競爭在美國人的生活中，可以取得社會所需要的效果，而在日本就不會產生那種效果。

我們覺得「競爭」是「一件好事」，以至於對它有了強烈的依賴。心理測試的結果表明，競爭能夠讓我們盡力工作，我們會在競爭的激發下，表現得越來越好。存在競爭者時，我們會取

第八章　洗清名聲

得非常出色的工作成績；當我們被要求獨立做某件事情時，可能就不會取得那樣的成績了。但是在日本，測試的結果恰恰相反。在兒童期結束之後更是如此；因為和成人相比，日本的兒童更喜歡競爭，對競爭沒有什麼顧慮。不過，青壯年的競爭表現就差遠了。獨自工作的日本人會進展很快，錯誤少，速度還相當快；一旦引入競爭者，他們就會犯錯增多，進度也會大幅度慢下來。

當他們不是拿別人的成績與自己的進行橫向比較，而是拿自己的成績進行縱向比較時，他們會做得最好。日本測試者們準確地分析出了競爭情形下，自己同胞的這種差勁表現的原因。他們說，當某項工作出現了競爭性時，日本人第一個想到的是，他們有可能會失敗的危險，所以工作受到了損失。他們敏感地覺得競爭是一種侵犯，因此他們的注意力轉移到自己與入侵者的關係，而不是自己手頭的工作上。（測試簡報，見《日本人：性格與精神面貌》，由拉第斯拉司・法拉格為國民精神面貌委員會起草。）

在這些測試中，可能失敗的名聲在相當程度上，會影響被試學生的心理。就像教師或商人，要對他們的職場名聲擔負起「情義」，學生們也會不忘自己對學生這一名聲的「情義」。學生團隊要是在競賽中輸了，也會為這失利而感到恥辱，甚至還會自暴自棄。失利的划船運動員可能會一頭倒下去，靠著船槳哀泣不止。失利的壘球隊員們，可能會抱在一起放聲大哭。若是

在美國，我們的說法是，他們是表現糟糕的失利者。我們的禮儀期待失敗的人說勝利者的確比自己優秀，他們要和勝利者握手。不管我們多麼討厭自己失利，那些因為失敗而發生情緒危機的人，都會被我們蔑視。

日本人在想方設法避免直接競爭方面，總是創意連連。日本小學中的競爭極少，少到美國人認為那簡直不可能。教師們被勒令要教育孩子們，必須提高自己的成績，而不應該給他們跟其他人比較的機會。就算是在分級的學校中，也不會有任何一個學生留級去重讀一年。所有孩子都會一起完成小學階段的教育，從入學到畢業。孩子們拿到的成績單上，其等級區分的標準並非學業成績，而是操守紀錄。當參加入學考試等，實在避免不了的真正競爭來臨時，學生們心理會多麼緊張就可想而知了。關於男孩子們知道自己考試失敗後想要自殺，幾乎每一位教師都能講幾個這樣的故事給你聽。

這種將直接競爭的程度降到最低的做法，普遍盛行於日本人生活的各個方面。他們的倫理基礎是恩，因此留給競爭的空間幾乎沒有；而美國人所絕對奉行的規則是：要在與同類的競爭中表現出色。在日本的整個等級體制中，詳細地規定了等級的種種細節；正是這些規定讓直接競爭降低到了最低程度。日本的家庭制度也讓直接競爭少之又少。在美國，甚至在家庭裡，父子之間都有競爭；這在日本是不可能的，父子倆可能只是相互排斥，而不是相互競爭。對美國的家庭生活，日本人的

第八章　洗清名聲

態度是既感到奇怪又表示反對，因為在美國，父子倆會爭著用家裡的汽車，還會在母親或妻子面前爭寵。

兩個人在競爭時會發生直接的衝突，為了避免衝突，日本人通常採用請中間人調停的方式，這種方式的效果更好一些。一個失敗的人很有可能感到羞愧；只要是這種情況下都需要有一個中間人，因此中間人可以在許多事情上發揮作用——比如提親、找工作、離職，以及不計其數需要處理的日常事務。中間人會向雙方傳話，若是類似婚姻這樣的大事，那麼雙方會各自請一個媒人，兩個媒人先在一起協商細節，然後各自回去傳話。

這種間接的處事方式，讓對方的要求或控訴不會傳到當事人這裡；直接交流的話，那樣的要求或控訴肯定會招致厭煩，因為觸犯了當事人名聲的情義。中間人也會憑藉在正式場合發揮作用而獲得聲望；假使運作得十分成功，他還會贏得本地社會的尊敬。中間人自己能夠從順利協商中獲利，因此和談有很大機會成功。中間人為雇員了解雇主對他工作上的看法，或者替雇員向雇主轉達離職的決定，都是類似的情況。

有些情況可能會讓某人對自己名聲的「情義」受到質疑，會讓他覺得恥辱，因此要盡量避免這類情況發生，讓它們盡可能地少，離直接競爭越遠越好。在日本人看來，主人迎接客人應該舉行某種歡迎儀式，還要穿上自己最好的衣服。所以如果你看見一個農民在家裡穿著工作服，那你說不定就得等一會。

直到那農民穿上合適的衣服，安排好適當的禮儀，他才會向你表示歡迎。即使客人就在他換衣服的屋子裡等候，他也不會先表示一下歡迎的意思。在完成這一套裝束前，客人彷彿是不存在的。

在農村也是一樣，男孩子去看女孩子，可能需要等到晚上家人睡著後，甚至要等到女孩子上了床之後。對他的到來，女孩子可能接受，也可能拒絕他的到來；不過，男孩子會帶上一條毛巾裹住臉，這樣就算被拒絕，第二天他也不必覺得羞愧。這種蒙面術並非為了不讓那女孩認出他來，而純粹是一種鴕鳥式的辦法，將來好不承認他曾經受過拒絕的侮辱。禮節還要求不管什麼事情在確保成功之前，要盡量別讓人知道。

達成契約之前，媒人有撮合婚事的義務，讓大家都看好的新娘和新郎走到一起。為此，為了讓雙方的見面更像是邂逅，媒人必須絞盡腦汁；如果在相親階段就直接表達了介紹婚事的目的，那麼，一旦契約破裂，就有可能於一方或雙方家庭的榮譽有損。父親或母親或父母雙親要陪著那對年輕人前來，由媒人做東，縝密地安排大家「偶然遇到」時的種種細節；見面的場合要麼是一年一度的菊花展上，要麼是去賞櫻，要麼是去一座大家都知道的公園，或者某個娛樂場所。

透過所有這些以及其他的方式，日本人盡量避免那些可能會因為失敗，而感到羞辱的場面出現。儘管他們強調，一個人有義務洗刷自己受到侮辱的名聲，然而實踐中卻是他們精心安排

第八章　洗清名聲

不少事情，來盡可能避免讓人產生受到侮辱的感受。這與太平洋群島上的許多民族習慣完全不同，即使他們和日本人一樣，將洗刷名聲這等事看得無比重要。

在一些原始民族當中，比如以種花種菜為生的新幾內亞和美拉尼西亞，侮辱是部落行動或個人行為的主要動力，因為侮辱必然導致憤怒。在舉行部落宴會時，要是某個村子的人說另一個村子太窮，甚至連10位客人都招待不起；藏起芋頭和椰子，實在太吝嗇了；村裡的首領愚蠢到想要組織一場宴會，都組織不起來。諸如此類的話，會激勵被挑釁的村民行動起來，他們會在每個角落都堆滿東西，以顯示自己的大方和奢侈，這就是他們洗刷名聲的方式。

婚姻安排和經濟交易也會這麼做。他們在開戰時，也會以這樣的方式進行。雙方會在彎弓搭箭之前，來上好一陣子對罵。即使是雞毛蒜皮的事，都被他們處理得好像大得足以決一死戰。這是這些部落行動的主要動力，而他們通常活力四射。不過，誰也不曾將這些部落描寫為禮儀之邦。

相反，日本人是講禮貌的模範之國。他們要限制那些不得不去洗刷名聲的事情，而人人要講禮貌，能夠衡量出他們的限制工作做到了何種程度。日本人保留侮辱會引起憤怒這個邏輯，並將其作為無與倫比的手段，刺激人們去取得成績。可是，他們會限制那些讓人感到惱怒的事情。只有在一些特殊情況下，或者只有那些用來限制的傳統安排手段，在壓力下發生了故障

時,那樣的事情才會發生。

　　毫無疑問,日本在遠東獲得了支配性地位的能力,並在過去 10 年裡,執行了對英美開戰的政策,正是因為日本人使用這種刺激手段。關於日本人怎樣對侮辱一事極其敏感,怎樣渴望報復,很多西方人都進行過討論。不過那些討論更適合於新幾內亞那些將侮辱作為動力的部落,而非日本。日本在輸掉這場戰爭之後,會如何表現?許多西方人都曾進行過預言,卻都不夠中肯,因為他們沒有意識到,日本人對自己名聲的「情義」方面,是有一些特殊的限制措施的。

　　日本人講禮貌,不過美國人不應該被這點誤導,以為日本人對誹謗不敏感。美國人會非常輕鬆地散布個人的評論,還認為這挺有趣。在日本輕鬆的評論會和要命的嚴肅連在一起,我們很難意識到這一點。日本畫家牧野義雄用英語寫的自傳,是在美國出版的。在那本自傳裡,他生動地描寫自身所理解的嘲笑,還記錄下身為一個日本人,對那些嘲笑的反應,是極為正當的反應。他寫這本書時,大部分的成年歲月,已經在美國和歐洲度過,但他還是有一種強烈的感覺,彷彿自己還生活在那位於愛知縣農村的家鄉。

　　他是一名地位較高的鄉紳的小兒子,擁有一個可愛的家庭,可以說是在蜜罐裡長大的。他的母親在他的童年即將結束時去世了,不久他的父親破了產,為了還債不得不賣掉所有的物產。家庭遭此突變,身無分文的牧野無法實現自己的雄心。學英語

第八章　洗清名聲

是他的雄心之一，於是他去投靠不遠的一所教會學校，找了份看門的工作，以便學習英語。到了18歲，他還沒有離開過周圍那幾個鄉鎮，不過，他已經下定決心要去美國。

「我去拜訪一名傳教士，我最信賴的人就是他。我告訴他我想去美國，希望他可以提供一些有用的資訊。讓我十分失望的是，他驚叫起來：『什麼，你要去美國？』他妻子正好也在屋子裡，他們倆一起嘲笑我！在那一刻，我感覺腦袋裡的全部血液都流到了腳上！我默默地站在原地幾秒鐘，然後就回到自己的房間裡，並沒跟他們說『再見』。我告訴自己說：『全都完了！』

第二天早上，我逃離了那所學校。現在，我想說說其中的原因。我始終相信，這個世界上最大的罪惡就是不真誠，再沒有比嘲笑更不真誠的事情了！

我總是原諒別人的發怒，因為壞脾氣發作是人類的天性。要是有人對我撒謊，我往往也會選擇原諒；因為人性相當脆弱，面對困難時，人的心理常常無法保持穩定，也就無法說出全部的真相。如果某人空穴來風地造我的謠，弄出些流言蜚語，我也會選擇原諒，因為只要有些人相信那些謠言，你也會非常容易會被它們蠱惑。

我甚至能夠根據實際情況，選擇原諒殺人犯。然而，嘲笑我絕不原諒。因為你不應該嘲笑那些真誠的老實人。

讓我來跟你說，我自己給這兩個詞下的定義：殺人犯，是殺害某人肉體的人；而嘲笑者，則是殺害別人心靈和靈魂的人。

靈魂和心靈要遠比肉體珍貴,所以,嘲笑是最惡劣的罪惡。事實上,那個傳教士和他的老婆,就是企圖將我的靈魂和心靈謀殺。因此,我的心裡一陣劇痛,大聲疾呼:『你為什麼……』」(牧野芳雄:《當我是個孩子時》,西元1912年,第159～160頁)

第二天早上,他把一切家當打包成一個包裹,拿起就走。

正如他所感覺到的,他被那傳教士的懷疑所「害」;那傳教士不相信一個一無所有的鄉村少年能去美國,甚至還想當藝術家。他的名聲遭到了玷汙,他只有實現自己的目標,才能將名聲洗淨。在被傳教士「嘲笑」後,他別無選擇,只能離開那個地方,努力去證明自己有去美國的能力。他罵傳教士用的是「不真誠」這個詞,這話在英語裡聽起來有些奇怪,因為對我們來說,那個美國傳教士的驚叫,十分符合我們所理解的「真誠」這個詞的本義。不過,他用的是日本人所理解的意思,他們一般覺得,不管是誰,只要小瞧了那些不想冒犯他的人,那他就是不真誠的。傳教士的嘲笑就屬於這種,既不道德又「不真誠」。

「我甚至能夠根據實際情況,選擇原諒謀殺犯。然而,嘲笑我絕不原諒。」既然對嘲笑應有的態度,並不包括「原諒」,那麼一種可能的反應就是報復。牧野來到美國,成功地洗刷自己的名聲。按照日本的傳統觀念,倘若被侮辱或者遭遇失敗,報復是一件高尚的「好事」。寫書給西方讀者看的日本人,有時會使用生動的修辭手法,來描寫日本人對復仇的態度。新渡戶稻造是日本最善良的人物之一,西元1900年時,他寫道:「在復仇

第八章　洗清名聲

中存在著某種可以讓人的正義感得到的東西。復仇意識有時彷彿數學題一樣精確，在方程式的兩邊相等之前，我們會始終感覺這道題還沒做完。」（新渡戶稻造：《武士道》，西元 1900 年，第 83 頁）。在一本關於《日本的生活和思想》的書中，岡倉由三郎將復仇跟一種日本特徵尤為明顯的風俗進行了類比：

「日本人不少所謂的精神特性，源頭都是對純潔的愛，以及與之互補的、對汙穢的恨。不過請注意，那是因為我們受到的訓練，就是要去關注侮辱（事實就是這樣），無論那侮辱針對的是國家榮譽還是家庭榮譽；要不──汙穢和創口有那麼多，不依靠申辯進行徹底地清洗，怎麼可能變得乾淨並痊癒？為什麼會這樣？在日本的公私生活中，復仇事件經常會有。你可以直接將這些事件視為晨浴，日本人喜歡進行晨浴，原因是他們的愛清潔已經成了一種潔癖。」（岡倉由三郎：《日本的生活和思想》，倫敦，西元 1913 年，第 17 頁）

他又說，日本人「喜歡乾淨、不存在汙穢的生活，這樣的生活平靜又美麗，彷彿一樹盛開的櫻花」。這裡的「晨浴」一詞可以這樣理解：將別人扔到你身上的汙泥洗掉，只要身上還有一丁點汙泥，你就不是貞潔的。有的倫理教條說，除非一個人自己覺得受到了侮辱，否則他就不可能受辱，讓人受辱的因素，並非針對別人的言行，而是來自於他自身。不過日本並沒有這樣的倫理教條。

日本的傳統中，始終在公眾面前保留著這種「晨浴」般的復

仇理想。大家都知道，有關復仇的事件和英雄故事多如牛毛，其中歷史故事《四十七士》可以說是流傳最廣的。人們在教科書裡讀到這些故事，在劇場裡演出這些故事，還將它們印製成通俗讀物，改編成電影。它們已經成為當前日本鮮活文化的組成部分。

很多這類故事主題是對偶然失敗的敏感。比如大名把他的三位扈從叫來，猜一把寶刀製作者的名字。三人說了三種說法，後來請來專家，發現就名古屋山三說對了，那的確是一把「村正」刀。那兩位猜錯的扈從，將這事視為一種侮辱，準備將山三殺掉。其中一位趁山三熟睡之際，用山三自己的刀刺向他。但是，山三沒有被殺死。後來那凶手一門心思想要報仇，最後他終於成功地殺死了山三，做到保全對自己名聲的「情義」。

還有些故事主題是被逼無奈、弒主復仇。「情義」在日本倫理中具有雙重含義，一是家臣至死都要向主子效忠；二是當家臣覺得受到主子的侮辱時，就會轉而成為主子的敵人，和主子不共戴天。家康是德川家族的第一位將軍，有一個關於他的故事中，就是這樣一個好例子。家康曾經說他的一位家臣「將會被喉嚨裡的魚刺扎死」，那位家臣聽說了這話。被魚刺扎死這種死法是沒有尊嚴的，說一個人會這樣死去，是在詆毀他的名聲，是無法容忍的。

於是，那位家臣發誓，無論死活他都不會忘掉這個侮辱。家康當時剛剛遷都江戶，尚未統一全國，尚未肅清敵人。那

第八章　洗清名聲

家臣替敵對的領主出謀劃策,提出他將在江戶城裡放火而燒毀它。這樣他就能夠確保自己的「情義」,並完成向家康的復仇。關於日本人的忠誠,大多數的西方說法都完全不切實際,因為他們沒有意識到,「情義」不僅僅是忠誠,在某些特殊的情況下,背叛也是一種美德。就像日本人所說的「一個人會被打成叛徒」,一個被侮辱的人也會成為叛徒。

從這兩則歷史故事中,能夠總結出兩個主題——錯誤的一方會報復正確的一方;為了受辱而報復,即使侮辱自己的人是主子——這兩個主題在日本的文學名著中司空見慣,還有許多種變形。當我們仔細閱讀當代日本人寫的小說、傳記以及報導時,就能清晰地看到,雖然日本人非常欣賞他們傳統中的復仇故事,可是現在這樣的故事數量,已經和西方國家一樣少,或許更少。這並非意味著日本人已經不再像之前那樣沉迷於榮譽,而是意味著他們對失敗和受辱的反應,越發趨向防衛,而非進攻。

還是像以前那樣,他們認為羞辱是十分嚴重的,不過他們越發趨向於麻痺自己的心理,而非去挑起爭端。出於復仇的直接攻擊,更有可能發生在沒有法律的前明治時代。時間到了近代,法律、秩序和處理相互依賴的經濟關係的難度,讓報復行為轉入地下,要麼轉向自己的胸膛。一個人也許會耍弄計謀來報復敵人,但是事後他絕對不會承認——這有點像是在仿效一則老故事裡的報復行為——主人用糞便招待敵人,並且有信心

不會被發現，因為糞便被他摻進了美味佳餚裡。這事除了他自己誰都不知道，那客人壓根就沒察覺。不過，現在甚至這類暗中的攻擊也都少了，更多的是轉向自身。有兩種做法：一是將報復的欲望轉變成一種激勵手段，讓自己去做「不可能做」的事情，或者讓它蠶食自己的心靈。

日本人容易因為受辱、失敗或者遭到排斥而受傷，這讓他們動不動就折磨自己，而非遷怒別人。日本的小說在過去幾十年裡，一遍又一遍地描寫的是：有教養的日本人時而憂鬱得要死，時而又憤怒得要命，常常因此迷失了自己。故事的主角什麼都厭煩——生活圈子、家庭、城市、國家，全都厭煩。然而這厭煩並非因為理想可望不可即，如果是那種厭煩，那麼他們的心眼裡會樹立一個偉大的目標，和這個目標相比，任何努力都顯得十分渺小。這厭煩也不是來源於理想和現實之間的對立。當日本人擁有一個偉大使命的幻象時，他們的厭煩情緒就沒了。無論那目標有多麼遙遠，他們的厭煩情緒都會徹底沒了。

其實，他們的厭煩是一種特殊的厭倦，是一個容易受傷的民族一種病態的表現。他們害怕遭到拒絕，又將這種恐懼引向自己的內心，在那裡礙手礙腳。日本小說中的厭煩，和我們熟悉的蘇聯小說中的厭煩情景相比，是一種截然不同的心態。蘇聯小說裡的主角們也有種種厭煩的感受，可是這種感受是以現實與理想之間的對立為基礎的。約翰・桑塞姆爵士（George Sansom）曾說過，日本人缺乏理想與現實之間的對立感。他指出他

第八章　洗清名聲

們怎樣建構自己的哲學,和對人生的一般態度。

當然,這種與西方基本觀念的對立,遠遠超出了此處所講的特殊事例,不過,這和日本人飽受其害的憂鬱症,還是存在特殊關係的。日本和蘇聯某種程度上可以歸為一類,因為蘇聯人也願意把厭煩情緒寫進小說。這和美國對比鮮明。美國小說不怎麼處理這一主題,而是願意將性格缺陷或殘酷社會的打擊,作為人物悲慘遭遇的根源,幾乎不會單獨描寫純粹的厭煩情緒。個人的不適應感必然有一個原因、一個形成的過程,會引發讀者道義上的譴責男女主角的某個缺點,或社會秩序的某種罪惡。

日本也有抗議城市裡令人絕望的經濟狀況,或者是商業漁船上可怕的突發事件的無產者小說;不過他們的人物小說展現出的世界是這樣的,在那裡,情緒的爆發,就像一位作家所說,常常像有毒氣體的飄動。無論是人物還是作者,都覺得沒必要分析環境或主角的生涯,以釐清那團陰雲。它說來就來,說去就去。人們非常容易遭到它的攻擊。古代英雄們會在和敵人交鋒時,顯露出他們的攻擊性,而在今天這種攻擊性已經內化了;在日本人看來,他們的陰鬱根本找不到什麼明確的由頭。他們也許會抓住某個事件作為由頭;然而,這一事件常常讓人覺得古怪,就是它僅僅是一種象徵罷了。

現代日本人對自己採取的、最極端的攻擊性行為是自殺。按照他們的原則,若是施行妥當,自殺是可以洗清名聲,讓後人記住他們的。自殺行為在美國會遭到譴責,這讓自我毀滅行

為，不過是一種對絕境的絕望屈從；而自殺行為會得到日本人的敬重，這讓它變成一種榮耀的、合乎目的的行為。在某些情境中，為了對自己名聲的情義，自殺行為是最榮耀的行為。到了年關無法還債的人；用自殺來承認自己對某個不幸事件負有責任的人；雙雙殉情，以將沒有希望的愛情封存的戀人；抗議政府遲遲不發動對中國戰爭的愛國者⋯⋯都和考試失利的男孩，或避免當了俘虜的士兵一樣，轉身給了自己最後一擊。

有些日本權威人士說，這種自殺傾向在日本是新事物。事實是不是這樣很難判斷，但是統計數據表明，觀察家們這幾年往往高估自殺的頻率。無論是在 19 世紀的丹麥，還是在納粹統治之前的德國，自殺頻率都比任何時候的日本要高。不過有一點可以肯定：這個話題是日本人喜歡的，他們把玩自殺，跟美國人把玩罪惡類似，都可以從別人的行為中獲得樂趣。只是他們寧願將這種樂趣建立在自殺事件上，而非殺人案件。就像培根（Francis Bacon）說的，他們將自殺事件變成了人們最愛聽的「刺激性事件」。它迎合了某種需求，而別的行為都滿足不了那種需求。

在現代日本，和封建時代的歷史故事相比，自殺的受虐狂性質更加明顯。那些故事裡的武士奉命自殺，目的是拯救自己於毫無榮光的死刑。這和西方士兵寧願被射殺而不是被絞死很像，或者他在用這種方式來讓自己免受折磨。他預料到如果落入敵手，就會被敵人折磨。日本士兵被允許剖腹自殺，這和丟

第八章　洗清名聲

了面子的普魯士軍官,有時被允許私密地用槍自殺很像。在他知道除了自殺,別無挽救自身名譽的辦法之後,那些大權在握的人會來到他房間,將一瓶威士忌酒和一把手槍放在桌子上。對日本武士而言,自殺在這種情境下,不過是選擇了一種死法而已,因為死是確定的事。

在現代,自殺是一種選擇去死的方式,也就是用對自己施暴的方式,取代了謀害別人的方式。自殺行為在封建時代,是一個人的決心和勇氣最後的宣示,在今天則變成了自取滅亡。在過去兩代人的時間裡,日本人覺得世界是傾斜的,「方程式的兩邊不相等」,他們需要「晨浴」,以將汙穢擦去。他們越發傾向於毀滅自己,而不是別人。

有人甚至把自殺當成最後的爭辯手段,只是為了自己能獲勝;這種情況在封建時代和現代都有,但是已經有了一些變化。有一個著名的故事是發生在德川時代的,說的是幕府中有一位老太師身居高位。他在所有幕僚和將軍的欽差大臣面前將衣服脫掉,舉刀就要剖腹自盡。這一自殺的威脅成功了,他選擇的候選人確定無疑地繼承了將軍的職位。他的計謀得逞了,但是他並沒有自殺。在西方人看來,這位太師是在威脅反對派。

在現代的日本,這種表達抗議的自殺並非談判行為,而是殉道行為。在一個人遭遇失敗之後,或者對某項已經簽署的契約——比如海軍裁軍條約表示反對,以讓自己青史留名,他就會採取這樣的行為。之所以要有這樣的表演,是因為只有真正

實施自殺行為才可以影響輿論,而非僅僅以此相威脅。

當一個人對自己名聲的情義受到威脅時,這種打擊自己的傾向會越來越明顯,卻沒必要採取像自殺這樣極端的行為。指向自我內心的攻擊,只會帶來憂鬱和倦怠,日本人接受過教育的人群中,普遍都有厭倦心態。這種心態之所以廣泛地影響這一特殊階層,有很多社會的原因,比如知識分子太多,而且在階層制中沒有穩固的地位。只有一小部分可以實現自己的雄心。1930年代的情形也是這樣,知識分子更加脆弱,因為當局擔心他們產生「危險思想」,所以要監控他們。

日本知識分子往往抱怨西方化所引起的混亂,用這個來作為挫折感的原因,但是這種解釋並不能站得住腳。左右搖擺是日本人的典型心態,從強烈的奉獻搖擺到同樣強烈的厭倦。不少知識分子都承受過心理崩潰,而這對日本人來說,正是一種傳統現象。1930年代中期的時候,他們中有很多人以傳統方式擺脫過這種心態:擁抱民族主義目標,再把攻擊的矛頭從自己的胸口,轉向攻擊外國。在針對外國的極權主義侵略中,他們可以重新「找到自我」。他們挽救自己於糟糕的心態,感到內心迸發出一股新的偉大力量。他們不能在同胞交往中這樣做;不過他們確信,作為侵略國,他們可以這麼做。

戰爭的結果已經表明,他們這種信心是錯誤的,於是倦怠情緒再一次成為日本嚴重的心理威脅。無論他們懷著怎樣的意向,都無法輕易地對付這種威脅,它已經根深蒂固了。「再也沒

第八章　洗清名聲

有轟炸了，」一名東京的日本人說，「解脫了，真好。然而，我們再也不打仗，目標也就沒了。大家都非常茫然，不怎麼關心自己的所作所為。我就是這樣的，我妻子也是一樣，和醫院裡的病人很像。我們大家做什麼都是慢騰騰的，覺得迷茫。人們抱怨負責戰後清理和提供救濟的政府動作太慢，我卻覺得，根本的原因還是所有政府官員和我們一樣，也是感覺懶洋洋的。」

這種無精打采的樣子，對於日本來說是危險的，解放後的法國也有過。對於投降後 6～8 個月的德國來說，這不是一個問題。對日本來說，它是個問題。美國人對這一反應可以充分地理解，然而在我們看來，日本人對征服者這樣的友好，卻有些令人難以置信。形勢幾乎立刻就明朗了，他們以極其友善的態度，接受了戰敗的事實及其後果。他們微笑、鞠躬著歡迎美國人，揮手、歡呼著向美國人致意，既沒有快快不樂，也沒有怒氣沖沖。

就像天皇的投降詔書裡說的，他們已經「忍所難忍」。那麼，他們為什麼不將家園建設得秩序井然？在被占領的條件下，他們有機會這樣做。外國軍隊沒有將他們一個個村子都占領，行政管理事務依然由他們自己掌握。整個國家彷彿都在微笑並揮手致意，而不是處理各式各樣的事務。但是，還是這個國家，在明治時代早期創造了復興的奇蹟，在 1930 年代，準備好了要進行軍事征服；他們的士兵曾經在太平洋的一個個島嶼上，捨身忘死地戰鬥。

事實上，這就是日本人，他們用自己的方式給出回應。他們的情緒在高強度的努力，和純粹消磨時間的懈怠中間搖擺不定，而這對他們來說是自然的。現在，日本人主要意識到，要在戰敗的情況下保護自己的名聲，他們感到可以透過友好的表示做到這一點。作為一種推論的結果，許多日本人覺得，依賴美國就可以最安全地實現這一點。他們相當容易走到這一步，也就是覺得努力會引起猜疑，還不如消磨時間。於是，懈怠的情緒蔓延開來。

　　只是日本人並不喜歡倦怠。在日本，為了更加美好的生活，他們總在呼籲「喚醒自己，擺脫倦怠」，「喚醒別人，擺脫倦怠」。就算是在戰爭期間，這句話也經常出現在播音員的嘴裡。西元1946年春天，他們的報紙連續討論一個於日本榮耀有損的汙點，就是「全世界的眼睛都看著我們」，而轟炸的廢墟還沒有清理，某些公共設施還沒有啟用。他們抱怨無家可歸之人的倦怠，那些人全家都會在火車站睡覺過夜。美國人曾經看過他們的慘狀。日本人清楚這些呼籲對他們的名譽有益。他們也想著日本作為一個國家，將來可以透過最大的努力，在聯合國組織中得到一個受人尊重的位置。這將是再一次為榮譽而戰，不過這次是新的方向。將來，大國如果可以和平共處，那麼，日本就可以走上自重之路。

　　在日本，持之以恆的目標是榮譽，受人尊重是必不可少的。為了實現這一目的，日本人所採取的手段，都是拿得起、放得

第八章　洗清名聲

下的,這取決於周遭的環境。一旦形勢有變,日本人就會調整方向,將自己調整到新的軌道上。西方人認為,多變關係到道德問題,而日本人卻不這麼想。我們奉守著「原則」,奉守著意識形態上的信念。我們失敗的時候,心態不會有什麼變化。被打敗的歐洲人會到處三五成群地從事地下活動。日本人則認為,沒有必要組織針對美國占領軍的抵抗運動和地下運動,一些死硬分子除外。他們覺得,在道義上不必堅守舊的路線。

剛占領日本的幾個月,美國人就坐著像沙丁魚罐頭似的、擁擠不堪的火車,去了日本的窮鄉僻壤。單槍匹馬也十分安全,他們還受到了曾是國家主義者的官員禮節性招待。沒有發生什麼報復行為。當我們的吉普車穿過村莊時,孩子們會排成隊在路邊高呼「你們好」、「再見」。若是太小而不能自己向美國士兵揮手的孩子,那麼他的母親就會在這方面提供幫助。

日本人在戰敗後判若兩人,美國人無法理解其表面價值。這完全不是我們所可以做到的。我們拘留營裡的日本戰俘們,其態度也大有變化,不過這一點讓我們覺得更無法理解。戰俘們認為自己對於日本來說已經死了,我們真的不清楚「死人」還能有什麼用。

極少數對日本比較了解的西方人曾經預言,在日本戰敗之後,戰俘們可能會再次出現,他們在前線所表現出來的典型變化。大部分人相信,日本人「只知勝敗」,戰敗在他們眼中是一種恥辱,要用不顧一切的、持續不斷的暴力進行報復。有人相

信,日本的國民性格不允許他們接受任何和平條款。這樣的學者是不了解日本人的「情義」的。日本人在各式各樣可以選擇的、可以讓人享有好名聲的做法中,唯獨挑選出來的,就是復仇和侵略,那是十分明顯的傳統伎倆。他們還不承認日本人習慣採取另一種行動方針。他們把日本人的侵略倫理,和歐洲的思考方式弄混了,按照後者來說,每一個參與戰鬥的個人或國家,首先得相信他們所從事的戰爭,具有永遠的正義性,他們汲取力量的泉源,便是憎恨和義憤。

日本人尋找侵略的依據,依靠的是別的方式,他們強烈需要得到世界的尊重。他們清楚,大國都是憑藉軍事力量贏得尊重的,所以他們走上了一條要和大國平起平坐的道路。由於他們資源匱乏,技術還極為原始,因此不得不表現得比希律(Herod the Great)還殘暴。他們付出的努力極大,最終卻失敗了;這表明侵略畢竟不是通向榮耀的正路。情義往往帶有兩方面的含義,一方面意味著使用侵略的手段,另一方面則意味著需要遵守相互敬重的關係;到了戰敗的時候,日本人就會從這一面轉向另一面。他們顯然根本沒有意識到,這樣做對自己的心理壓力。他們的目標還是他們的名譽。

日本在它的歷史上,在其他的場合也曾經採取過這類行為方式,西方人總會為此感到迷惑。日本閉關鎖國的封建歷史十分漫長;到了西元 1862 年,很難說新的歷史帷幕已經升起。當時,一個名叫理查德的英國人在薩摩被殺害。(應該是橫濱市的

第八章　洗清名聲

生麥村,當時薩摩藩士兵列隊經過生麥村時,理查德想橫穿佇列而被殺。)薩摩藩是煽動擔憂白種野蠻人威脅的一方熱土,在整個日本,薩摩武士都以傲慢和好戰而聞名。英國派了一支懲罰薩摩藩的遠征軍,炮轟了鹿兒島,這是薩摩藩的重要港口。

日本人在整個德川時代一直在製造火器,然而那些火器不過是葡萄牙老式槍枝的仿製品。鹿兒島當然不是英國戰艦的對手。不過轟炸卻有了一個出人意料的結果。薩摩人並沒有發誓要永遠與英國不共戴天,反倒是表示了友好。看到對手的強大後,他們想方設法要學習對方。他們和英國人建立了貿易關係,第二年還建立一所學院,就像一個當代日本人所描述的,「那所學院裡教的是西方學術的奧義……雙方的友誼由生麥事件引發,繼而發展了下去」。(諾曼:《日本近代國家的誕生》,第44～45頁及注釋第85條)。生麥事件指的就是英國軍隊針對薩摩藩的懲罰性遠征,和轟炸鹿兒島港口。

這並非一個孤立的案例。長州藩可以和薩摩藩並稱,也是在好戰、恨外國人兩點上特別突出。這兩個藩都是帶頭煽動「天皇復辟」的。沒什麼實權的天皇曾經頒布一道詔書,要求將軍在西元1863年5月11日之前,將所有夷狄都從日本國土趕出去。但是德川幕府根本沒有理睬這道諭令,而長州藩卻執行了,從它的各個堡壘朝著正在駛離岸灘、通過下關海峽的西方商船開火。日本人那過於原始的槍枝彈藥,根本無法對商船構成傷害。一隊西方戰艦為了給長州藩一個教訓,很快就摧毀了他們的堡壘。

這次轟炸之後,即使西方列強要求日本人賠償300萬美元,最終的結果卻和薩摩藩的一樣奇怪。就像諾曼關於薩摩藩事件和長州藩事件所說的:「這些領導排外的藩,來了一個180度的轉變,不管這樣的轉變後面的動機多麼複雜,這一行動本身就表明了,他們的現實主義和鎮定心態,我們對此只能表示敬意。」(諾曼:《日本近代國家的誕生》,第45頁)

這種隨機應變的現實主義,就是日本人對自己名聲的情義的光明一面。就像月亮,情義有其光明的一面,也有其陰暗的一面。正是因為陰暗的這一面,日本人視美國排外法案和英國海軍裁軍條約等等,為全體日本國民的奇恥大辱,並為此制定了毀滅性的戰爭計畫。正是因其光明的一面,日本人的友好意願才會讓他們在西元1945年,接受投降的結果,這還是他們的國民性在發揮作用。

現代日本作家以及政治評論家們,從情義的各項義務中挑選了一批給西方讀者看,將其稱為「武士道」的崇拜,從字面上理解就是「武士之道」。這其實是一種誤導,這麼說的原因有以下幾個。在日本,「迫於情義」、「只是出於情義」和「為情義而竭盡全力」等等說法,都有深刻的民間感情背景作為基礎,而武士道是一個現代的正式名稱,因此並不具備那樣的感情背景基礎,也無法涵蓋情義的複雜和多義。這不過是評論家一時的靈感產物。另外,它還成為民族主義分子和軍國主義分子的一個標語。因為倡導者的信譽打了折扣,所以這個概念也遭到了質疑。

第八章　洗清名聲

　　這絕對不代表著，日本人從此將不再「懂得情義」。西方人應該弄清楚日本的「情義」意味著什麼，這一點比以往任何時候都重要。把武士道和武士劃等號，也是這種誤解產生的原因之一。在所有階層的人眼中，情義都是一種美德。與其他所有的義務和準則一樣，一個日本人在社會上爬得越高，他所要負擔的情義也就越重，不過社會任何一個層面都需要講情義。至少在日本人看來，武士要承擔著更重的情義。外國觀察者可能會覺得，「情義」對普通人的要求最高，因為，他看到了他們所相應得到的報酬比較少。對日本人來說，在自己所處的社會中得到了尊重，那就是足夠多的報酬了；「不懂情義的人」始終是「可憐蟲」，會為同伴們的所奚落和排斥。

第九章
人之常情

　　日本的倫理準則要求，極端地回報義務以及強烈的自制精神，這彷彿堅決將打上了個人烙印的欲望視為罪孽，要從人的心胸裡徹底地清除。這是佛教的經典教義，所以，日本人的準則對感官的享樂非常寬容，這一點讓人更為驚訝。儘管實際上日本是世界上最大的佛教國家之一，但是僅就這一點而言，日本人的倫理和佛陀以及佛教聖典的訓誡對比十分鮮明。日本人並不會譴責自我滿足的行為，他們並非清教徒，在他們看來，感官快樂是有益的，所以值得培養。他們重視享樂，所以尋歡作樂。只是享樂有一定的限制，不得對人生的要務造成影響。

　　這樣一種準則帶來的，是生活高度緊張。印度人發現，他們比美國人更容易看到日本人接受感官享樂的結果。美國人不會相信享樂還需要學，他們可能會拒絕沉溺於感官享樂，但是他拒絕的是一種已知的誘惑。不過，就和義務一樣，享樂也是需要學習的。在許多文化中，享樂本身並不是教出來的，所以人們會變得極易將自己獻給自我犧牲的義務。

　　就算是男女之間的肉體吸引力，有的時候也會被削弱到最

第九章　人之常情

低程度,直到它幾乎不會對平穩的家庭生活構成威脅。在這樣的國家裡,那種吸引力往往夾雜著其他考慮。日本人因為培養感官快樂,而讓生活變得艱辛,所以他們訂立了一條準則,禁止感官享樂成為一種嚴肅的生活方式,禁止沉溺其中。肉體快樂被他們當成精緻的藝術進行培養;所以,他們盡情享受完了就會去為義務獻身。

洗熱水澡是日本人最喜歡的一種肉體方面的小小享樂。最窮的農民、最卑微的僕人和那些有錢有勢的貴族,在這項享樂上一樣,每天泡個熱水澡,已經成為他們日常生活的一部分。最通用的浴具是木桶,下面有炭火燃燒,好保持著華氏110度甚至更高的水溫。在進入木桶之前,先要洗乾淨全身,然後就開始忘我地享受,泡澡帶來的放鬆與溫暖。他們曲起膝蓋坐在浴桶裡,彷彿是個胎兒,水一直漫到下巴。他們十分看重這個每天進行的洗澡習慣,和美國人一樣,這也是為了保持清潔。不過在這一意義之外,還有一種消極沉迷的、精細藝術的況味,這一點在世界其他地方的洗澡習慣中是罕有的。他們還說,年齡越大,這種況味越濃。

他們想出種種辦法來盡量降低洗澡的成本和麻煩,但是,洗澡是必須的。鄉鎮和城市都有大型公共浴場,就像游泳池一樣,人們都可以去泡澡,還能在水中偶遇到自己的鄰居。在鄉村,幾名婦女會輪流在場院裡準備洗澡水——她們在洗澡時並不會避開眾目,這和日本人的羞怯沒有關係——幾家人會輪流

用同一桶水洗澡。包括富貴人家在內的任何一個家庭，都是按照嚴格的先後順序來使用家庭浴桶：客人、祖父、父親、大兒子……以此類推，最後是家裡地位最低的僕人。從浴桶裡出來的他們，身體紅得像龍蝦；然後一家人坐在一起，享受晚飯前一天裡最放鬆的時光。

就像熱水澡是一件極其讓人受用的樂事，傳統上的「磨礪自己」，也包括最出格的沖涼水浴習俗。這一習俗通常被稱為「冬鍊」或者「冷水苦行」，現在還有這麼做的，不過，形式上已經和老傳統不一樣了。老傳統裡人們需要天亮前就出門，坐在冰冷的山泉瀑布之下。在冬天的夜裡，房子裡沒有暖氣，用冰水將自己澆個透，甚至這樣的行為，都不是輕而易舉可以完成的苦行。

珀西瓦爾・洛威爾對這種習俗這樣說，它在 1890 年代還有的。想得到治療或預言的特殊能力之人──那時還沒有成為祭司──要在上床睡覺前進行一次「冷水苦行」，凌晨兩點鐘的時候，起來再來一次，因為那是「眾神都在洗澡」的時刻。白天他們則要一日三洗，分別在早上、中午和夜幕降臨時。（珀西瓦爾・洛威爾[15]：《日本的神祕學》(Occult Japan, or the Way of the Gods)，西元 1894 年，第 106 ～ 121 頁）。

---

[15] 珀西瓦爾・洛威爾（Percival Lowell，西元 1855 ～ 1916 年），美國天文學家、商人、作家與數學家。洛威爾曾經將火星上的溝槽描述成運河，並且在美國亞利桑那州的弗拉格斯塔夫建立了洛威爾天文臺，最終促使冥王星在他去世 14 年後被人們發現。

第九章　人之常情

　　這種清晨苦行，在那些認真學習樂器演奏或準備從事某項長期工作的人們中尤為流行。一個人可能會把自己暴露在嚴寒中，就是為了磨礪自己；這種苦行被認為對練習書法的孩子尤其有效，以至於練習完了，他們的手指都被凍僵了，還長了凍瘡。現代小學裡是沒有暖氣的，人們將其視為一大好處，能夠磨礪孩子們，以應對未來生活中的種種磨難。而日本孩子們不斷受涼、流鼻涕，日本習俗對此卻根本不予避免，這一點給西方人留下了更深的印象。

　　日本人沉迷於其中的另一種喜好是睡覺，這是他們最熟練的技藝之一。他們睡覺時徹底放鬆，姿態五花八門，甚至可以在很多我們覺得不可能睡著的情境下睡著。不少研究日本的西方學者為此感到驚訝。美國人基本將失眠視為心理緊張的同義詞，而按照我們的標準，日本人的心理應當是高度緊張的。然而他們可以將沉睡當作兒戲。他們上床睡覺的時間相當早，我們很難再找到睡得那麼早的一個國家了。村民們夜幕剛剛降臨時，就全都入睡了，不過這並不是說他們在遵循我們的格言，為第二天積蓄能量，因為他們並沒有那麼算計過。

　　一位對日本人有深層了解的西方人士寫道：「一個人去日本時，必須不再相信今晚的睡覺休息，是為明天的工作做準備，而是一種義務需要承擔。他一定要將睡眠和體力恢復、休息以及消遣等問題分開。」就像某項工作提議，睡眠「是獨立的，跟生與死的任何已知因素都無關」(沃生・佩特理：《日本的未來》，

西元 1907 年)。美國人的習慣是將睡眠視為用來保持體力的事情。我們中的大多數人早上起來時，第一個念頭都是：我昨晚睡了幾個小時。睡眠的長度會告訴我們，當天將擁有多少能量和怎樣的效率。然而日本人睡覺是出於別的原因。他們喜歡睡覺，如果沒有人阻礙的話，一定會樂滋滋地去睡覺。

基於同樣的原因，他們也可以毫不留情地將睡眠犧牲。那些準備考試的學生，會夜以繼日地複習功課，睡眠實際上對他的考試是有利的，然而不管你怎麼說，他都不聽。在軍事訓練中，他們常常為了訓練而犧牲睡眠時間。從西元 1934 至 1935 年，在日本軍隊工作的哈羅德・杜德上校，記錄了與手島大尉的一次談話：在和平時期的演習中，「常常三天兩夜連續行軍，根本沒有時間睡覺，除了抓住 10 分鐘的休息時間就地打個盹。士兵有時會邊走邊睡。其中一位睡得太沉的少尉，直接撞進了一堆路旁的木料，讓大家笑了好一陣子」。終於到達了營地，卻還是不能睡覺，因為他們全都被派出去站崗放哨了。我問：「為什麼不能讓其中一部分士兵去睡覺？」「哦，不可以！」他說，「沒有這個必要，他們已經知道怎樣睡覺，他們需要的是訓練怎樣保持清醒。」這句話可以說概括了日本人的睡眠觀。

吃飯，就和取暖和睡覺一樣，既是一種享受快樂、自由自在的放鬆狀態，也是一種可以用來磨礪人的訓練。作為一種休閒的儀式，日本人沉迷在各式各樣、無窮無盡的飯局之中，一湯勺菜餚端上來，也是需要花費一定的時間，菜餚的色和味都

第九章　人之常情

可以是讚美的對象。然而，在別的方面，被強調的是訓練。「快吃快拉被弄成了日本人的最高品德之一。」（愛克斯坦：《日本在和平時期滋養戰爭》，西元1943年，第153頁）。

愛克斯坦引用了一位日本村民的話，「吃飯可不是什麼人生要務……不過是維持生命的需求，所以要盡可能縮短吃飯的時間。孩子，特別是男孩子，要盡可能快地吃飯，不能像歐洲人似的要求他們慢慢地吃。」（野原駒吉：《日本的真面目》，倫敦，西元1936年·第140頁）。僧侶們接受過佛教寺院的訓練，在吃飯前都要明白，飯不過是一種藥。意思就是，那些磨礪自己的人不應該將吃飯當成一件樂事，它僅僅是一件必須做的事而已。

按照日本人的觀念，強行剝奪一個人吃飯的權利，是一種非常好的考驗，能夠測試一個人受到了怎樣的「磨礪」。和放棄溫暖和睡眠一樣，不吃飯也是一個宣稱自己可以「扛得住」的機會，比如武士「咬著一根牙籤」。如果一個沒有吃飯的人去接受這一考驗，那麼他的力量就會因為精神的勝利而得到提升，並不會因為熱量和維生素的缺乏而降低。在美國人看來，營養和體力的關係是一一對應的，可是日本人並不承認這一點。所以，戰爭期間的人們才會在防空洞裡聽到東京電臺說：體操會讓飢餓的人強壯有力。

日本人所營造的另一種「人之常情」，是浪漫的愛情，這在日本全然是家常便飯，無論它跟他們的婚姻形式和家庭義務有

多麼矛盾。日本小說中有不少浪漫的愛情,而且和法國文學的情形類似,主角全都是已婚者。雙雙殉情是人們最喜歡閱讀、討論的話題。10世紀(應該是11世紀)的《源氏物語》,是一部主題為浪漫愛情的長篇小說,論精細程度,不比世界上任何一個國家的任何一部小說差,封建時代大名和武士的愛情故事,同樣屬於這類浪漫題材。這是當代日本小說的主要主題,和中國文學的區別很大。中國人總是輕描淡寫地帶過浪漫愛情和感官快樂,因此省去了許多煩惱,從而讓他們的家庭生活最終具有十分平穩的特徵。

當然,在這方面和中國人相比,美國人還是對日本人了解更多,不過這種了解能發揮的作用不大。我們在感官快樂上禁忌太多,日本人則沒有。日本人認為,跟任何別的「人之常情」一樣,在人生的次要位置上,「性」好得不能再好。「人之常情」是沒有邪惡的,所以,用不著道德約束性的快樂。日本人還評論這樣一個事實,就是日本人所珍愛的一些畫冊,在美國人和英國人看來是色情讀物,看到吉原——藝伎和妓女集中的地方——則認為非常可怕。甚至在剛接觸西方的時候,日本人就對這種外國人的評論十分敏感,曾透過立法來規範他們的實踐活動,好更能符合西方標準。然而,無論什麼法律規定,都不能讓文化天塹變成通途。

那些接受過教育的日本人完全清楚:英國人和美國人覺得不道德的淫穢之地,他們覺得沒有問題;不過他們沒意識到的

第九章　人之常情

是，在我們的習慣態度與他們的信條（「人之常情」不應該侵犯人生的要務）之間，存在深刻的分歧。我們無法理解日本人對愛情和色情的態度，原因之一就是那種分歧。他們將屬於妻子的範圍與屬於色情的範圍分隔開來，這兩個範圍都是眾所周知的，也都是正大光明的；不像在美國人的生活中，兩者也是分開的，但前者是能夠向公眾坦承的，後者卻是需要偷偷摸摸的。兩者之所以無法連繫，原因是前者是一個人主要的義務圈之一，而後者不過是次要的消遣範圍。

這是在標出每個範圍的「合適位置」來，再將家庭中的模範父親和市井中的浪蕩男子徹底分開。我們美國人樹立了將愛情和婚姻合而為一的理想，日本人卻從來都不這麼做。我們不吝讚美愛情，就是因為它是我們選擇配偶的基礎。「相愛」被視為我們最推崇的婚姻理由。已婚的丈夫用肉體吸引別的女人，這是在侮辱他的妻子，因為他將本來屬於妻子的東西放到了別的地方。

日本人的看法則完全不同。年輕人在選擇配偶時，要聽從父母的決定，盲目地結婚。在和妻子的關係上，他一定要遵守禮節規矩，甚至孩子們在互諒互讓的家庭生活中，也不會看到父母之間交換性愛的表示。「婚姻的真正目的，」一個當代日本人在某家刊物上說得好，「在這個國家被認為是生兒育女，從而確保香火能夠延續下去。任何其他目的所發揮的作用，一定都弄錯了婚姻的真正含義。」

然而，這並非意味著：日本人將自己限定在如此婚姻生活裡，就擁有了美德。倘若錢足夠多，他可以養情人。他不會帶這個迷戀的女人回家，成為家庭的新成員。這一點和中國形成鮮明的對比。如果他這樣做了，勢必就是混淆了生活中本來應該涇渭分明的範疇。那女人可能是一位在音樂、舞蹈、按摩，或者別的娛樂技藝方面修養很高的藝伎，也可能是一個妓女。男人會和妓院簽署一份契約，當中包含了規定她是被僱傭的，這能夠保護她不至於被隨意拋棄，還可以確保她能得到一筆經濟回報。

她會被男人安置在一處屬於她自己的住處。當她生下了孩子，而男人又同意將這孩子和自己的其他孩子一起撫養時，才會帶女人回家，從此她就成了女僕，而非小妾，這種情況是一種例外，非常地罕見。這孩子會叫男人的原配「媽」，他和親媽的關係不會得到承認。東方的一夫多妻制，顯然就是中國的那種傳統婚姻模式，但日本根本不是這樣的模式。甚至日本人在空間上，也將家庭義務和「人之常情」分開。

能有錢蓄養情婦的只有上層人物，大部分人只能時不時光顧藝伎或妓女，從來都不用掩飾。妻子可能會幫助丈夫穿衣服，為當夜的消遣做準備。丈夫所光顧的妓院，可能會將帳單送到妻子手上，妻子也覺得這筆錢應當付。她也可能不開心，可是那是她自己的事。找藝伎的花銷比妓女多多了，不過男人買下的這一夜特權裡面，並沒有性交易的權利，他所收穫的是被款待的快樂。

第九章　人之常情

　　曾經受過專門訓練的藝伎衣著美麗、舉止得體。男人為了接近某個藝伎，需要成為她的供養人，還需要簽契約。契約規定那個藝伎會成為他的情婦，要不他就得純靠自己的魅力去勾引她，讓她心甘情願地為自己獻身。不過跟藝伎度過一夜，也可能會發生性關係。藝伎們的舞蹈、唱歌、應答等等姿勢，都有性暗示的意味，都是經過精心的算計，她們所表現的一切，都是上流社會的夫人們所不具備的。她們讓男人進入「人之常情的世界」，擺脫那個「孝的世界」。男人們沒有不讓自己沉迷的理由，不過這兩個世界是分開的。

　　妓女住在有執照的妓院裡面。跟藝伎一夜消磨之後，男人願意的話可以去找妓女。找妓女的費用較少，錢不多的男人需要用這種消遣方式滿足自己，並放棄對藝伎的垂涎。妓院外展示著妓女們的相片，男人們通常要在大庭廣眾下，花很長的時間來研究那些相片，最終作出選擇。妓女們的地位低微，和藝伎處在這一行業的頂端無法相比。大部分妓女是窮人家的孩子，家裡迫於經濟壓力，將她們賣進妓院，所以她們不像藝伎那樣，學習過娛樂顧客地技藝。早年的時候，妓女們常常坐在大庭廣眾下，將她們那沒有表情的面孔展示給顧客，由顧客們挑選的是活生生的人體商品。後來，日本人意識到西方人不贊成這一習俗，就廢止了，於是她們本人換成了相片。

　　男人選中某個妓女可以和妓院簽訂契約，這樣就成為她獨一無二的供養人，並把她作為自己的情婦養起來，她則受到契

約條款的保護。但是，男人也可能在沒簽署契約的情況下，將某個女僕或售貨員變成情婦，這些「自願的情婦」是最沒有保障的，她們極有可能是愛上了嫖客，然而她們處在一切公認的義務範圍之外。我們有的故事和詩篇描寫這樣的故事：某個年紀輕輕的女孩膝上抱著孩子，卻被情人拋棄了；日本人讀了以後，會將這樣帶著私生子的母親，和「自願的情婦」劃等號。

傳統的「人之常情」還包括沉迷於同性戀遊戲。在古代的日本，諸如武士和僧侶等地位很高的人，也認可這種享樂。在明治時代，日本政府為了贏得西方人的讚賞，宣布許多習俗為非法，包括同性戀會受到法律的懲處。但是，它還是屬於「人之常情」，教訓它的態度並不恰當。一定要將它限定在恰當的位置，不能妨礙家庭事務。

所以，即使男人也可以選擇去當職業男妓，但就像西方人說的，我們基本不必考慮會出現男人或女人「變成」同性戀的危險。在美國的話，成年人可能是被動的同性戀，日本人對此尤其震驚。日本成年人會尋覓青年人作為同性戀夥伴，因為成年人覺得被動的角色於他們的尊嚴有損。日本人劃出了他們自己的界線，比如一個人可以做什麼來保持自重，不過那些界線跟我們所劃定的不一樣。

對於自取其樂的色情行為，日本人也不會採取教訓的態度。再沒有哪個民族會像日本人那樣，隨身帶著如此之多的自取其樂工具，那些工具本來是眾所周知的，只是現在日本人也試著

第九章　人之常情

在一定程度上，消除它們的公開性，以防外國人的非議。然而他們自己並沒有覺得，那些東西是邪惡的器具。西方人強烈反對手淫，大多數歐洲人的反對態度比美國人還要強烈。

在我們長大成人之前，這種態度已經在我們的意識之中深深地扎根了。男孩子會在私下接到警告，手淫會讓人發瘋，或者讓人變成禿子。在他還是嬰孩時，母親就看護著他，視這件事是一件大事，會因此體罰孩子，比如綁住他的手；或者對他說上帝會懲罰他。日本的嬰孩和兒童都沒有這樣的經歷，所以長大之後的他們，態度不可能和我們相同。自淫是一種快樂，他們壓根不會為此而覺得愧疚。他們覺得，在合乎禮儀的生活中，只要將它放在次要的位置，就可以充分地控制它。

酗酒是另一種得到許可的「人之常情」。我們一部分美國人發誓要戒酒，在日本人眼中，這是西方人的一種奇思怪想。因此，我們興致勃勃地想透過投票，將自己家所在的地區變成無酒區，他們也是同樣的看法。心理正常的人不會拒絕喝清酒這樣一樁樂事。不過，飲酒只是一種消遣，屬於相對次要一些的事情，只要是有正常心智的人，便不會沉迷於此。

按照他們的思考方式，日本人不擔心自己「變成」酒鬼，就像他們不擔心自己成為同性戀。實際上在日本，禁止不了的酗酒行為並非一個社會問題。喝酒是一種快樂的消遣，要是一個人喝得爛醉如泥，並不會遭到家庭和公眾的嫌惡。他不會行凶，因此誰也不會認為他會毆打自己的孩子。狂歡、大喊大叫

是家常便飯；日本人對儀態和姿態的規定十分嚴格，喝酒時則可以徹底放鬆。在城市裡的清酒聚會上，大家甚至都喜歡坐在別人的腿上。

日本人的喝酒和吃飯，按照慣例是完全分開的。鄉村聚會都會上清酒；一個人只要吃米飯，就意味著不會喝酒了。他已經進入另一個「圈」了，這兩者是分開的。在家裡吃完飯後，日本人若是想喝點酒，不會同時又吃又喝，他會輪流享受這兩種樂趣。

日本人這些關於「人之常情」的觀念，帶來了一些重要的影響。關於肉體與精神這兩種力量的西方哲學，其基礎被挖沒了。在我們每個人的生活中，這兩種力量始終在為孰占上風而爭個不休。在日本的哲學觀念裡，肉體無惡，享受可能的肉體快樂也是無罪的。精神和肉體並非宇宙中相互對立的兩種力量。日本人從這一信條中，推演出這樣一條邏輯的結論：世界並非善惡鬥爭的戰場。

約翰・桑塞姆爵士這樣寫道：「縱觀歷史，日本人彷彿在某種程度上，始終缺乏洞悉『惡』這個問題的能力，要麼就是他們不願抓住這個問題。」事實上，日本人始終拒絕將惡的問題，視為一種人生觀。他們相信，每個人有兩個靈魂，不過並非相互鬥爭的善的衝動與惡的衝動，而是「粗暴」的靈魂和「溫和」的靈魂。在每個人的生活中、每個國家的事務中，都是既有「粗暴」的時候，也有「溫和」的時候，並非注定一個靈魂要上天堂，另

第九章 人之常情

一個要入地獄。如果換一種情形,兩者都是必須的、善良的。

同樣,甚至日本人的神祇顯然也是善惡兼具的。素盞嗚尊是他們最普遍的神,他是一位「迅速的男神」,是天照大神的弟弟。素盞嗚尊動不動就對姊姊發怒,在西方神話中,他會被視為一個惡魔。姊姊懷疑弟弟來找她的動機,所以想要把素盞嗚尊從自己的房間裡扔出去。當時她和信徒們正在餐廳中進行嘗新祭的儀式,素盞嗚尊十分放肆地當眾拉大便,還毀掉了稻田的田埂——這是極為可怕的冒犯。

他最大的冒犯,是在姊姊的房頂上挖了個洞,將一匹被他倒著剝掉皮的花斑馬,從洞口扔了進去——西方人對這一點最為迷惑。犯下了種種暴行的素盞嗚尊受到眾神的審判,並被嚴重地處罰,從天堂貶到了黑暗王國。然而他還是日本眾神中一位受人愛戴的神祇,適時接受人們的崇拜。在全世界的神話中,這樣的神是普遍存在的。可是在更高的宗教倫理中就不一樣了,他們這樣的神是被排斥的;因為善惡之間存在普遍的衝突,而這種衝突的哲學,會更加適意地把相互分開的超自然事物,分成不同的兩個種群,也就是黑與白。

日本人不認為美德有與邪惡鬥爭的含義,他們對此極為清楚。幾個世紀以來,日本的哲學家和宗教大師,始終在說這樣的倫理規則不適合日本。他們大聲宣稱,這恰恰是他們民族道德上優越性的明證。他們認為,中國人被迫確立一種道德規則,「仁」被那種規則提升為絕對的標準,「仁」指的是正當而仁慈的

行為。應用這一標準，可以發現任何人、任何行為的缺陷。

「有些民族的人天性比較低劣，需要人為地加以限制，因此確立道德規則是有益的。」18 世紀偉大的思想家本居宣長，以及現代佛教大師和國家主義領袖，都寫過、說過這樣的話。他們說日本人天性善良，所以值得信賴，不需要跟惡的一半鬥爭，只需要清潔靈魂的窗戶，在各類場合舉止得體就可以。如果它由著自己變「髒」，去除雜質也極為容易，人的善良本性將會再次發光。佛教哲學訓誡說，任何一個人都是潛在的佛，美德的規則並不在神聖的經籍裡，而在他自己被照亮的純潔靈魂內，所揭露出來的東西裡。

為什麼不相信他在靈魂中發現的東西？人類靈魂本來是沒有任何惡的。他們日本人並沒有高聲唱著這樣讚美詩的神學：「看啊，我是不公平的產物，母親懷我的時候就有罪。」他們沒有教授關於人類墮落的教義。「人之常情」是人類不應該譴責的幸事，無論哲學家還是農民都不會予以譴責。

美國人會覺得這樣的教義，好像會導致自我沉迷和放縱的哲學。但是，就像我們所看到的，日本人為人生最高的任務，下了這樣的定義：圓滿完成自己的各項義務。報恩意味著犧牲個人的欲望和享樂──日本人完全接受這樣的事實。追求幸福是人生嚴肅的目標──對他們而言，這樣的想法是奇怪且不道德的。幸福就是放鬆，一個人能放鬆時就要盡量放鬆；然而，把它神化為某種用來評判國家和家庭的東西，則有些不可思議。

第九章　人之常情

　　日本人總要努力地履行「忠」、「孝」和「情義」的義務，這讓他感到非常痛苦，他們完全可以預料到這一事實。這讓他們生活艱難，不過他們情願這麼做。他們往往放棄那些他們覺得毫不邪惡的享樂，那需要非常強的意志力。而強大的意志力，是日本人最為歆羨的美德。

　　日本的小說和戲劇中，也有和日本人這一立場一致的地方，那就是幾乎沒有「圓滿的結局」。美國的觀眾渴望的是問題得到解決，他們相信，主角從那之後將過上幸福的生活，善有善報才是他們想要知道的。如果戲劇落幕時他們哭了，那必然是因為主角的性格存在缺陷，或者成了某種糟糕社會秩序的犧牲品。然而觀眾還是更願意看到主角有一個幸福的結局。日本的觀眾會坐在劇院裡，看著男主角結局悲慘，可愛的女主角被殺，因為他們阻擋不了命運之輪的旋轉。大家全哭成了淚人。日本人這晚的娛樂情緒，因為這樣的情節而達到最高點，這也是人們想要在劇院看到的。

　　甚至現代日本電影有不少主題，都是男女主角受苦受難：他們深愛著對方，卻又不得不放棄；或者他們高高興興地結了婚，但丈夫或妻子為了正確地履行義務，最終選擇了自殺；妻子為了挽救丈夫的職業生涯，鼓勵他培養作為演員應有的才能，獻出了自己的一切，到了丈夫獲得成功的前夕，為了讓他自由地走向新生活，妻子隱身在偌大的城市當中，最後，在丈夫取得偉大勝利的日子，妻子死於貧困，卻又毫無怨言。不需要有

幸福的結局，只要憐憫、同情自我犧牲的男女主角就可以了。他們所受的苦難，並非上帝加在他們頭上的裁決，這表明他們不惜任何代價，盡到了自己的義務，他們不允許任何事情——包括拋棄、疾病或者死亡——讓自己偏離了正道。

現代的日本電影同樣也遵循這一傳統。那些總看這類電影的美國人說，他們沒看過比那更好的和平主義宣傳了。這是典型的美國人的反應，因為這些電影關注的，只有戰爭中的犧牲和苦難，不包括閱兵和樂隊，也沒有驕傲地炫耀艦隊演習以及大炮。無論他們的主題是「日俄戰爭」還是「中國事件」，他們始終都堅持走單調的套路，像是在泥濘中行軍、惡劣條件下的艱苦戰鬥，以及莫測的結果。觀眾不會在他們的銀幕上看到勝利場面，甚至連高喊著「萬歲」的衝鋒場面也沒有。

他們的表現是這樣的：在某個特徵模糊的中國小鎮上，深陷於泥濘中的士兵們暫時休息一夜；或者是，一家三代的代表，還是三場戰爭的倖存者，變成了殘廢，眼也瞎了，腿也瘸了；或者，一位士兵戰死，他的家人哀悼自己失去了丈夫、父親和養家活口的人，然後團結在一起，堅強地活下去。日本電影中沒有英美電影常有的、那種激動人心的「騎兵」場景。他們甚至連傷兵安置的主題都不表現，更不用說提及打仗的目的了。電影裡的每個人物都傾其所有報了恩，日本觀眾就會感到滿意了。所以在日本，這些電影是軍國主義的宣傳片。投資者明白，日本觀眾不可能因為這些電影而投向和平主義。

第九章　人之常情

第十章

美德：進退兩難

日本人為「忠」、「孝」、「情義」、「仁」和「人之常情」設定了種種規定，這些規定的內容，組成了日本人的人生觀。他們所見到的是「人的整體義務」，那義務又分成各個種類，就像地圖上標出來的各個省分。用他們的話說，一個人的生活有「忠的圈子」、「孝的圈子」、「情義的圈子」、「仁的圈子」和「人之常情的圈子」，還有很多別的圈子，每個圈子都有其具體而特定的規則。一個人判斷他身邊的人，會說「他們不懂『孝』」，或說「他們不懂『情義』」，而不會說他們整體人格有問題。美國人會批評某人行為不端，日本人則會具體說出他的行為屬於哪個圈子裡做得不好。他們會具體說出是某個人在哪個特定的領域觸犯了規則，而不會泛泛地譴責他自私或不厚道。

得到讚許的行為和行為表現所處的圈子也有關係。當一個人「盡孝」時，那麼他就只是在盡孝。當他在「為情義而行動」時，或者「在仁的圈子裡」行動時，他的行為表現會是完全不一樣的——西方人會這樣判斷。隨便哪個圈子的規則，都是這樣設定的：當圈子裡的情形發生變化時，也就可能相應地需要完

第十章　美德：進退兩難

全不一樣的行為表現。家臣對主子的情義要求最大的忠誠，直到家臣被主子侮辱了，在那之後，什麼背叛都不算問題了。直到西元1945年8月，「忠」都要求日本人要與敵人血戰到最後一人。隨著天皇透過廣播頒布投降詔書，「忠」的要求也發生了變化。戰勝了自己心理的日本人，表現出和外來者合作的態度。

西方人因此感到困惑。我們的經驗表明，人們會按照自己的性格行事。我們將綿羊和山羊分開，依據牠們是合作還是頑固，忠誠還是背叛。我們為別人貼上標籤，是因為預料到他們的下一個行為會和上一個相似。他們要麼慷慨要麼吝嗇，要麼樂意要麼遲疑，要麼保守要麼自由。我們預料他們會忠於某種特定的政治意識形態，並且與敵對意識形態進行堅持不懈的鬥爭。

在歐洲的戰爭經驗中，我們同時看到了合作派和抵抗派。我們有充分的理由懷疑，合作者會在勝利日之後改弦更張。在美國國內的爭論中，我們了解到，出現新的形勢後，支持和反對新政的兩派會繼續各行其道。如果有的人從一邊轉到另一邊——例如一個之前不信教的人變成了天主教徒，或者一個激進派變成了保守人士——我們應該給這種變化貼上「轉向」的標籤，並且為了適應這種變化，還要樹立一種新型的人格。

西方人相信行為的完整性，當然，我們也並不是都有辦法證明這種信任是正當的，不過，它也並非幻覺。在大部分文化中，無論原始的還是文明的，男人和女人都用行動來將自己描

畫成某些特定種類的人。倘若他們感興趣的是權力,那麼他們會以別人是不是服從他們的意志,來判斷自己是不是取得了成功。倘若他們渴望被愛護,那麼在缺乏個人關懷的情境中,便會感到受挫。。他們幻想具有「藝術家氣質」,或者自己絕對是正派人士,或者在家裡是個好人。他們自己的性格通常都具有某種格式(Gestalt),這種格式把秩序帶入人類的生存中。

西方人不會輕易相信,日本人可以在沒什麼心理負擔的情形下,從一種行為轉向另一種,因為西方人的經驗中,並沒有這些極端的可能性。然而在日本人的生活中,那些我們覺得是矛盾的因素,已經在他們的人生觀裡深深地扎了根,就像一些類似的因素在我們的人生觀扎根。還有一點更為重要的是,西方人更應該意識到:生活被日本人分成一些不同的「圈子」,這些「圈子」不包括任何「邪惡的圈子」。這麼說的意思,倒不是日本人意識不到邪惡行為的存在,而是他們看不到。

人類的生活是一個上演著善與惡鬥爭的舞臺。他們將人生視為一齣戲,需要認真地在一個「圈子」和另一個「圈子」之間實現平衡,任何一個圈子本身都是善良的。假使大家都做到了遵循其真正的本能,那麼任何一個人也都是善良的,日本人就用不上各個方面的倫理指令。用我們前面提過的約翰·桑塞姆爵士的話來講,他們「不抓邪惡問題」。

按照他們的觀點,他們所賴以充分說明邪惡行徑的方法,普遍性不是很強。儘管每一個靈魂在一開始,都彷彿一柄新鑄

第十章　美德：進退兩難

寶劍那樣，美德在閃閃發光，然而不經常擦拭的話，它也會生鏽。就像他們解釋的，這種「身體上的鏽」跟刀上的鏽同樣糟糕。人們既然願意經常擦拭刀，那麼也應該用同樣的態度照顧自己的性格。但是，就算是在鏽跡下，那顆閃閃發光的靈魂也依然存在。我們要做的就是擦拭它，讓它的光彩重新煥發。

在西方人眼中，日本人的民間故事、小說和戲曲，也因為他們這種人生觀而變得特別難下定論——除非我們能把有關情節，按照我們對性格一致以及善惡衝突的要求進行改寫，這種改寫現象常常出現。不過，日本人對這些情節不這麼看，他們是這樣評說的：主角深陷於「忠與孝之間的衝突」、「情義與義務之間的衝突」和「情義與人之常情之間的衝突」。主角失敗，主要原因就是他放任「人之常情」，而忽視了「情義」所規定的種種義務，或者沒有做到忠孝兩全。

因為「情義」，他做不到堂堂正正；迫於「情義」，他又只好犧牲家庭。上面說的衝突，還處於兩種義務之間，這兩種義務本身都具有一定的約束力，也都是「善」的。在兩者之間作出選擇的局面，跟債臺高築的人所面臨的局面十分相似。他必須先還給一些債主，同時也就顧不上另外的債主了；因此事實是，他還了一筆債，並不等於別的債就不用還了。

日本人就是如此看待主角的人生，這和西方人的看法大不相同。我們的主角是好人的原因，是他們選擇了「比較好的人生」，而且和邪惡的敵人針鋒相對。我們經常說「這是美德的

勝利」，所以故事當然要有一個美好的結局，好人應該要有好報。可是日本人始終對這樣的故事，擁有旺盛的胃口：主角犯下臭名昭彰的案子，最後對這個世界還有他自己的名聲，都欠了一屁股還不了的債，只好選擇自殺，以求解脫。這樣的故事在許多文化中都有，意在教人服從苦難的命運，在日本則恰恰不是，它們的寓意要人變得主動和殘忍。付出種種努力的主角們，履行他們應當負擔的某項義務，這樣做他們必然就沒那麼重視別的義務了，然而到最後，他們還是得應付那個被忽視的「圈子」。

　　日本真正的民族史詩是《四十七士》，它在世界文學史上的地位並不算高，卻在抓住日本人心靈方面，擁有無與倫比的魅力。每個日本男孩都知道故事的梗概和具體情節。這些故事始終有人在講、在印製，還有人將其改編成受人歡迎的現代電影系列。四十七士的墳墓歷來都是人們願意去的聖地，成千上萬的人前往拜祭。他們在那裡留下的拜祭卡，讓墳墓的周圍都變成了一片白色。

　　《四十七士》的中心主題是臣子對主子的情義行為。日本人認為它寫的是情義與忠之間、情義與正義之間的衝突——從道德的角度來看，當然是情義取得了勝利——此外還有「單純的情義」與「無限的情義」之間的衝突。這是個歷史故事，發生在西元1703年，那是封建時代的巔峰時期，按照現代日本人的幻想，那時的男人個個都是男子漢，沒有任何人「不願意履行情

第十章　美德：進退兩難

義」。四十七位英雄為情義獻出了自己的全部：名聲、父親、妻子、姊妹甚至正義。最後，他們為了效忠又將生命獻出，死在自己的手裡。

故事內容是這樣的：幕府將軍委派兩位大名前往主持一項儀式，其中一個大名是淺野侯。在那個儀式上，所有大名都要向將軍致敬，以表示自己的臣服。兩位主持人都是地方領主，不了解有哪些需要注意的禮儀，所以他們不得不去請教幕府中地位顯赫的大名吉良侯。

不幸的是，淺野侯最聰明的家臣、本來會給淺野侯一些謹慎建議的大石──故事的主角──當時回老家了，於是，天真的淺野侯去見那位大人物吉良侯時，並沒有準備好一份大「禮」。而另一個大名的家臣們個個老於世故，所以在吉良侯給予他們主子指導時，送上了豐厚的禮物。因此吉良侯不僅在教導淺野侯時態度惡劣，還故意讓他在儀式上穿上完全錯誤的禮服。淺野侯就這樣出現在那個重要的日子；當他意識到自己被欺侮之後就拔出刀來，在他和吉良侯被拉開之前，他砍傷了後者的額頭。

身為一個看重榮譽，也就是看重自己名聲的情義之人，這是一種美德：他報了仇；然而他在將軍府裡拔刀傷人，就是不忠的行為。淺野侯在對自己名聲的情義上表現出了美德；然而為了表示忠心，他不得不按照有關規則而剖腹自盡。他回到自己家，穿戴停當，做好剖腹的準備，只等他最忠誠也最聰明的

家臣大石回來。兩人訣別時久久對視，早已端坐在那裡的淺野侯，用刀刺入自己的腹部，就這樣死了。他所有的親戚都不願意繼承他的爵位，因為他不忠。後來幕府將軍沒收了淺野侯的藩地，他的家臣們也成為沒有主子的浪人。

按照「情義」所要求的義務，淺野侯手下的武士應該和他們的主子一樣剖腹自盡。淺野侯這麼做，是出於對自己名聲的情義；家臣們這麼做，則是出於對主子的情義，也是在抗議吉良侯侮辱他們的主子。不過大石覺得，為了表現對主子的情義剖腹自盡，這太微不足道了。他們應該完成主子的復仇大業，將吉良侯殺死。主子當時沒有完成復仇，是因為地位高於他的吉良侯家臣們拉開了他。

只是，這個復仇大業，不冒不忠之名不可能完成。吉良侯是幕府將軍的近臣，浪人想實施復仇，根本無法得到中央政府的官方許可。通常任何籌劃復仇的團體，都要去幕府登記他們的計畫，宣布復仇的最後期限，他們要在那之前完成復仇行為，否則就只能放棄。這種安排是允許某些幸運的人，調和「忠」與「情義」之間的關係。大石清楚，這個門道並不向他們開放。所以他召集了曾經是淺野侯家臣的浪人們，不過關於刺殺吉良侯的計畫，他隻字未提。他們一共有 300 多人，按照西元 1940 年日本學校裡教授的故事版本來說，他們全都願意剖腹自盡。

但是大石非常清楚，並不是每個人都願意承擔「無限的情義」——就是日本人所說的「情義加忠誠」——而刺殺吉良十

第十章　美德：進退兩難

分危險,所以有些人是無法信任的。為了將哪些人負有「單純情義」,哪些人負有「情義加忠誠」區分開來,大石決定考驗一下大家。他的考驗手段是:怎麼分配主子的私人財產。在日本人眼中,這一考驗就好像是:他們還沒有同意剖腹自盡,他們的家屬就獲益了。

有些浪人強烈地不滿財產分配的基本原則。總管是家臣中俸祿最高的,一批以他為首的人,想要按照以前的俸祿標準進行分配。以大石為首的一批人,想的則是所有人平分。一旦徹底弄清楚哪些浪人具有「單純情義」後,大石就同意了總管的分配計畫,讓那些賺了便宜的人走了。離開的總管得到了「無賴」、「狗武士」和「不懂情義之人」等惡名。大石斷定,只有47個人在情義上是完全能靠得住的,可以祕密共謀復仇大業。他跟這47人共同發誓,任何信條、愛情和義務,都無法阻擋他們完成誓言,「情義」就是他們的至高法令。隨後這47人割傷手指,歃血為盟。

他們的第一個任務是不讓吉良嗅到復仇的氣味,於是便就地解散,並且裝成喪失了一切的榮譽。大石頻頻光顧那些最低等級的妓院,還參與斯文掃地的爭吵。他用這種放蕩生活作為掩飾,還跟妻子離了婚——這是任何一個打算做違法之事的日本人通常要做的、同時也是完全正當的步驟。因為這樣做,能夠讓他的妻兒在最後的行動中,不必和他一起承擔責任。大石的妻子無比悲痛地離開了他,不過他的兒子加入了浪人的行列。

全東京都在猜測他們的報仇計畫，任何一個尊敬浪人的人們，都相信他們一定會去刺殺吉良侯。但是這47名武士對此矢口否認，裝成「不懂情義的人」。他們的岳父都為他們這麼丟臉而震怒，不僅把他們從家裡趕了出去，還讓女兒都跟他們離婚。朋友們都嘲笑他們。一天，大石的一位密友遇到正在喝酒、和女人狂歡的他，大石甚至在這位朋友面前，都不承認自己對主子的情義。「報仇？」他說，「這太愚蠢了，我們應該享受生活，喝酒、到處玩耍最好了。」他的朋友並不相信，從刀鞘裡拔出了大石的刀，他本以為那刀是閃閃發光的，以證明大石在說謊，可是那刀都鏽跡斑斑了。那朋友最終不得不相信，並在開闊的大街上，衝著喝醉的大石又是踢，又是吐著唾沫。

　　有一名浪人需要錢來掩飾自己在復仇計畫中的角色，只得將妻子賣進妓院。他妻子的兄弟也是一名浪人，發現姊姊已經知道了復仇計畫，就建議自己動手殺死她，說這樣就能證明他是忠誠的，大石便會讓他加入復仇者的行列。還有一名浪人殺了自己的岳父，也有浪人將妹妹送給吉良侯當女僕兼小妾，這樣浪人們就能夠獲得幕府內部的消息，從而知道動手的時間。這一行動中，有一個讓人難以置信的地方：她需要在復仇大業完成之時自殺，因為她之前假裝是吉良侯的人，這對她而言是一個汙點，只能用死來將其洗刷乾淨。

　　12月14日的夜晚大雪紛飛，吉良舉行了一場茶會。浪人們突然襲擊吉良的府第，制服了吉良的家臣後，直接衝向吉良的

第十章　美德：進退兩難

臥室。吉良並沒有在房間裡，但是床上還有餘溫。浪人們清楚他躲在院子的某個角落裡，最後他們在外面一個儲備炭的房間裡，發現有個男人蜷縮在那裡。一名浪人用長矛刺穿那小屋的牆壁，當他拔出長矛時，上面卻一點血都沒有。實際上吉良被長矛刺中了，但是在浪人往外拔長矛時，他居然用和服的袖子把上面的血跡擦掉了。然而吉良的詭計並沒有得逞，浪人們逼著他走出屋子時，他說自己只是吉良家的總管。

就在那時，一名浪人記得淺野侯曾經在將軍的朝堂上，刺傷過吉良侯。根據這個傷疤，浪人們認定這個人就是吉良，並要求他馬上剖腹自盡。他拒絕了——這當然證明他是個懦夫。他們拿出淺野侯用來剖腹自盡的那把刀，砍下吉良的腦袋，又按例將腦袋清洗乾淨。他們就這樣完成了復仇大業，帶著那兩度染血的刀還有吉良的腦袋，列隊前往淺野侯的墳墓。

全東京都瀰漫著浪人們這一壯舉帶來的興奮情緒。曾經懷疑過他們的家屬和岳父，現在衝上去擁抱他們，以表示敬意。諸侯們沿途款待他們。浪人列隊來到淺野侯的墳墓前，將刀和首級，還有一篇寫給主子的悼辭（一直留存到了現在）放下：

今天，我們到這裡來向您表達敬意……除非由您開始的復仇大業已經完成，我們始終不敢在您的墳前現身。等待的時間彷彿一日三秋……今天才讓吉良侯來陪您。這把刀您萬分珍視，去年您將它託付給我們，如今我們帶回來給您了。我們祈請您拿著它，再一次砍向敵人的腦袋，報仇雪恨。

四十七士敬悼。

他們已經履行了「情義」，卻還需要盡忠，唯有一死才能兩全。他們沒有事先申報就去復仇的行為觸犯了國法，不過他們並沒有背叛「忠」。在「忠」的名義下，不管需要他們做什麼，他們都一定要去完成。幕府將軍下令，四十七士必須剖腹自盡。小學五年級《日語讀本》上這樣說的：

因為他們是為主君復仇，情義堅定不渝，永世垂範……所以，經過審慎考慮的幕府將軍，命令他們剖腹自盡，這是一石二鳥之策。

這表明，浪人們結束了自己的生命，從而履行了最高的情義和義務。

這一日本民族的史詩，其不同版本之間有一些差異。在現代的電影版本裡，最初的賄賂主題變成了性主題：吉良侯對淺野的妻子得寸進尺，而後者也為他所吸引，於是他故意誤導淺野，從而羞辱了淺野；不過最後事情敗露，賄賂的情節就這樣沒了。關於情義的一切義務的故事，都講述得令人毛骨悚然。「他們拋棄了妻子，離開了孩子，喪失了（殺死了）雙親，都是為了情義。」

有不少故事和電影，都是以義務和情義之間的衝突作為主題的。歷史電影中最優秀的那部，時代背景是德川幕府第三代將軍時期。這位將軍被任命登上寶座時，還是一個年輕人，沒有經受過什麼考驗。朝臣們對於他的繼位問題，分成了不同的

第十章　美德：進退兩難

派別，有一部分支持一位和他同齡的近親。他們最後失敗了，其中三位大名覺得自己被侮辱；即使第三代將軍在行政方面非常能幹，仍有大名任由這些負面情緒在心裡滋長，準備伺機報復。終於，將軍及其隨從通知他，他們準備去幾個藩邦視察。這位大名負責接待將軍一行，於是，他打算抓住機會消除一切宿怨，履行對自己名聲的情義。

他的府第本來就是個堡壘，這次他為即將到來的大事，進行了充分的準備，隨時可以將所有出口堵住，封鎖整個堡壘。然後，他想方設法讓牆壁和天花板變成一推就倒的，好砸在將軍一行人的頭上。他小心翼翼地實施謀劃，做著接待工作。為了博將軍一樂，他安排手下的一名武士在將軍面前舞刀；他下令讓這名武士在舞刀的高潮時刻，將刀刺入將軍的胸膛。那武士明智的話，應該拒絕主子的命令，然而出於對大名的情義，他拒絕不了，但是「忠」道又不允許他將刀刺向將軍。

他內心的衝突完全表現在刀舞上。他一定要採取行動，可是那麼做又是不應該的。他差點就讓自己出招了，卻又不能那麼做。即使要講情義，但是他的忠心太強了。他舞得越來越差，將軍一行也產生了疑心，就在絕望的大名下令將房屋毀掉時，他們起身離開了座位。將軍雖然逃過了武士的刀，卻還是有死在房屋廢墟裡的危險。就在這時，那位舞刀的武士走上前來，引導著將軍一行從地下通道安全地逃到屋外。

忠戰勝了情義。將軍一行人因為感激，再三規勸武士和他

們一起去東京。這是他的榮耀啊！然而武士回頭看著那倒塌的房子說道：「不行，我要留下來。這是我的義務、我的情義。」隨後他就轉身離開他們，死在了廢墟裡。「他用死履行了忠和情義，兩者合二為一了。」

這些歷史悠久的故事，沒有將義務和「人之常情」之間的衝突，放在最重要的位置。近年來，這種衝突成為一個主要話題。現代小說的主題是愛和人類的善良，但是因為義務或情義，我們有時候被迫捨棄愛與善。衝突的主題不僅沒有被削弱，反倒是有了提升。在西方人眼中，他們的戰爭電影彷彿都是非常好的和平主義宣傳片；他們的小說也跟電影一樣，常常是一種籲求：按照對自己心靈的監管，他們要求生活中有更多的言行自由。

這些小說本身就是這種衝突存在的證明。不過，在討論小說或電影的情節時，日本人看到的意義常常和我們看到的不一樣。我們之所以同情主角，是因為懷有某種個人的雄心，或者他墜入了情網；而日本人會譴責他軟弱，原因是他居然允許在自己和情義（義務）之間，存在這樣的情感。反抗慣例，克服障礙以爭取幸福，這在西方人眼中也許是力量的象徵。然而，那些漠視個人幸福並履行自己義務的人，才是有力的，這是日本人式的判斷。所以，他們用自己的眼光看待他們的小說和電影的情節，跟我們西方人的眼光不一樣，賦予這些情節的意義也完全不一樣。

第十章　美德：進退兩難

　　當日本人判斷自己的人生，或那些他們熟悉之人的生活時，他們也會得出這樣的評判。當一個人的個人欲望和義務規則產生了衝突時，只要他關心的是自己的欲望，就會被視為軟弱，各式各樣的情形都可以此類推。然而與西方倫理完全背離的，還是他對自己妻子的態度。妻子處於「孝道圈」的邊緣，父母才是處在中心的位置。所以他的義務非常明確，擁有強烈道德意識的人會遵循孝道，接受母親要他把妻子休掉的決定。如果他很愛妻子，而且妻子已經替他生了孩子，那麼休妻的行為只會讓他更為堅強。日本人總說：「孝道能夠讓你將妻子兒女歸進陌生人的行列。」所以，你對待他們的態度最多也就屬於「仁的圈子」。

　　最壞的情況是，他們無法對你提出任何要求。就算婚姻幸福，妻子也不會處於義務圈子的中心位置。所以，男人不應該去增進與妻子的關係，否則夫妻之情就會和他對父母或國家的感情一樣了。1930年代，一位著名的自由主義者曾經宣稱，回到日本，他覺得十分高興，原因之一是和妻子重逢，這句話成為流傳一時的醜聞。他應該說自己的父母、富士山還有為了國家使命而獻身，妻子並不在這一層次。

　　在近代，日本人自己表明，強調要區別對待如此沉重的道德規則、對不同層次不同圈子的規則，這並沒有令人滿意。日本的教育中很重要的一部分，就是致力於把「忠」變成最高道德，這和政治家們透過將天皇置於階層制的頂端，並且取消將

軍和領主來簡化階層制類似。他們在道德領域，透過把一切美德都置於「忠」這一範疇之下，又簡化了義務系統。他們的這種手段，不僅將國家統一在「天皇崇拜」之下，而且讓日本道德的原始基礎被削弱了。他們想方設法地宣教著，履行了「忠」，也就履行了一切其他義務。他們千方百計地讓「忠」並不只是圖表上的一個圓圈，而是道德拱門的拱心石。

關於這一計畫，最好也是最權威的宣告是《軍人敕諭》，這是明治天皇在西元1882年頒布的。這份敕諭和《教育敕諭》是真真正正的歸本聖典。要知道，日本的兩大宗教，神道和佛教的經書，都沒有上升到聖典的地位。佛教各派要麼謹遵教條，要麼用反覆唸誦「南無阿彌陀佛」，或「南無妙法蓮華經」這類的話語來代替經典。

但是，明治《敕諭》是真正的聖典。宣讀《敕諭》是一個神聖的儀式，聽的人需要恭敬地垂首彎腰，屏息靜氣地聽。它們就像《聖經》的「舊約五書」，宣讀時需要從神龕裡恭恭敬敬地取出，在聽眾散去之前，要再恭恭敬敬地放回去。被安排讀它們的人，有過只是因為讀錯了一個句子就自殺的。《軍人敕諭》首先是頒給現役軍人的，軍人們要逐字逐句地進行學習，每天早上還要默想10分鐘。在重要的全國性假日，在新兵入伍、老兵訓練期滿準備退伍，以及其他類似場合，都要舉行儀式誦讀《敕諭》。任何一所中學和繼續教育學校的男生，也都要學習這份《敕諭》。

第十章　美德：進退兩難

《軍人敕諭》是一份幾頁紙的文件，提綱挈領，明確清晰。但是，對西方人而言，它奇怪得無法理解，其中的規則好像是相互矛盾的。作為真正的目標，善良和美德被而標舉出來，而且是用西方人可以理解的方式進行描述的。《敕諭》警告聽的人，不要像古代英雄那樣死得不光榮，因為「罔知公道之理，徒守私情之義」。這是日本官方的翻譯，雖然不是逐字逐句，但是將原文的意思表達的很好。「所以，你們應該，」《敕諭》接著說，「以舊時英雄為鑑，嚴加警戒。」

不了解日本的義務體系，就理解不了這裡的「警戒」。整個《敕諭》表明官方極力在抑「情義」而褒揚「忠」，「情義」一詞在日本可以說家喻戶曉，然而在《敕諭》中卻根本沒有。《敕諭》沒有提「情義」，只強調「大節」和「小節」。大節即「忠」，小節即「徒守私情之義」。《敕諭》極力證明「大節」足以證實一切美德。「所謂正義，」它說，「也就是履行義務。」忠心耿耿的士兵一定是「真勇士」，這話就是在說：「在日常待人接物中，首先要溫和，以此來得到他人的愛與敬。」《敕諭》在暗示我們遵循這些規則就可以了，不必求助於「情義」。「義務」之外的職責全是「小節」，一個人認真考慮它們之前，不應該予以承認。

如果你願意信守（私人關係裡的）諾言，同時又履行義務……你一定在最初就認真考慮過能不能成功履行。若是你將自己與一些不明智的義務捆綁在一起，那麼你會發現自己陷入一種進退兩難的境地。要是你確信自己無法信守諾言並維持正義（《敕

諭》裡給出的定義是履行義務），那你最好馬上放棄自己私下裡許下的諾言。自古以來，這樣的例子層出不窮：古代某些遭遇滅頂之災的大人物和英雄豪傑，之所以留下一個不怎麼光彩的名聲給後代，不過是因為他們只力求信守小節，卻無法辨別與基本原則有關的是與非，或者是因為「罔知公道之理，徒守私情之義」。

這段訓詞的整體意思是「忠」高於「情義」，就像我們說過的，裡面都沒提「情義」；不過，任何一個日本人都清楚這個說法，「我因為要顧及『情義』而不能堅持正義」。《敕諭》把這話解釋為「倘若你確信自己不能信守諾言並維持正義……」它在用天皇的權威口吻說，如果是這種情況，你就應該將情義拋棄，記住它不過是一種小節。只要你遵從大節的規則，那麼你依然是擁有美德的。

這份抬高「忠」的「聖典」，是日本的一個基本文件。可是，《敕諭》如此貶低「情義」，有沒有削弱這項義務廣泛的控制力，這很難說。日本人頻頻引用《敕諭》別的部分——「正義，乃義務之完成」，「只要心地真誠，無往不勝」——以證明或解釋他們自己或別人的行為。然而，雖然他們經常引用得當，卻好像幾乎不會提及反對信守私人關係中的警告。在現在的日本，「情義」仍然是一項具有權威性的美德，說一個人「不懂情義」仍是最強烈的批評之一。

日本倫理體系不會因為引進「大節」這個概念，而被輕易

第十章　美德：進退兩難

地簡化。就像他們經常吹噓的，日本人沒有一種普遍的現成美德，能夠用來當作善良行為的試金石。個人的自重與他們所秉持的某項美德，在大多數文化中都是成正比的，諸如善良的意志或良好的管理或成功的事業。他們將某個目標如幸福、對別人的控制力、自由或社會活動能力，樹立為人生的目的。日本人遵循的是更加特殊的準則，不管是在封建時代，還是在《軍人敕諭》中，甚至在他們談論「大節」時，意思也不過是：階層制中擁有較高地位的人，有支配那些地位較低之人的義務。他們還是在搞特權。對西方人而言，「大節」通常是指以忠誠對忠誠，而不是忠於某個特定的人或某件特定的事。對日本人來說，卻不是這樣。

當現代日本人試圖將某一項美德，弄得超越一切「圈子」時，他們常常選擇的是「真誠」。在討論日本的倫理學時，大隈侯爵說過，真誠「是規則中的規則，各種道德教條的基礎，都能用這個詞來解釋。除了真誠──只有這一個詞──我們古代的詞彙中，沒有其他的任何倫理概念」。（大隈重信：《開國五十年史》，英譯本，倫敦，西元 1909 年，第 2 卷第 37 頁）。現代小說家也這麼想，在本世紀早期，他們不吝讚美新進的西方個人主義，後來卻對西方的倫理規則表示了不滿，試圖將真誠稱讚為唯一真正的「教義」。

這種對道德真誠的強調，得到了《軍人敕諭》本身的支持。《敕諭》一開始就是一段歷史性的序言，和常常要列舉華盛頓

（George Washington）、傑弗遜（Thomas Jefferson）等開國元勳名字的美國式序言類似。在日本，這段序言的高潮是在籲求「恩」和「忠」時：

朕為首，汝等為體。朕依賴汝等為股肱。朕之能否護佑吾國，報答祖先之恩，全賴汝等之能否履行義務。

接下來就是具體的規則：最高的美德是履行和「忠」有關的義務。一名不夠忠心的士兵再有才幹，也就是一個傀儡。一隊士兵要是都缺乏忠心，那麼在危急時刻，也只是一群烏合之眾。「所以，既不能被一時之輿論牽入迷途，也不能去干涉政治，只管盡忠即可。謹記，義重於泰山，而死輕於鴻毛。」

第二項指令，是遵守那些關於外在儀態和行為舉止的規則，這些規則與軍銜有關。「下級需要尊重上級的命令，也就是如此等命令乃朕所直接釋出，上級也須善待下級。」第三是勇氣。真正的勇氣與「血脈賁張的野蠻行為」截然不同，它的定義是「不鄙視下級，也不懼怕上級」。所以，「尚武者在日常待人接物的時候，首先要溫和，以贏得他人的愛與敬」。第四項指令，是針對「徒守私情之義」提出警告。第五條指令，是奉勸大家要力行節儉：「汝若不以樸素為目的，將變得柔弱、輕薄，喜好奢侈而浮誇之生活方式，最終將變得越來越自私、齷齪，淪為最卑鄙之小人，以至於為世人所蔑視，無論忠誠抑或勇氣都無法拯救汝⋯⋯由於擔心此風暴長，朕心力交瘁，遂重申此誡。」

《敕諭》的最後一段，說這五條規則是「天地之大道，人倫

第十章　美德：進退兩難

之綱常」，也是「軍人之靈魂」。而「真誠」是這五條規則的「靈魂」。「若心不誠，則縱乃懿言嘉行，亦不過外在的表現，沒有任何益處。只要心誠，無往不勝。」所以，想遵守並實踐這五條規則是相當容易的。在說完一切美德和義務之後，再加上真誠，這是典型日本人的思維。在中國人看來，一切美德的基礎是仁愛之心的推動；而日本人不這麼看，他們先設立義務的規則，到最後提出要求，要人們竭盡全力、全心全意地去履行義務。

在佛教的主要流派「禪宗」的教義中，「真誠」的意義是一樣的。鈴木大拙論禪的重要著作中，記錄了一場徒弟與師父之間的對話：

和尚：我明白，當獅子抓住對手時，不管那是一隻野兔，還是一頭大象，都會竭盡全力。請跟我說，這是一種怎樣的力量？

師父：真誠之精力（字面意思是不欺之力）也。真誠，即不欺，意即「獻出一切」，所謂「所有作用」也……毫不保留，毫不掩飾，毫不浪費。人生如此，便是金髮獅子，乃是剛強、真誠與全心全意之象徵，乃神人也。

在日語中，「真誠」一詞具有特定的意思，我在前面已經說過了。日語中的「誠」和英語中的「真誠」意思並不一樣，它的內涵比後者更豐富，也更單調。西方人總是會馬上發現，它在日語中的含意，比它在他們自己語言中的含意單調一些。他們總說，當一個日本人說某人不真誠時，他的意思不過是別人不贊同那人的看法。這樣的說法有一定的道理，因為在日本，說

某人是否「真誠」，意思並不是他做事是不是「誠實」，是不是按照自己的決斷、愛憎採取行動，而是看他靈魂中哪一個方面占了上風。

當美國人說「他見到我十分高興」，「他真的非常滿意」時，表達的是讚許之情，日本人則不會這麼說。他們用來表現蔑視這種「真誠」的表達法，有一整套諺語。他們會嘲笑說：「瞧那隻青蛙，張開嘴，暴露了肚子裡的一切。」「像顆石榴，嘴巴一張，心裡的所有東西就暴露無遺。」對每個人而言，「隨口說出自己的心思」，都是一種羞恥，因為那樣他就被暴露了。

在美國，這些與「真誠」相關聯的含意十分重要，不過在日本，「真誠」一詞壓根就不包括這樣的含意。前面說到的那個日本少年，他在罵美國傳教士「不真誠」時，從來沒有想到：面對他這樣窮得連鞋帶都沒有的苦少年，還偏偏打算去美國，那個美國人是不是「真的」感到迷惑不解。

在過去10年裡，日本政治家們總在譴責美英不真誠，他們沒有想一想，西方國家是不是在用他們沒有真切感受過的方式做事情。他們甚至不罵英美偽善，因為偽善這種譴責非常輕微。與這類似，當《軍人敕諭》說「真誠乃規則之靈魂」時，並不意味著這種「真誠」是靈魂的誠實，它是會讓一切別的美德都有效的美德，會讓一個人的言行與他內心的感受保持一致。這肯定不是說，無論他的信念跟別人有多麼不同，他都被要求保持真誠。

第十章　美德：進退兩難

　　不過在日本,「誠」具有一些正面的意義。既然日本人對這一概念的倫理作用這樣強調,西方人就迫不及待地想要理解,日本人用這個概念時所表達的意思。日本人所說的「誠」,其基本含義在《四十七士》中,已經得到了非常好的解釋。那個故事裡的「真誠」,是一個新增在「情義」上的附加碼。「情義加誠」與「單純情義」恰恰形成鮮明的對照,前者是「作為永世典範的情義」。現在的日本人還在說,「誠則使之能持久」。在這個短語中,按照上下文,「之」指的是日本的一切戒律,或者「日本精神」中規定的一切態度。

　　在戰爭期間,日本的隔離收容所中,這個詞的用法和它在《四十七士》中的用法完全一致。這可以清晰地表明,這一邏輯被延伸到了什麼樣的程度,美國人使用它的時候含意會變得截然不同。親日的一世(在日本出生的美國移民)總在譴責親美的二世(第二代移民),批評後者不夠「誠」。一世的意思是,不具備那種構成日本精神的靈魂特質 —— 在戰爭期間,這種特質是有官方定義的 —— 即「堅持」。一世根本不是在說,他們孩子的親美傾向是偽善的,根本不是。二世志願加入美國軍隊,而且無論誰來看,都顯而易見的是:二世之所以支援這個國家,是因為一種真誠的熱情;但是一世卻更加振振有詞地批評二世不真誠。

　　日本人使用「真誠」一詞時,有這樣一個基本的含義:去熱誠地遵循一條道路,一條由日本的規則和精神標誌出來的道

路。不管「誠」這個詞在某些特殊語境中，具有怎樣特殊的意義，它通常都能夠被讀解為一種讚揚，讚揚的是日本精神中那些公認的方面，以及美德地圖上那些大家都予以接受的指示標誌。一旦人們接受這樣一個事實：「真誠」沒有美國人所認為的含義。那麼在一切日本文獻中，它都是最有用的、最值得關注的詞，因為它和日本人真正強調的那些正面品德基本一致。

「誠」通常用來讚揚某個不追逐私利的人。這反映了出日本人的倫理，是極力鞭撻牟利行為的。並非階層制的自然產物，其利益就會被判定是剝削的結果，走左道旁門並從中牟利的中間人，漸漸就成了可惡的高利貸主，這樣的人往往被說成是「缺乏真誠」的人。「誠」通常也被用做讚語，讚揚那些受激情所制的人。這可以看出日本人的自律觀念，一個配得上「真誠」這個概念的日本人，絕對不會冒險去侮辱那些他並不想冒犯的人。

這可以看出日本人的這樣一條教義：一個人要為其行為本身負責，還要為行為所導致的邊際效果負責。最後，只有「誠」者才可以「領導人民」，有效地施展他的本領，並擺脫內心的衝突。這三個含義以及一系列其他含義，都十分簡明地表達出日本倫理的同質性。這些意義反映了這樣一個事實，就是在日本，一個人只有遵循準則，才能有效地做事，並避免發生衝突。

既然這些都是日本人「忠誠」的含義，那麼就算有《敕諭》和大隈侯爵，這種道德也沒有簡化日本人的倫理。它既不是在那套倫理體系下設置一個基礎，也不是為其賦予「靈魂」。它是

第十章　美德：進退兩難

一個指數，能夠放在任何數字後面，來提高冪的層次。比如 A 的二次方可以是 9 或 159 或 b 或 x 的平方，什麼差別都沒有。同樣的道理，「誠」在日本的道德體系中，能夠提高任何一條道德信條的層次。在過去的日本，它曾是一項獨立的道德，如今已不是獨立的，而是信徒對信條的狂熱。

不管日本人怎樣致力於他們的道德體系，它還是和原來一樣，其原則還是平衡一個舉動和另一個舉動之間的關係，兩者是相互對立的關係，但本身都有益處。日本人所創立的倫理體系，就彷彿是橋牌遊戲。一名優秀的橋牌手會接受規則，並按照牌理出牌。他將自己和那些差勁的選手區別開來，因為他進行過計算的訓練，按照比賽規則，他完全明白其他選手出牌的含義，從而緊追不捨。按照霍伊爾規則（Hoyle's Rules）出牌的他，每一步都要進行無窮無盡的精微計算。比賽中也可能有偶然性，不過這已經包含在規則裡了，記分方法是提前就約定好的。在這樣的比賽中，美國人所理解的善意就沒有什麼意義了。

不論哪種語言，人們都會說失去或獲得自重，其語境可以非常好地揭示他們的人生觀。在日本，「自重」常常表明你是一位謹慎小心的選手。在英語中，它指的是有意地與有價值的行為標準保持一致——不說謊，不做偽證，不討好別人，不過它在日語中並不具備這些含義。在日語中，自重的字面意思是「自我尊重」，反面的意思則是「自輕自賤」。一個人說「你一定要自重」的意思是，「你一定要精明地估算這種情形中涉及的一切因

素,任何會引起非議或減少你成功機會的事情都不要做」。

日本的「自重」所指向的行為和美國正好相反。一個雇員說「我一定要自重」的意思,並非說他一定要維護自己的權利,而是說他完全不應該頂撞雇主,即使後者要讓他惹上麻煩。「自重」在政治場合表達的也是這個意思,也就是假如一名「重量級的人物」,沉迷於諸如談論「危險思想」等魯莽的行為,那麼他就不能做到「自重」。在美國,「自重」意味著:縱然思想是危險的,但「自重」要求我們根據自己的領悟和良知進行思考;而在日本,它沒有這樣的意思。

父母常常把「你必須自重」掛在嘴邊,以此告誡他們未成年的孩子,意思是要他們們擁有得體的舉止,符合別人的期望。所以女孩子會被告誡:坐著時不能動,腿要放在合適的位置;男孩子得到的告誡是:要訓練自己,學會察言觀色,因為「你的未來由此時此刻決定」。當長輩批評自己的孩子,「你的行為並非一個自重的人該有的」,這是在說他舉止不當,而非說他勇氣不足,維護不了自己的權利。

一位還不起債的農民,會說自己「應該自重」,不過他並非指責自己懶惰或討好債主,意思是他應該考慮得更周到些,應該預見到這一緊急情況。一名在社區裡地位較高的人說,「我的自重要求我這樣做」時,不是在表達他一定要遵循真理和正直的原則,而是在說他處理事情時,一定要充分考慮到自己家庭的地位,全力以赴地處理事情。

第十章　美德：進退兩難

　　當一個商業主管提及自己的公司時，說「我們一定要表現出自重」，意思是他們一定要倍加小心謹慎。一個人說自己一定要報仇時，可能會說「我要自重地報復」，他沒有「要將火炭堆在別人頭上」，或者傾向於遵守什麼道德規則，而是在說「我要徹底地報仇」，小心翼翼地進行計畫，考慮到這一情形中的各種因素。「自重再自重」在日語中是一個特別強烈的說法，意思是要慎重再慎重，千萬不要急著下結論，要權衡各種方針和策略，以恰到好處的努力，正好實現目的。

　　所有這些關於「自重」的含義，與日本人的人生觀都是相符的，這是一個你應該按照「霍伊爾規則」，小心謹慎地行動的世界。這種定義自重的方法，不允許誰拿用心良好為理由，來為自己的失敗辯解。每走一步都會有一步的結果，我們不應該沒有充分評估就貿然行動。慷慨當然是對的，可是你一定要考慮到，那個受你恩惠的人，會不會覺得自己「背上了恩情債」。你一定要見機行事。批評別人當然可以，但只有在你充分考慮到，那可能招致他的怨恨後，你才可以提出批評。

　　那位年輕畫家譴責美國傳教士嘲笑他，但這肯定不是嘲笑，因為傳教士的本意是善良的。傳教士沒有充分意識到，自己每走一步棋都意味著什麼，這在日本人眼中，是徹底的不講規矩。

　　自重與審慎周到是完全一致的，因此，要察言觀色，要敏感到好像別人坐在審判席上。「一個人要培養自重意識，」日本人認為，「這是因為社會。」「如果沒有社會，人就不用自重了。」

這麼說的意思就是，自重是要得到外人的認可，而自己內心對舉止得體的認可，則不必考慮。與許多國家的某些俗語一樣，這些說法誇大了事態，因為日本人有的時候會像清教徒一樣，對自己積重的罪孽反應強烈。不過，他們這些極端的說法，還是十分明確地指出他們所強調的地方，與其說他們強調罪孽，還不如說他們更為重視羞恥。

在關於不同文化的人類學研究中，區分主要依賴於恥辱的文化，和主要依賴於罪孽的文化之間十分重要。若是一個社會提倡道德的絕對標準，而且十分依賴人的良知進步，那麼便可以將它的文化定義為罪孽文化。不過，在這樣的社會比如美國中，一個人會批評自己做事不夠老練，那絕對不是罪孽，他也會感到羞恥。一時失言或衣著不得體，都可能讓他懊惱萬分。在主要制裁是羞恥的文化中，人們會為自己的某些行為懊惱，而我們猜想，他們覺得內疚就可以了。

這份懊惱會十分強烈，而且緩和不了。我們則認為，罪惡感能夠透過懺悔和贖罪來得到緩和。一個犯了罪的人也能夠透過給自己解壓而減輕痛苦。世俗療法經常使用這種懺悔手段，許多宗教團體都在用這種手段，除此之外，它們幾乎再沒有別的共同特點了。我們清楚它可以減輕痛苦。在用羞恥作為主要制裁手段的地方，當一個人向其他人甚至向神父坦白錯誤時，他無法體會這種痛苦的緩和。只要他的不良行為「沒有暴露給世人」，他就沒有必要自尋煩惱，而在他眼中，懺悔只能給自己招

第十章　美德：進退兩難

來麻煩。所以，羞恥文化沒有懺悔，就算對上帝也是沒有的。他們沒有贖罪的儀式，卻有表示好運的儀式。

真正的羞恥文化十分依賴外在的制約手段，而真正的贖罪文化依賴的，則是內心對罪惡的確認。羞恥是對其他人批評的反應，一個人覺得羞恥，是因為他被公開嘲笑或拒絕，或者是他覺得自己被嘲笑了。不管是哪種情況，羞恥感都是行之有效的制裁手段。但是它需要有一個外人，至少一個存在於幻想中的外人。罪惡感卻用不著。在有的國家，榮譽意味著遵循自己描繪的形象；即使別人都不知道你的錯誤行為，但你依然會產生罪惡感，而且，透過坦白罪惡，可能真會減輕自己的罪惡感。

清教徒早年在美國定居時，他們努力讓罪惡感成為整個道德體系的基礎，每個心理醫生都清楚，當代美國人因為良心而遭到了多少麻煩。不過在美國來說，羞恥感是一項越發沉重的負擔，罪惡感則沒有早年那麼極端。對這種現象的解釋是道德的鬆懈，這種說法在相當程度上是正確的，但那是因為我們沒有預料到，羞恥感會承擔這麼沉重的道德任務。我們也沒有將個人的懊惱情緒，裝載到基本的道德體系之中，這種劇烈的情緒往往和羞恥相伴。

然而日本人是這麼做的。他們對善行有明確的指示性準則，沒遵照這樣的準則就是恥辱；做不到平衡各種義務，或者沒能預見到各種偶然情況，一樣是恥辱。他們認為恥辱是美德的根源，一個能感受到恥辱的人，就會履行關於善行的一切規

則。有時,「知恥者」被翻譯成「榮耀者」或者「有德者」。「恥辱」在日本倫理學中擁有權威的地位,和西方倫理學中「純潔的良知」、「篤信上帝」和「避免犯罪」差不多。由這樣的邏輯就能夠得出結論,一個人死後不會受到處罰。日本人——除了一些對印度經書有所了解的僧侶——都不怎麼熟悉輪迴觀念,而輪迴由今生的功德決定。一些受過良好基督教教育的皈依者除外,他們並不承認天堂和地獄,也不承認死後的報答和懲罰。

在日本人的生活中,首先要考慮的是羞恥,這就是說不管是誰做什麼事,都要關注公眾對自己的評價。在任何國家或部落,只要人們深深覺得羞恥,情況就是這樣。他只需要想像公眾會作出什麼樣的裁定,而那些裁定就是他的行動方向。當大家都按照同樣的規則玩遊戲並互相支持時,日本人就會玩得快樂又輕鬆。當他們認為那是一種需要他們履行國家「使命」的遊戲時,就會狂熱地去玩。他們企圖將他們的美德輸出到別國的土地上,然而那裡的人們並不認可他們關於善良行為的正式準則;每當他們察覺到這一點,就會變得十分脆弱。他們沒能將帶著「善意」的「大東亞」使命完成,很多人覺得,中國人和菲律賓人真的極端厭惡他們。

來到美國學習或經商的日本人,若不是被國家主義的情感所激勵,就會深深地感到:當他們生活在一個規矩沒有那麼嚴格的社會裡,過去接受的那種小心翼翼的教育便失敗了,他們的美德輸出不了。無論是誰,想改變文化都不容易,這是放之

第十章　美德：進退兩難

四海而皆準的觀點。

可是日本人想要推出的，並非這樣的觀點，而是某種其他的想法。他們有時會將自己和中國人或暹羅人進行對比，他們自己不容易適應美國的生活，而他們清楚，中國人或暹羅人就沒那麼難。就像他們所看到的，他們的特殊問題是，他們遵守行為準則的細微差別，是由別人認可的，而從小接受的教育讓他們相信：只有得到別人認可的，才是安全的。當外國人沒有將所有這些禮儀當回事時，他們會迷惘。他們想辦法在西方人的生活中找到類似的禮儀，卻遭到了失敗，於是，有人說他們感到憤怒，也有人說感到的是恐懼。

在三島小姐的自傳《我的狹小島嶼》中，描寫了日本人在不怎麼嚴格的文化裡，感受到的這些體驗。她想方設法要去美國上大學，但她保守的家庭並不想接受美國助學金的恩惠，最後還是她贏了，來到了衛斯理女子學院。她說學院的老師和同學都很好，這讓她感到更難了。「我在禮儀方面一絲不苟，日本人都這樣啊，我還以此為傲呢！但是我的這種心理到了美國，就遭到了重創。我恨自己，因為我不清楚在這裡怎麼做到舉止得體；我也恨周圍的人們，他們好像在嘲笑我過去接受的教育。除了這種模糊卻深深扎根於我心間的惱恨情緒，便再也沒有任何情緒了。」

她覺得自己「彷彿一個從某顆星球來的生物，我的感覺和情緒在這個世界上根本用不上。我接受的日本教育，要求我說的

每一句話都要合乎禮節,做的每一個動作都要優雅;這讓我在美國這樣的環境裡,變得特別敏感,處處想著自己,以至於在跟別人接觸時,徹徹底底是盲目的」。兩三年之後,她才得以放鬆,才能接受別人對她的善意。她得出的結論是:美國人的生活帶著一種她所說的「優雅的親密感」。然而,「在我三歲時,我心中的這種親密感就被消滅了,以魯莽之名」。

三島小姐將她所認識的、在美國的日本女生和中國女生作了對比,她的評說表明,美國對兩者的影響是多麼不一樣。中國女生「鎮定自若,善於交際,那是日本女生所不具備的。在我眼中,那些出身中國上流社會的女生,好像是地球上最文雅的生物,都很優雅,甚至像公主一樣端莊,彷彿她們是真正的世界主人。她們沉著、無所畏懼,即使身處在重視機械與速度的美國文明中,也從來都不受驚擾。這和我們日本女生的膽怯和過於敏感對比鮮明,這表明了某種源於社會背景的根本差異」。

像許多別的日本人一樣,三島小姐覺得,自己似乎是一名專業的網球手,卻去參加棒球比賽,她自己的特長就是派不上用場。她覺得自己以前學到的東西,轉移不到新的環境中。她過去信奉的準則沒有用,美國人的相處之道中不存在那樣的準則。

指導美國人行為的法規,不如日本法規那麼「莊重」,日本人一旦接受了那樣的法規,即使程度非常低,他們也能發現自己已想像不了,是否還能應付以前日本生活中的那些嚴厲規矩。他們有時會將以前的生活,說成是失去的樂園,有時也說成是

第十章　美德：進退兩難

「羈絆或「監牢」,還有時說成是「小花盆」,盆裡栽著一棵侏儒似的小樹。只要這棵微縮松樹的根,為那個花盆所限制,那它就是一件藝術品,能使可愛的花園變得更加優美;然而,一旦將它移植到野外的土壤裡,就無法再放回盆裡去了。他們認為自己再也無法到那個日本花園裡去做裝飾品,因為他們再也滿足不了日本社會的要求。他們感受到日本道德的兩難困境,而且感受到的還是這種困境表現最激烈的形式。

第十一章
自我修練

在其他國家的觀察者眼中，一種文化中的自我修練，似乎是無關緊要的。那些修練的方法本身再明白不過，問題是要弄得那麼麻煩，是為什麼呢？為什麼要關注這樣的苦行，卻一點都不控制一些在外人眼中真正重要的、需要修練的衝動？如果觀察者從一個沒有自我修練的技術性方法的國度，來到一個十分依賴這些方法的民族裡，那他有很大機率會對自我修練產生誤解。

在美國，自我修練的技術性，其傳統方法相對來說還沒有得到發展。在美國人看來，一個人判斷自己有可能實現某個目標，如果有必要，他就會進行自我修練，來實現這個既定的目標。他能不能取得成功，取決於他的良知或心志，或者維伯倫所謂的「工作本能」。他可能為了加入某個足球隊，而接受一種嚴格的訓練體系；或者為了把自己訓練成音樂家，或在事業上取得成功，而放棄了所有娛樂。他可能會出於良知，而避開輕率和邪惡。

不過在美國，自我修練是一種技術訓練，跟可以學習的算

第十一章　自我修練

術不是一回事,在特殊情況下,它基本沒有什麼用途。假使美國真的出現這樣的技術,那肯定是歐洲的某些教派領袖或者印度教高僧教的,後者講的是創立於印度的教義。沉思和祈禱是宗教的自我修練,由基督教的聖特蕾莎（Teresa of Ávila）或聖約翰（John the Apostle）授予並付諸實踐,但就算是這樣的自我修練,也基本不曾在美國倖存下來。

然而在日本人看來,不管是參加中學考試的少年,還是進行刀術比賽的男子,或者是過慣貴族生活的人,都需要自我修練,這和考試時需要學習的特殊技能一點關係都沒有。不管他考試的答案多麼完美,不管他的出刀多麼專業,不管他是多麼的注意繁文縟節,他都需要將書本、刀還有公眾形象拋到一旁,去進行某種特殊的修練。當然,並非每個日本人都信從深奧的修練,可是,即使是對那些不信從的人而言,自我修練的措辭與實踐,在生活中的地位也是公認的。各個階層的日本人都以一整套概念,來判斷他們自己和判斷別人。

日本人關於自我修練的概念,大致能分為兩類,一類可以培養能力,另一類能培養的不單是能力。我願意將這能力之外的東西稱為「圓熟」。在日本,這兩類是不一樣的,它們是為了要在人的心裡達成某種異樣的效果,形成某種基本原理,並透過不同的標誌加以辨識。第一類,也就是自我修練能力的事例,我們已經描述過許多了。和平演習中的士兵們要活動60個小時,卻只有10分鐘的睡覺時間,而軍官居然說:「他們知道

怎樣睡覺，需要訓練的是怎樣保持清醒。」

無論怎樣，對我們而言，這要求似乎十分極端，就是為了培養一種行為能力。他說的是日本的心理機制中，一條得到公認的原則，也就是意志應該超越身體，因為身體幾乎可以接受無窮無盡的訓練。一個人若是忽視了健康規律，就要付出代價，不過身體本身並沒有這樣的規律可言。日本關於「人之情感」的整套理論，都離不開這種認知。當它與人生真正的要事發生連繫時，不管健康多麼重要，不管那些不相關的事情是經過了怎樣的培養，身體的需要都要徹底放在第二位。自我修練不管需要付出怎樣的代價，一個人都應該表現出「日本精神」。

只是，用這種方法來描述日本人的立場，是在粗暴地解釋日本人的觀念。因為，在美國人的日常說法中，「不管什麼樣的自我修練的代價」，與「不管什麼樣的自我犧牲的代價」基本是同義詞，也往往意味著「不管什麼樣的個人挫折的代價」。美國人的修練理論，這種修練不管是外力強加的，還是向內投射為檢點自我的良知——都是這樣的。從孩提時代起，男人和女人都要透過修練而被社會化，它要麼是自主接受的，要麼是被權威強加的。它可以說是一種折磨，個人因為自己的願望被褫奪而不滿。他被迫作出犧牲，內心激起反抗情緒是不可避免的。

這並非只是大部分美國職業心理學家的看法，還是由父母在家裡帶大的每一代孩子的共同哲學。所以，在我們自己的社會裡，心理學家的分析裡面有大量的真理。到了某個固定的時

第十一章　自我修練

間，孩子就「得」上床睡覺，他透過父母的態度領悟到，睡覺是一種「折磨」。孩子每天晚上都要透過大鬧一番來表示不滿，這樣的家庭數不勝數。

對於一個接受過訓練的美國孩子而言，睡覺被他當成是一件「不得不」做的事，所以他會進行以卵擊石似的反抗。他的母親還會規定他「得」吃某些東西，那些東西可能是菠菜、麵包、橙汁或燕麥粥。美國孩子會對此表示抗議，因為他的結論是，對他「有好處」的食物都不好吃。在日本，這種美國慣例是聞所未聞的，不過它也存在於某些西方國家，如希臘。在美國，長大成人意味著擺脫了食物的折磨，成年人能夠吃好吃的東西，而不是吃對他有好處的東西。

但是，和西方人一整套自我犧牲有關的概念相比，這些與睡覺、食物有關的觀念是微不足道的。西方的標準信條是這樣的：父母要為自己的兒女作出巨大的犧牲，妻子要為丈夫犧牲她們自己的事業，而丈夫為了養家活口要犧牲的則是自由。在有些社會中，男人和女人並不承認自我犧牲的必要性，這在美國人眼中是無法理解的。不過這樣的社會的確是存在的，那裡的人們說父母自然認為孩子是高興的，女人們喜歡婚姻生活勝過別的生活方式，養家活口的男人是在從事他自己鍾愛的工作，比如園藝或者打獵。為什麼說那是自我犧牲？當社會強調這些解釋，而且允許人們按照這些解釋生活，自我犧牲的觀念就基本不會得到誰的承認。

在美國，一個人為其他人所做的這些事都是自我犧牲。在別的文化中，這些被視為是相互之間的交換，要麼是過後會得到回報的投資，要麼是對其他人過去給予自己好處的回報。在那樣的國家裡，甚至父子關係也是被這樣對待的，在父親老了甚至去世之後，兒子要報答小時候父親為他所做的一切。所有事務關係都是民間契約，通常要保證對等，就像一般契約所約定的，一方要履行保護義務，另一方則要履行服務義務。倘若這對利益雙方都有好處，那麼任何一方都不會覺得，自己要履行的義務屬於「犧牲」。

在日本，為他人服務背後的制裁手段，當然也是相互的，在責任的種類上是這樣，在責任的等級交換上也是這樣。所以，日本人關於自我犧牲的道德立場，跟美國完全不一樣，他們總是逐條反對，基督教傳教士們宣講的那些關於犧牲的教義。他們對此進行著辯解，好人不應該想到他為其他人做事，是在折磨自己。「我們之所以做被你們稱為『自我犧牲』的事情，」一個日本人這樣和我說，「是因為我們願意給予，換句話說，就是因為給予是好事。我們並沒有為自己感到難過，無論為了別人要放棄多少利益，我們都不會那麼想。這種給予可以在精神上提升我們，或者我們應該為此而得到『回報』。」

像日本人那樣，將人生組織在這樣細緻的相互義務的周圍，自然會發現這些義務與自我犧牲沒有關係。他們將自己推向履行極端義務的界限，然而，相互關係上的傳統制裁手段，

第十一章　自我修練

不讓他們感受到自怨自艾、自以為是；而在更強調個人和競爭的國家裡，十分容易出現那種感受。

所以，為了實現日本人在自我修練方面的日常行為的目的，美國人一定要替自己的「自我修練」觀念，來一次某種意義上的外科手術，一定要將「自我犧牲」和「折磨」的增生物割掉，這種東西已經在我們文化概念的周圍廣泛存在。一個日本人要想把自己修練成一名優秀的選手，他修練時不能想到這是一種犧牲，就像打橋牌一樣。

當然，這種訓練十分嚴格，然而這是由事物的本質所決定的。幼兒固然幸福，卻不具備「品嘗人生」的能力。人只有透過思想訓練或者自我修練，才能夠具備全面生活的能力，才可以「品嘗到人生的滋味」。通常這個短語被翻譯成「只有這樣，才能享受人生」。自我修練「可以鍛鍊丹田（控制部位）」，從而讓人生的範疇得到拓展。

日本的「有能力的」自我修練，就包含這一基本原理，它可以讓人打理生活的能力得到提升。在一開始訓練時，他會覺得不耐煩，不過他們說：這種情緒用不了多久就會過去，因為最後的結果只有兩種：喜歡上這種修練，或者乾脆放棄。學徒要正確對待自己的行業，比如男孩要學柔道，比如小媳婦要適應婆婆的要求。

在修練的前幾個階段，一般人會對新的要求感到不習慣，所以可能想要擺脫這種「修養」，這完全能夠理解。他們的父

親會開導他們:「你想要什麼?要想品嘗人生,就一定要進行修練。如果你選擇放棄,完全不修練,那麼你的結果必然不幸福。到時候,我可不願意為了讓你不受輿論攻擊而保護你。」「修養」的意思是磨掉「身上的鏽」,是他們用得最頻繁的一個詞。它可以讓人變成一把明晃晃的利刃,那當然是人人求之不得的。

日本人十分看重自我修練如何給人自身帶來好處,這並不意味著他們的極端行為,就不是真正嚴重的折磨了,即使這樣的折磨不會帶來侵犯的衝動,然而他們的道德體系,往往會要求他們做出極端的舉動。美國人能在遊戲和比賽中,理解這種區別。橋牌比賽的冠軍不會抱怨自我犧牲,他為了學得更好需要作出自我犧牲;為了成為一名優秀的選手,雖然需要投入大量的時間,可是他不會認為那是「折磨」。但是醫生們說,在某些情況下,像是比賽中的人為了高額賭注或得到冠軍,需要萬分集中精力,這與胃潰瘍和身體過度緊張等問題是有關係的。

同樣的事情在日本人身上也有。只是,他們在相互關係上有制裁手段,而且他們相信自我修練有益於修練者自己,這讓他們認為不少事情都能輕易做到。反觀,在美國人眼中,那些事是很難做到的。跟美國人比起來,他們更關注那些有能力做到的事,而且不允許自己辯解過多。他們不會總將自己對生活的不滿,歸咎於替罪羊,也不會沉溺於自怨自艾,只是因為沒有得到美國人所謂的「平均幸福」。受過訓練的他們,因此比美

第十一章　自我修練

國人更加關注「身上的鏽」。

在「有能力的自我修練」之外、之上，還有「圓通」水準的自我修練。日本人對後一種類有過一些專門著述，不過西方讀者不太好理解這一類的修練技巧。一部分西方學者也專門論述過這個話題，只是態度往往偏向輕視，例如有時他們會稱之為「怪癖」。一位法國學者認為，這些技巧全都是「對常識的否認」，「禪宗」是所有講究修練的門派中最大的一派，他卻認為那是「一連串嚴肅的廢話」。然而，這些技巧所要達成的目的，並非不可參透的，這整個話題可以讓我們在相當程度上，了解到日本人的心理機制。

關於「圓通」在自我修練中所達到的心理狀態，日本人的說法頗多。這些說法應用對象各不相同，包括演員、宗教信徒、劍術家、公開演說家、畫家以及茶道師等等。它們的含義通常都一樣，我只用一個詞「無我」，它的應用領域是盛行於上層社會中的「禪宗」。關於這種「圓通」狀態的描寫，指的是這樣的一些感受，也就是不管在世俗生活中還是在宗教生活中，人的意志和行為之間「不存在任何間隙，甚至一根頭髮那樣的間隙都不存在」。

彷彿電流直接從正極流到負極。在那些還沒有達到圓通狀態的人，其意志和行為之間存在著——彷彿存在著一道不導電的屏障，這被他們稱為「觀我」、「妨我」；高手可以透過一些特殊的修練將其驅除，不過每當此時，他根本不會意識「是我在

這麼做」。電流自由流動不費吹灰之力,也就是「一點通」的狀態。行為人的行為也就是他心裡所描畫的行為圖式的翻版。

大部分普通的日本人都在追尋這種「圓通」狀態。英國的佛學權威儀禮爵士 (Charles Eliot) 說過,一個女生曾經向東京一位著名的傳教士提出申請,自己想成為一名基督徒。當被問及她為什麼想這麼做時,她的回答是,她最大的願望就是坐著飛機上天。當她被要求解釋坐飛機和基督教之間的關係時,她的回答是曾經有人跟她說過,在她坐飛機上天之前,一定要具備一種特別鎮靜的、調節良好的心態,而這種心態,只有透過宗教修練才能獲取。她覺得,基督教可能是所有宗教中最好的,因此她來求助於傳教士。(儀禮爵士:《日本佛教》,第 286 頁)

日本人不僅將基督教和飛機連繫在一起,還將修練「一種特別鎮靜的、調節良好的心態」,和學校考試、演講以及政治生涯連繫在一起。在他們眼中,為「一點通」境界所做的技術訓練,差不多對做任何事情都是有幫助的,這是毫無問題的。

發展出這類修練技巧的文明有很多,可是,日本人的目的和方法都具有他們自己的特色,而且還極其鮮明。這特別有意思,因為不少技巧都是起源於印度的,那就是在印度眾所周知的瑜伽。日本的自我催眠、集中精力、五官控制等方面的技巧,現在還是顯示出和印度修練方法的親緣關係。他們也強調「空心」、「靜體」,同一個短語重複唸誦一萬遍,集中注意力於某個選定的象徵物上。甚至日本人還認可某些印度人用的術

第十一章　自我修練

語。只是,除了這些「裸露在外的骨頭之外」,日本版的佛教與印度版就沒有什麼共同之處了。

在印度,瑜伽派是一個崇奉禁慾苦行的教派,是一種擺脫輪迴的方法。除了「涅槃」,再沒有任何其他解脫法,人的慾望就是解脫之路上的唯一障礙。人透過忍飢挨餓、領受侮辱以及自討苦吃,可以將自身的慾望消除,達到聖人的狀態,還可以獲得靈性,達到神人合一的境界。瑜伽是一種斷絕與肉體世界關係的方法,也是在逃避虛妄而單調的人生,還是一種掌握精神力量的方法。苦行越極端,越可以讓人盡快到達目標。

在日本,這種哲學屬於異端。即使佛教在日本也十分盛行,可是在日本人的佛教信仰中,從來都沒有過輪迴和涅槃的觀念。一部分佛教徒接受了這些信條,不過那是他們個人的行為,這些信條從來沒有影響到民間和大眾的思維。按照輪迴觀念來說,殺死一隻蟲子或者動物,就會殺死一個轉世之人的靈魂。然而在日本,人們不會因為這個就去放生。在他們的葬禮和慶生儀式上,也不會看見一點輪迴觀念。轉世不是日本思想的一種正規化,涅槃觀念也是一樣,它不僅對普通大眾而言,一點意義都沒有,而且僧侶們自己也把它修改了,讓它不復存在。

僧侶學者宣稱,頓悟之人已經處在了涅槃狀態,涅槃就在此時此地,在一隻野鳥或一棵松樹身上,我們也可以「看到涅槃」。日本人始終對死後世界的幻象沒什麼興趣,他們的神話講的是神,而非死後的生命。他們甚至放棄了,佛教中關於死

後各種不同因果報應的觀念。任何一個人，即便是最微賤的農民，死後都可以成佛。自家祠堂裡的靈位，被他們直接稱為「佛」，再沒有哪個佛教國家的人們會這麼說了。一個民族居然這麼大膽地稱呼去世的普通人，可想而知，他們是根本不會去描繪，任何像達到涅槃這樣困難的目標的。一個人透過任何途徑都能成佛，也就不用透過禁慾一輩子，來實現這一絕對靜止的目標了。

靈與肉無法妥協，在日本也是不存在這一信條的。瑜伽是消除欲望的方法，而欲望就存在於肉體裡。但是，這個教條日本人可沒有。「人之常情」並非邪惡，而是享受感官快樂的智慧的一部分。只有為了人生的重要義務時，才有可能犧牲「人之常情」。在日本人修練瑜伽術的方式中，這一信條被帶到了它邏輯上的極端：不僅去除一切自我折磨，瑜伽術甚至都不能稱為一種苦行了。甚至那些在隱居狀態中「領悟」的人，即使被稱為隱士，卻一般都在日本的勝地定居，跟老婆孩子一起舒適地生活著。有老婆陪伴，甚至連著生孩子，這些行為都被視為和聖潔是完全融洽的。

在全部佛教門派中最流行的那派，僧侶也能隨意娶妻生子；日本人從未發現，自己能輕易地接受靈與肉不相容的理論。領悟的神聖性，包括自我修練時的沉思默想和生活的簡單化，從不代表了要穿髒衣服，或者要對自然的美和弦樂的美閉目塞聽。聖人們可能將每天的時間都安排得滿滿的，或者參加茶道儀

第十一章　自我修練

式，或者寫作優雅的詩歌，或者「觀賞」櫻花或月亮。禪宗甚至指引信徒要避免「三不足：短衣，缺食，少睡眠」。

在日本，瑜伽哲學的最後信條，同樣被視為異端，指的就是神祕主義的修練，能夠讓修練者實現與宇宙合一的狂喜狀態。不管在世界上哪裡進行這種神祕主義的修練，不管修練者是原始民族、印度的瑜伽修行者、伊斯蘭教的苦修僧，還是中世紀的基督教徒，神祕主義修行者差不多都認為，不管他們的信條是什麼，自己都實現了「天人合一」的境界，體會到了人間不存在的「狂喜」。日本有神祕的修練法，不過沒有神祕主義，但是這並不意味著他們沒達到出神狀態。他們達到了，然而他們甚至把出神狀態都視為修練法，可以讓人修練到「一點通」的境界。他們並沒有將這種境界描寫為「狂喜」。禪宗甚至沒有像其他國家的神祕主義者那樣，說出神時五官是緊閉的狀態。

禪宗說，這種修練法可以將「六官」全部帶進一種超常的敏銳狀態。第六感官位於心間，可以透過修練超越普通的五官，然而，視覺、聽覺、嗅覺、味覺、觸覺在出神時，都要進行特殊的訓練。禪宗修行者的一種修行是：聽到無聲的腳步，並且可以準確地跟隨那腳步，從一處轉移到另一處，或者辨別同樣誘人的、不一樣的美味──這是有意引入的──而這些並沒有打破出神的狀態。嗅覺、視覺、聽覺、觸覺和味覺一起「幫助第六感官」，修練者要在這種狀態中，掌握讓「每一種感官都保持警覺的狀態」。

不管在哪種重視超感覺體驗的宗教中，這都是屬於非同尋常的修練。即使是在出神狀態，禪宗修行者也不想要擺脫自我，而是像尼采（Friedrich Nietzsche）在論述古希臘人時所說的，「保留自己的樣子，保持公民的名聲」。日本佛教大師的言論裡，關於這一觀點的生動陳述非常多，最精彩的要屬道元的陳述。他在13世紀開創了禪宗的分支門派曹洞宗，現在還是禪宗最大、最具影響力的門派。

　　道元在講到自己「開悟」時這樣講：「我只承認，我的眼睛橫在直挺的鼻子之上……在禪宗的體驗中，不存在什麼神祕性。時間自然流逝，日昇於東，月落於西。」（忽滑谷快天：《武士的宗教》，倫敦，西元1913年，第197頁）。禪宗經書也不允許出神狀態在給予自我修練的力量外，再給予其他的力量。「瑜伽宣稱，能夠透過冥思苦想獲得各式各樣的超自然力量，」一名日本佛教徒寫道，「然而，禪宗從未發表任何這樣荒謬的宣言。」（忽滑谷快天：《武士的宗教》，倫敦，西元1913年，第197頁）

　　所以，日本人從思想的石板上，擦去那些作為印度瑜伽修練基礎的觀點，甚至擦得一乾二淨。日本人十分喜歡設置限定，這不禁讓我們想起古希臘人。瑜伽修練法被他們理解成，一種完善狀態下的自我修練，一種可以讓人達到「圓通」境界的方法；在「圓通」境界中，在人和他的行為之間，不存在一絲縫隙。這是一種具有效率的訓練，也是一種自力更生的訓練。它的回報就在此時此地，因為它可以讓人應付任何局面，而且付

第十一章　自我修練

出的努力既不多也不少,恰到好處。它還可以讓人控制自己任性的脾氣,那樣,無論是外來的人身危險,還是內在的激情,都無法讓他失去自我。

這樣的修練對於武士和僧侶來說,當然具有完全一樣的價值,而正是日本的武士選擇了禪宗做為自己的信仰。在日本,人們進行神祕主義修練,追求的回報並非至上的神祕體會,而是被武士用來訓練自己進行短兵相接的戰鬥,這種情況只能在日本這個國家看到。可是,從禪宗最初流入日本時,就是這樣的情況了。榮西是日本禪宗的祖師爺,他寫於12世紀的偉大著作,題目就是《興禪護國論》。日本人用禪宗訓練了武士、政治家、劍術家還有大學生,就是為了實現各種非常世俗的目標。

就像儀禮爵士所說,在中國的禪宗史上,沒有一點跡象可以表明,在未來的日本,禪宗變成了一種軍事訓練,「像茶道、能劇〔能劇,日本的傳統戲劇,一種舞臺劇,結合了舞蹈、戲劇、音樂和詩歌的特點。〕一樣,禪宗已經徹底變成日本的了。我們可以這樣設想:在12世紀和13世紀這樣充滿麻煩的時代,這一講究沉思默想的神祕信仰,因為它並非在經書中,而是在個人心裡的瞬間感受中尋找真理,所以,開始流行於作為避風港的寺廟裡,流行於那些逃離世間風暴的難民中間。然而,它是不應該得到武士階層的接受和青睞,進而成為他們的生活準則;事實上,它卻成為了那樣的準則」。(儀禮爵士:《日本佛教》,第186頁)

包括佛教和神道在內的許多日本教派,都十分強調沉思默想的神祕修練法、自我催眠和出神。不過有些教派宣稱這種修練的結果,是上帝之恩的證據,他們認為「他力」,也就是「他人的幫助」,比如說上帝的賜恩,是哲學的基礎。另外還有些教派則只依賴「自力」,也就是「自助」,這些教派中最高的典範就是禪宗。他們宣稱潛在的力量只存在於人自身,人唯有透過自己的努力,才能擴大這力量。

日本武士們發現這種說法,與他們的心意不謀而合,不管是作為僧侶、政治家還是教育家——他們擔當著所有這些角色——他們都在對禪宗的修練法,對質樸的個人主義表示支持。禪宗的教義非常清楚,「禪宗只尋找人可以在他自己身上找到的光。在這樣的追尋過程中,不允許存在任何障礙。把你路上的一切障礙都清除掉吧……在你的追求之路上,遇佛殺佛,見聖毀聖!唯有這樣,你才可以走向自救!」(斯譚尼爾伯·奧博林:《日本的佛教教派》,倫敦,第143頁)

尋求真理的人絕對無法接受二手貨,也絕對無法接受佛的教義、經書和神學。「佛教經典十二章不過是一小片紙。」研究它們可能有好處,不過它們跟那進入心靈的閃電一點關係都沒有,那閃電可以讓人領悟。在一部禪宗對話錄中,一位初學的人請師父講解《法華經》。師父講得十分精彩,初學的人卻乾巴巴地說:「我還以為禪師蔑視經文、理論和邏輯解釋的體系呢!」「禪,」禪師回答,「並不是指什麼都不知道,而是在於相信,真

第十一章　自我修練

知在一切經文和文獻之外。你沒和我說你想要真知，你要的只是經文的解釋啊！」（轉引自斯譚尼爾伯·奧博林：《日本的佛教教派》，倫敦，第 143 頁）

　　禪師們所給予的傳統訓練，是教導初學者怎樣「去知」，這種訓練可能是心智上的，也可能是身體上的，不過在初學者的內在意識當中，它最終一定是有效的。劍術家的禪學訓練，可以很好地說明這個問題。劍術家一定要學習並且需要經常練習的，當然是正確的擊劍法，即使他已經嫻熟地掌握了擊劍技術，這也只屬於「能力」的範疇。他還一定要學會「無我」。首先，他需要站在平地上，將精力集中在那支撐他身體的幾英寸地面上，那塊作為他立足之地的小小地板一點點升高，直到他掌握了可以輕鬆站在那根四英尺高的樁子上，就和站在院子的地上一樣。當他可以穩穩當當地站在那根樁子上時，他就是「知道」了。他的心智再也不會因為頭昏眼花、害怕摔倒而背叛他了。

　　日本的這一站樁法，是將聖西蒙教派的苦行轉變成有目的的自我修練，中世紀的西方人熟悉那種苦行。但是在日本，它已經不再是一種苦行，各式各樣的身體訓練，不管是禪宗的，還是農村中的日常實踐，都經歷了這種改造。潛入冰水和站在瀑布下，在世界上大部分地方都被視為標準的苦行，這麼做的目的不一樣，有的是為了苦修肉體，有的則是為了得到神靈的憐憫，還有的是為了進入出神狀態。日本人十分鍾愛耐寒苦

行，比如天亮前坐或站在冰冷的瀑布下，或在冬天的夜裡沖三次冰水澡。不過，這麼做是為了鍛鍊人的「意識自我」，一直到他不再注意到有什麼不適。皈依者是為了訓練自己不受干擾地進行冥思苦想。無論是冷水的衝擊還是寒冷早晨裡身體的顫抖，當人意識不到時，他就「圓通」了，不求別的任何回報。

心智訓練也同樣一定要適合於自我。一個人可能會跟老師一起修行，不過老師不會進行西方意義上那種「教學活動」，因為初學者在自身之外，學到不管什麼東西都不重要。老師會和初學者展開討論，而且不會有溫和地引導學生進入一種知識新境界的舉動。老師最有幫助的時刻，就是他表現得最為粗暴的時候。在不提前警告的情況下，師父會把徒弟剛剛舉到嘴邊的茶碗打落，或者絆倒他，或者用一把銅如意敲打他的指關節，這樣的打擊好似電擊，會讓他頓悟，會打破他的自我滿足。僧書裡好多這樣的故事。

為了讓初學者拚命努力去「開悟」的修練法是「公案」，人們最鍾愛這個修練法，它的字面意義是「問題」。據說這樣的問題有 1,700 個，而按照一些奇聞錄的記載，一個人為了解決其中一個問題，要花費的時間足足有 7 年。他們想得到的，並非理性的解決之道。有一個公案是「設想將一個巴掌拍響」，另一個是「懷想媽媽在懷上自己之前的樣子」。其他的還有：「那個沒有生命的身體是誰的？」、「那個朝著我走過來的人是誰？」、「萬物歸一，一歸何處？」

第十一章　自我修練

在 12、13 世紀之前，中國廣泛流傳著這些禪宗公案，日本連著禪宗一起予以接受。然而，這些公案沒能在中國大陸得以倖存。在日本，它們卻是最重要的「圓滿」修練法。禪宗手冊的態度是特別嚴肅的，「公案銘記著人生的兩難困境。」他們說，一名沉思公案的人會陷入這樣一種僵局，就像「一隻耗子被追進了一條暗無天日的地道裡」，就像「一顆火紅的鐵球塞進了一個人的嗓子眼裡」，「一隻蚊子想要咬動鐵疙瘩」。他忘我地加倍努力著，最後，他的心靈和公案之間橫著的「觀我」屏障倒在一旁，心靈和公案相互達成妥協，而且快如閃電。他「開悟」了。

這些都是關於心智努力的描述，這努力十分緊張，彷彿一張拉滿的弓。在看到這些描述之後，倘若你想在故事書中，搜索由這樣的努力所達成的偉大真理，那你就會有虎頭蛇尾的感覺。比如，南嶽在「那個朝著我走過來的人是誰」這個公案上，花了八年時間，最終他明白了。他說：「甚至在我們確定此地有一物時，我們也是忽略了全體。」禪悟有一個通常的模式，下面這段對話就暗示了這種模式：

初學者：怎麼樣逃脫生死輪迴？

師父：是誰束縛了你？（即：是誰將你綁在輪迴上？）

他們說，他們所悟到的，用一句膾炙人口的中國俗語來說，便是「騎馬找馬」。他們清楚：「他們所需要的並非網和陷阱，而是要用這些工具去抓到的魚和獸。」換用西方的術語，他們所悟到的是：兩難困境的兩難之間沒有任何關係。他們清

楚，要是打開心眼，用現在的手段就可能實現目標。一切都有可能，而且只靠自己，不需要任何人的任何幫助。

這些追求真理的人所發現的真理，並不是公案的要義，日本人追求真理時所設想的途徑才是，這是因為那些真理，乃是全世界神祕主義者的真理。

公案被稱為「敲門磚」。「門」被安在牆裡，而牆被修在還沒有被照亮的人性周圍。因為人性還沒有被照亮，因此人們擔心現在的手段是不是夠用，還幻想會出現一大群警覺的目擊者，他們像雲一樣籠罩著自己，對自己評頭論足。這就是對每個日本人而言，都十分真實的「羞恥」之牆。人一旦用磚頭砸壞了門，門豁然開啟，他就進入了自由的戶外，可以把磚頭扔掉，不用再去解決其他的公案。

功課學完了，日本人的道德困境也解決了。心裡絕望而緊張的他們，將自己砸向某個僵局；為了修練，他們成了「咬鐵疙瘩的蚊子」。最後，他們清楚了，僵局其實不存在 —— 不管是義務和情義之間，還是情義和人之常情之間、正義和義務之間，都是不存在的。他們找到了一條出路，他們實現了自由，並且第一次完全地「品嘗」人生。他們進入「無我」狀態，他們的修練成功了，達到了「圓通」的境界。

禪學泰斗鈴木把「無我」狀態描寫為 ——「意識不到自己在做什麼的狂喜狀態」，「不著力狀態」（鈴木大拙教授：《禪宗論集》，第 3 卷，第 318 頁，京都）。「觀我」被去除了，人喪失了

第十一章　自我修練

「自我」,也就是他暫時不再是自己行為的旁觀者。鈴木這樣描述:「隨著意識的覺醒,意志被一分為二⋯⋯分成行為者和旁觀者,兩者不可避免會出現衝突,因為行為者自我想要擺脫旁觀者自我的種種限制。」所以,在開悟時,信徒發現旁觀者自我並不存在,「作為未知或不可知的量之靈魂,其實體也不存在」(轉引自儀禮爵士:《日本佛教》,第 401 頁)。

除了目標和達成目標的行為,別的什麼都沒有。研究人類行為的學者可以修改下這個陳述,從而就可以更加明確地講述日本文化。人還在孩提時代,就受訓觀察自己的行為,並想像其他人會對自己的行為說些什麼,從而作出判斷。他的觀察者自我特別脆弱,為了將自己提升到靈魂的狂喜狀態,他將這個脆弱的自我消除,不再感覺到「自己在做什麼」。於是,他感到自己在這種靈魂狀態中所受到的訓練,和初學擊劍的人對受訓的感受相同;後者被訓練得需要站在四腳樁上,不可以有害怕掉下去的感覺。

戰士、詩人、畫家和演說家都用過類似的方法,修練過「無我」。他們所得到的,並非「無限」,而是對「有限之美」的感受,那種感受是清晰的,不受任何干擾,或者調整方式和目標,以便他們可以「不多也不少」、恰到好處地努力,去完成目標。

甚至任何訓練都沒有經歷過的人,也可能有某種「無我」的體會。當一個人在觀看歌舞伎或能劇時,他的自我會完全消

失在劇情之中，也可以說是喪失了「觀察者自我」。他的手掌會變得潮溼，他會感覺到「無我之汗」。接近了目標而沒有投擲炸彈的轟炸機駕駛員，也會出「無我之汗」。「不是他在做事」，他的意識中沒有觀察者自我。防空炮手的自我會消失於周邊的一切，據說他一樣會出「無我之汗」，也會將那個觀察者自我清除。在所有這些場合中，處在這種狀態的人都達到了他們的最高境界，日本人的觀念就是這樣的。

這些概念給出了雄辯的證明：自我監視和自我監督被日本人搞成了沉重的負擔。他們說，在這些抑制因素不消失，他們是無法感受到自由和自足的。美國人將他們的觀察者自我和內心的理性原則劃等號，並且驕傲於自己在危機中還可以「保持機智」；而日本人不一樣，他們只有將自己提高到靈魂的狂喜狀態時，將自我監視所強加給他們的種種抑制通通忘掉時，他們才會感受到，頭上那個懸著的磨盤掉了下來，還沒有砸到他們的脖子。就像我們所看到的，日本人的文化絮絮叨叨著他們的靈魂需要的是謹小慎微；他們宣稱心裡的石頭只要一落下，意識就會達到一個效率更高的水準。他們以這樣的宣稱，反駁我們對他們的看法。

日本人陳述這一信條的方式之一，是他們高度讚賞「雖生猶死」的人；至少西方人聽著這樣的方式是最極端的。「雖生猶死」能直譯為「行屍走肉」，而在一切西方語言當中，「行屍走肉」都是一個帶有恐怖意味的說法，我們用這個說法表示這樣的意思：

第十一章　自我修練

一個人的自我已經死了，只留下軀體還干擾著世事，他心裡任何重要的原則都沒有了。可是日本人用這個說法，表示的意思是這樣的：一個人活到了「圓通」的水準。

他們將其用在日常的勸告之中。比如一個男孩子為中學畢業考試擔心時，父親為了鼓勵他，會說：「就當你已經死了，這樣就可以輕鬆過關。」為了鼓勵一名正在做一筆大生意的人，他的朋友會這樣說：「就當你已經死了。」當一個人陷入嚴重的心理危機，無法看到前方的道路時，他往往會表現出「就當已死」的決心，然後繼續活下去。

偉大的基督教領袖賀川戰敗後，成為貴族院的一名議員。他在帶有一定虛構色彩的自傳裡這樣說：「彷彿一個人受到了惡魔的蠱惑，天天待在自己的屋子裡不停地哭泣，到了歇斯底里的邊緣。他這樣痛苦地過了一個半月，最後，生命勝利了……他願意帶著死亡的力量去生活……他願意像一個已經死去的人，去經受生與死的衝突……他作出了決定：皈依基督教。」（賀川豐彥：《黎明前》，第 240 頁）。戰爭期間，日本士兵說：「我決定像個已死之人那樣去活，以此來報皇恩。」他們這麼說的，也是這麼做的，像是出征前替自己舉行葬禮，發誓將自己的身體託付給「硫黃島上的塵土」，決心「和緬甸的花朵一起凋謝」。

那些強調「無我」的哲學，通常也強調「雖生猶死」。這種心態下的人們會消除一切自我監視，並由此消除一切恐懼和審慎。他變得像死人一樣，不用再考慮自己的行為是不是對的。

死人不用再報「恩」,他們獲得了自由。所以說「我雖生猶死」,就是說徹底擺脫了衝突,「我的精力和注意力,能夠自由地直接用來實現自己的目標。在我和目標之間,不再有帶著恐懼負擔的觀察者自我。隨之而去的還有壓抑的傾向和緊張疲勞的感覺,之前它們一直在干擾著我奮鬥。現在,我已經是無所不能的了」。

按照西方人的說法,日本人在「無我」和「雖生猶死」方面的修練泯滅了良知。他們所謂的「觀我」和「妨我」,是一種審查機制,用來判斷自己的行為。它生動地指出了西方說法和東方說法之間的不同,也就是當我們說到某個美國人沒有良知時,我們的意思是他沒有罪惡感,而他做錯了事,實際上是應該要有罪惡感的;然而日本人使用同樣的說法時,是在說那人不再緊張、不再被妨礙。美國人的意思指向一個壞人;而日本人則指向一個好人,一個修練過的人,一個可以讓自己的才能發揮到極致的人,一個可以完成最為困難任務的人,一個無私奉獻的人。

在美國,罪行是對善行最大的制約因素,若是一個人的良知變成了鐵石心腸,那麼他就不會再感覺到這一點,一個反社會分子誕生了。對這個問題,日本人有不同的分析。按照他們的哲學來說,人心深處都是善良的。如果他的內心衝動,可以直接透過行動表現出來,那麼他的行為就會既善良又輕鬆。所以,他會透過嫻熟的自我修練,來消除羞恥的自我審查。到了

第十一章　自我修練

那時候,他的「第六感官」才可以擺脫障礙,他也就完全擺脫了自我意識和矛盾衝突。

假使將日本人的這種自我修練哲學,和他們在自己文化中的個人生活經驗分開,會有什麼結果?那麼它就會成為一個不解之謎。我們看見了,他們將羞恥指派給「觀我」,讓其對自己產生強大的壓力。可是,如果不描述一番他們撫養孩子的行為,我們就還是看不到他們心理機制中的哲學真義。傳統的道德約定在任何一種文化中,都會代代相傳,不只是透過語言,還透過每個成年人對孩子的態度。若是不研究一個國家將孩子撫養長大的方式,外人就幾乎理解不了那個國家生活中的重要事情。到現在為止,我們只是在成年人的層面上,描述了日本人的生活觀念,而他們的育兒方式,讓這些觀念中的大部分變得更加清晰。

第十二章

童蒙

　　西方人可能猜不到，日本孩子被撫養長大的方式。日本父母訓練孩子去過一種審慎而節儉的生活，這是美國父母不會做的，他們從一開始就向孩子證明：他們那些小小的願望並非至高無上的。我們對他們嚴加管教，包括吃奶和睡覺等方面。沒到時間，不管他怎麼大呼小叫都得等著。過了一會，他會將手指塞到嘴裡，或者摸自己身體別的部位，母親就要打他的手，讓他拿開手。

　　母親總會離開他的視線，母親出門的時候，他就得自個待著。他需要在喜歡上別的食物之前斷奶；或者如果他是用奶瓶餵養的，那他就得放棄奶瓶。有些食物對他有益，他就得吃。他做得不對就要被處罰。美國人很自然地就會想，在日本幼兒身上，這些規則肯定被用得更加嚴厲，因為日本孩子在成年以後就要壓制自己的願望，小心謹慎地去遵守那一套道德規範。

　　然而，日本人並不是這麼做的。他們描繪的人生弧線正好與美國人的相反。這是一條 U 形的曲線，兩頭大，底部淺，允許幼兒和老人擁有最多的自由和任性。幼兒期過後限制程度會

第十二章　童蒙

越來越強,到結婚前後,一個人的自主程度到達最低點。這種低水準在壯年時期會延續許多年。不過一過60歲,這條曲線又會一點點上升,老年人和孩子一樣,不會為羞恥感所牽制。

而美國人的人生曲線是倒過來的。幼兒被嚴厲地管教著,隨著他的力氣越來越大,他所受到的管教也越來越鬆;當他找到了一份可以養活自己的工作,當他建立了自己的家庭時,就可以自由地打理自己的生活。我們的壯年時期享有的自由和自主是最多的。當我們失去了精力或控制力,或者成為了不得不依靠別人的人時,針對我們的各種限制會再次出現。要讓美國人按照日本人的模式安排生活,甚至只是想像一下都很難,在我們眼中,這一定會讓人在現實那裡碰一鼻子灰。

不過,這兩種對人生曲線的安排,都確保了這樣一個事實:個人在壯年時期能夠積極地參與本國的文化建設。在美國,為了確保這一點,我們會讓一個處在壯年時期的人,擁有越來越多的自由選擇。在日本,他則會在這個階段受到最大程度的限制。壯年人在體力方面和謀生能力方面,的確是巔峰的時候,但這無法讓他成為自己生活的主人。他們高度確信:限制是非常出色的精神修練(修養),可以產生自由收不到的效果。日本人在最有活力和創造力的年齡層,受到了最為嚴厲的限制,不過這並不代表這些限制會貫穿他們的一生,老年時期和兒童時期是「自由的領地」。

一個縱容孩子的民族特別喜歡擁有孩子,日本人就是如

此。他們想要孩子，最主要的原因和美國的父母一樣，就是愛一個孩子是一種樂趣。不過他們也有一些美國人會覺得不那麼重要的原因，那就是日本父母需要孩子，除了情感上的滿足之外，還因為：要是他們沒有賡續家族的香火，他們的人生就失敗了。每個日本男人都一定要有一個兒子，在他死後，兒子每天都會來到客廳的佛龕前，緬懷牌位裡的他，表達著敬意。他需要兒子傳宗接代，延續家族的財產和榮譽。

從傳統社會方面的原因來看，父親對兒子的需求，差不多和兒子對父親的需求一樣。將來兒子會取代父親，父親會感到更保險了，而不會感覺自己受到了排擠。在若干年內，「家務」託管給父親，以後交給兒子。倘若父親沒有將管家的權力傳給兒子，由他自己履行職責，那就沒有意義了。在日本，兒子完全長大之後，還會依賴父親，這種依賴關係會延續相當長的時間，遠比美國的時間長。不過由於他們對家族的延續性意識根深蒂固，他們不會感到羞恥；然而在西方國家，這樣的依賴父親，兒子通常都會覺得羞恥。

女人同樣需要孩子，也不只是為了滿足自己的情感，還因為只有做了母親，她才能獲得一定的地位。沒有孩子的女人，其家庭地位是最不穩固的。就算她沒有被休掉，也沒希望成為婆婆，進而擁有決定兒子婚姻並掌控兒媳婦的權威。她丈夫為了賡續香火會領養一個兒子，可是在日本人的觀念中，沒有自己孩子的女人永遠都是失敗的。日本人期望女人能盡可能地多生

第十二章　童蒙

孩子。日本 1930 年代上半期，平均每年的出生率是 317/1000，就算去和出生率比較高的東歐國家相比，這也是非常高的出生率。西元 1940 年，美國的出生率是 176/1000。日本女人開始生孩子的年齡較小，19 歲的年輕女子生孩子的數量，要比美國的同齡婦女多。

在日本，生孩子是私密的行為，和行房事一樣。女人分娩的時候不能叫出聲來，因為她一叫別人就知道了。要提前替孩子準備好一張簡陋的小床，帶有新的床墊和被面。新生兒沒有擁有屬於自己的新床，是一個不好的預兆，因此就算家裡窮得除了被面，別的新東西都買不起了，也要將裡面的棉花全都拿出來翻新一下，讓被子至少看起來是「新」的。

小床上的被子要比成年人蓋的輕得多，也不那麼僵硬。據說這樣孩子在自己的床上，會感覺非常地舒服。單獨備床給孩子，深層次的原因，其實還是一種公認的神祕觀點：新生兒一定要有屬於自己的新床。把孩子的小床拉到母親的床邊，不過孩子不會和母親一起睡，一直到他表現出了自主的意識。他們說差不多在一歲的時候，孩子會伸出手臂來讓別人知道他的要求。那時，孩子才可以讓母親抱著一起睡。

孩子剛出生的前三天不給奶喝，因為等到三天後才會流出真正的奶汁。從此，孩子可以隨時叼奶頭，有時是要喝奶，有時候則是為了舒服。母親也認為餵奶是一種享受。在日本人看來，餵奶是女人最大的生理快樂之一，孩子輕鬆地就學會了分

享她的快樂。乳房提供的不僅是奶，還有快樂和舒服。

孩子在頭一個月，睡在自己的小床或母親的懷裡。人們覺得，孩子只有在滿月之後，在被抱去了當地的神社亮相後，他體內的生命才算是牢牢地扎下了根。從這以後，抱著他去公共場所隨意閒逛，也都安全了。滿月之後，他會被母親駄在背上。母親會在他的腋下和屁股下拉上一根雙股帶子，這帶子從母親的肩頭繞過，在母親的腰前打結。母親在天冷的時候，會把棉衣穿在孩子的外頭，將他裹得嚴嚴實實。

家裡大一點的孩子都要幫著帶小孩，不管是男孩還是女孩，就算他們在玩疊球遊戲或跳房子遊戲時，也要揹著小孩。農民和比較窮的人家，更為依賴這種孩子帶孩子的方式。「由於生活在大庭廣眾之中，這些日本小孩很快就顯得聰明而有趣，大孩子揹著他們玩遊戲，他們彷彿也和大孩子一樣，能夠享受遊戲的快樂。」（培根・愛麗絲・馬貝爾：《日本的女人和女孩》，第6頁）

被綁在背上的日本小孩，好像張開翅膀的雛鷹，這跟太平洋群島和其他地方流行的帶孩子方式非常相似，那裡的人們用披肩將孩子綁在自己身上。這種方法帶出來的孩子具有被動性，他們長大之後可以在任何地方、以任何姿勢睡覺。然而用披肩和袋子裝孩子，會導致孩子徹底養成被動的習慣，而日本人用的帶子卻沒有這樣的後果。「無論是被誰揹著，嬰兒都會緊緊地貼在他背上，像小貓一樣……那些綁著他的帶子足夠安全……

第十二章　童蒙

不過,他靠自己的努力來確保姿勢舒服;他很快就掌握用難度相當高的技巧趴在背上,而不只是躺在那個綁在大人肩膀上的兜子裡。」(同上注)

不管什麼時候,母親幹活時就把孩子放在床上,而上街時,則不管去哪裡她都會帶著孩子。她對著孩子哼哼或說話,讓孩子做各種禮貌動作。如果她自己向人還禮,就會帶著孩子的頭和肩膀一起向前移動,讓他也做出還禮的樣子。孩子始終被掛在心上。她會在每天下午帶著孩子去洗熱水澡,把他放在自己的膝蓋上,逗著他玩。

孩子三四個月的時候開始穿尿布,尿布是非常重的布墊子,日本人有時會抱怨自己O形腿的罪魁禍首,就是這樣的布墊子。母親在孩子三四個月大的時候,開始對他進行配合照料的訓練。她估計孩子需要便溺了,就會抱著他到門外,通常是一邊等著,一邊低聲地、單調地吹著口哨;孩子呢,也學會領悟到這種聲音刺激的目的。大家一致認為,日本孩子和中國孩子一樣,很早就接受了便溺的訓練。如果出現了閃失,有的母親會捏弄孩子,不過她們通常只會變更口哨聲的調子,更頻繁地把不好訓練的孩子抱出門。若是孩子便祕,母親便會讓他服用灌腸劑或瀉藥。母親們總說,她們要使孩子覺得更舒服。受訓時的孩子,就不用穿不舒服的粗糙尿布了。

事實上,日本孩子肯定會覺得尿布不舒服,這不只是因為尿布太重了,還因為習俗並沒有要求尿布一溼就換。孩子畢竟

還太小，無法意識到那種配合照料的訓練，和擺脫不舒服的尿布之間的關係。他們意識到的只有：這是每天自己被強迫做的事，逃避不了。另外，母親抱著的孩子便溺時，需要使孩子和自己的身體保持一點距離，但一定要抱緊。孩子們從這樣扎實的訓練裡學到的東西，對他成年之後，去接受日本文化中那些微妙的強制性規定是有幫助的。（喬福里・郭雷也強調過日本人訓練小孩便溺的人生作用，見其所著〈日本文化的主題〉，《紐約科學院學報》，第 5 卷，第 106～124 頁，西元 1943 年）

日本嬰兒通常是先學說話後學走路，大人們往往鼓勵他爬行。人們以前認為，一歲前的嬰兒不應該站立或邁步，母親會制止他這方面的努力。政府曾在便宜而發行廣泛的《母親雜誌》上，花了一、二十年的時間來教導母親們：應該鼓勵嬰兒走路，目前這種行為普遍多了。母親們在嬰兒的腋下拴一根帶子，或者直接用手扶著他。但是，嬰兒還是更喜歡先學說話。他開始牙牙學語時，通常會說出亂七八糟的一大串，大人們願意學他說話來逗他玩；這讓他的話目的性更強。大人們並沒有將嬰兒學習說話的事，放手交給偶然的模仿，而是教嬰兒詞語、語法還有敬語，他們和嬰兒都喜歡這樣的遊戲。

在日本的家庭中，學會走路之後，孩子們可能會做出許多惡作劇。他們會用手指戳穿紙窗，或者掉進地板中間沒蓋蓋子的火坑裡。大人們為了表示不滿，甚至會誇大屋子裡的各種危險。踏在門檻上是危險的，而且絕對是一種禁忌。日本民居自然是

第十二章　童蒙

沒有地窖的,都是靠托梁架在地面上。人們十分嚴肅地認為,就算在門檻上踏一腳的是一個孩子,都可能讓整座房子走樣。不僅這樣,孩子還必須了解:榻榻米的邊緣是不能踩或坐的。

榻榻米是有標準尺寸的,人們常常用「三疊間」或「十二疊間」來表示房間的大小。孩子們總會聽到這樣的故事:古時的武士經常用刀從榻榻米下方往上捅,他們就是在這些榻榻米邊緣的地方下刀,來刺穿房間的占領者。只有又軟又厚的榻榻米才能提供安全保障,不過交接處的縫隙是存在危險的。母親將這種感覺引入她一貫使用的訓誡,她告誡孩子「危險」、「不好」。第三個總會用到的告誡詞是「髒」,日本人家裡的整潔是有口皆碑的,從小孩子就被告誡要注重整潔。

直到即將有更小的嬰兒出生時,大部分的日本孩子才會斷奶;不過最近幾年,政府主辦的《母親雜誌》表示,支持嬰兒在八個月大時斷奶。一般是中產階級的母親會這麼做,不過這絕對不是日本的普遍習慣。日本人真的覺得餵奶可以為母親帶來非常大的快樂;那些漸漸接受了新習慣的人,覺得縮短餵奶的時間,是母親為了孩子的好處作出的犧牲。他們一旦接受「喝奶時間越長,孩子的身體越弱」這種新的說法,就會批評孩子的母親,要是她還沒有給孩子斷奶,就會被說成是在縱容自己。「她說她不能給孩子斷奶,無非是她自己下不了決心而已。她自己想繼續餵奶,大部分的好處都是她自己的。」因為這樣的態度,我們就非常容易理解,為什麼那八個月斷奶的倡議,至今還沒

有得到普及。

斷奶晚還有一個現實的原因：日本的傳統飲食裡，沒有專門準備吃的東西給剛斷奶的孩子。如果他非常小就斷了奶，大人能餵給他的就只有粥了，不過，通常他都會直接從喝母乳，轉為吃大人們常吃的食物。日本人的食譜裡沒有牛奶，他們也沒有專門為孩子準備一些蔬菜。在這樣的情形下，我們有充足的理由懷疑，「喝奶時間越長，孩子的身體越弱」，這樣的政府教導到底對不對。

孩子通常是在聽懂別人說話之後斷奶。以前是一家人圍著飯桌吃飯，他會在母親懷裡坐著，被餵上幾口；現在呢？他吃得更多了。有的孩子這時不願意吃大人餵的食物，這很好理解；他們之所以斷奶，是因為又有孩子出生了。他們想要喝奶，母親給他們的卻是糖果，以此轉移他們的注意力。母親有時會在乳頭上撒一些胡椒粉。不過，所有的母親都會嘲笑他們，他們要是還想喝奶，就說明他們還是小小孩。「看看你堂弟，他和你一樣大，但是他就沒要奶喝，你可是個男人啊！」、「他在嘲笑你呢！因為你都長大了，還想要喝奶。」一個兩歲到四歲的孩子纏著母親要喝奶，可是當另一個大一些的孩子走近時，他常常會放棄喝奶的念頭，還會擺出一副不喝也無所謂的樣子。

這種嘲笑，這種鼓勵孩子向大人看齊的做法，不只存在於斷奶這一個方面。從孩子可以聽懂別人說話時開始，這些方法可能被應用在所有的情況下。當孩子哭時，母親會這樣和他說：

第十二章　童蒙

「你可是個男人啊！」或者「你可不是女孩！」或者「看看那個小小孩，他都沒有哭呢！」這時如果剛巧有人抱著一個嬰兒來串門，母親就會一邊當著自己孩子的面撫弄那個嬰兒，一邊說：「我準備領養這個娃娃了，因為他真是個好娃娃。你都多大了，還哭。」她自己的孩子會拚命衝向她，還會用小拳頭敲打著她，哭著說：「不，不，我們不要別的孩子。我保證聽妳的話還不行嗎？」

當一個兩三歲的孩子吵個不停，或者沒有及時做該做的事時，母親會和某個來訪的男人說：「您願意帶走這個孩子嗎？我們不要他了。」那客人會假裝願意，然後開始把孩子拉到屋子外，這時候孩子會發出尖叫，讓他媽媽去救他，他有點生氣了。這時候，母親覺得嘲笑已經發揮作用了，她會溫和地將孩子帶回自己身邊，要求還在生氣中的孩子答應，以後都要好好的。有時這樣的事情，也會在五六歲的孩子那裡上演。

嘲笑也有其他的形式。母親會轉向丈夫，和孩子說：「我更喜歡你的爸爸，因為他是個好人。」孩子會表現出嫉妒的樣子，試圖闖入父親和母親之間。母親說：「你爸爸不會在屋子裡到處亂跑、大喊大叫。」孩子抗議道：「我沒喊叫，也沒亂跑，我沒有那麼做。我是好孩子，現在妳喜歡我嗎？」當這戲演得足夠長時，父親和母親會相視一笑。這種方法可以用來嘲笑兒子，也可以用來嘲笑女兒。

這樣的體驗是害怕被嘲笑和被排斥的沃土，在日本成年人

中，這樣的害怕是極為明顯的。小孩多久可以明白，大人是在用這種嘲笑逗自己玩？我們很難說，不過他遲早都會明白。當他理解的時候，這種被嘲笑的感覺，就會跟他被威脅時的恐懼感結合在一起，他還被威脅將失去一切安全和親密。等他長大之後，一旦遭到嘲笑，就會回想起童年的這幅情景。

這種嘲笑在兩歲至五歲的孩子中，引起的恐慌會更大，因為家庭真的是安全與放任的港灣。不管是在體力上還是情緒上，父親和母親都有非常明確的分工，所以，他們在孩子面前幾乎不會表現出競爭。母親或祖母負責家務、教育孩子。她們都以父親為榮，對父親百依百順。家庭階層制中的先後順序極為明確。孩子察覺到了：長輩是有特權的。男性相對於女性來說，是有特權的；哥哥相對於弟弟來說，是有特權的。不過，在人生的這個階段，孩子可以在全部這些關係中都放任自己。他是男孩的話，這一點就更確定無疑了。

男孩和女孩都以為，母親永遠都會滿足他們提出的要求，即使是極端的要求。一個三歲的男孩甚至能夠縱容自己朝母親發火，可是對父親，他絕不會表現出一點點的冒犯傾向。不過他被父母嘲笑了，會感到不滿，他被威脅「送給別人」時，會有些怨恨；這些不滿和怨恨，在他對母親和祖母發脾氣時，都會表現出來。當然，並不是每個小男孩都脾氣暴躁。不過，不管是在上層社會的家庭裡還是在農村，在人們眼中，三歲至六歲之間的男孩子發脾氣，屬於他們童年生活裡再正常不過的表

第十二章　童蒙

現。他不停地用拳頭打母親，尖叫個不停，最後還暴力地把母親珍愛的髮髻扯散。他母親是女人，而他，即便只有三歲，也是一個男人。他甚至能夠縱容自己為非作歹。

但是對父親，他能表現出來的只有尊敬。對孩子而言，父親在階層制中擁有崇高的地位，是個偉大的榜樣。用日本人掛在嘴邊的話來說，孩子一定要學會對父親表現出應有的尊敬，是「為了訓練」。跟差不多所有西方國家的父親相比，日本的父親對孩子的教育算是相當少的。女人手中掌握著教育孩子的權力。他向自己的小孩子表達願望，往往只是這樣的舉動：簡單地默默盯著孩子看一眼，要不就是簡短地訓上幾句；孩子很快就會服從，因為這樣的舉動十分罕見。空閒的時間，他會做玩具給孩子們。在孩子們都學會走路很久之後，有時他還會抱著他們到處走走──母親也會這樣做──他偶爾會履行照料這個年齡層孩子的職責；在美國，這樣的職責通常被丈夫交給了妻子。

即使祖父母也是尊敬的對象，不過孩子們跟他們在一起時非常地自由。他們並不承擔教育孩子的角色。當他們抗議孩子鬆鬆垮垮的教育時，就會承擔起教育的角色，而這會導致不少摩擦。祖母常常一天 24 小時都在孩子身邊；日本家庭裡的祖母和母親，經常為了孩子而吵架。從孩子的角度看，雙方都是在寵他愛他。從祖母的角度呢，孩子常常被她利用來控制兒媳婦。小媳婦生活中最大的義務，就是讓婆婆滿意，因此無論爺

爺奶奶怎麼溺愛她的孩子，她都不會表示抗議。在母親說了不能再吃糖之後，祖母還會給孩子糖吃，甚至會說出針鋒相對的話語：「我的糖可沒毒。」在許多家庭裡，祖母能送給孩子一些母親無法準備的禮物，而且逗孩子玩的時間也更多。

哥哥姊姊也都被要求，要寬容地對待弟弟妹妹。當有新生兒時，大孩子會警覺：自己有了被排擠的危險，我們會說「他的鼻子都被氣歪了」。被排擠的孩子會輕易地將新生兒和這樣一個事實連繫在一起：他得放棄母親的乳房還有床，這些都會是那個新生兒的了。在新生兒出生之前，母親會告訴大孩子，他馬上就要擁有一個真正的活娃娃，而不再是一個「假」的寶寶。他被告知，他現在可以和父親而不是母親一起睡覺。這被描繪得彷彿是一種特權，他也被帶入了迎接新生兒的準備工作。他往往會真的為新生兒的到來而快樂、興奮，但是失落感也同時出現，而且這被認為是完全可以預料到的，並非什麼特別的威脅。

被排擠的孩子會抱起新生兒就走開，還會跟母親說：「我們把這個寶寶送給別人吧！」「不行，」母親回答，「這是我們家的寶寶。看，他多像你，我們要對他好，我們需要你幫忙照顧他。」在相當長一段時間裡，這一幕可能會經常出現，不過母親似乎不怎麼擔心。在大家庭裡，會自動出現這樣一條規定：年齡相對比較接近的孩子，交替著產生親密的連繫。老大會是老三最喜歡的看護，老二則大概會是老四的看護。更小一些的孩子們也互相結成對，一直到孩子七八歲為止，這種安排和孩子

第十二章　童蒙

的性別基本沒有關係。

每個日本孩子都有玩具。父親、母親和親戚朋友都會買或做洋娃娃及其他各類玩具給孩子。窮人們會自己做，因此一分錢都不用花。小孩子們用這些玩具玩扮家家酒、過節和結婚等遊戲；玩之前要辯論：大人們做這些事，實際的程序是怎樣的，有時爭論的問題會被提交到母親那裡。母親碰到爭吵時，也許會引用「大人有大量」這個說法，讓大一點的孩子讓著小一點的孩子。

她還會說「有失必有得。」三歲大的孩子馬上就能理解她的意思：如果大孩子把玩具讓給小孩子，小孩子沒多久就會玩膩了，轉而去玩別的玩具；這時大孩子就可以拿回來之前那個玩具。要麼她的意思也可能是：在孩子們準備玩主僕遊戲時，大孩子如果接受不是很受歡迎的僕人角色，他就會「贏得」大家都能有的樂趣。日本人的生活中，即使在孩子長大以後，他們也是十分看重「有失必有得」這種說法。

除了訓誡和嘲笑，日本人還有一種教育孩子的方法——轉移孩子的注意力，也就是讓他的心思離開一直關注的對象，這種方法在幼兒教育領域的地位十分重要。甚至不斷地給孩子吃糖，通常也被視為一種可以分散孩子注意力的手段。大人會在孩子接近上學年齡時，採用各種「療救」法。要是小男孩不聽話、總吵鬧或脾氣暴躁，母親就會帶他去神社或佛教寺廟。母親的意思是：「我們還是求助於神靈吧！」這樣的行動通常相當

於一次短途的旅行，實施療救的僧侶會嚴肅地跟孩子談話，問他的生日和他的毛病。然後那僧侶會退回裡屋進行一番祈禱，再回來後，便宣稱病已治好。有時他會扔掉一條蠕蟲或是別的昆蟲，然後說那就是孩子淘氣的化身；他已經祛除了孩子的毛病，接著便送孩子輕鬆地回家。

日本人說「這種療效會維持一段時間」。日本孩子當然也會被處罰，但即使是最嚴厲的處罰，也被認為是「藥物療法」。具體的做法是：將一小堆艾粉放在孩子的皮膚上，呈圓錐形，然後點燃，這樣的做法會留下終生的疤痕。在東亞，艾灸是一種歷史悠久、流傳廣泛的藥物療法，在日本也曾被用來治療許多病痛，還能夠治療性格頑固和脾氣暴躁。母親或祖母會選擇這種療法，治一個六七歲小男孩的毛病。倘若病情難治，甚至還可以再來一次治療；不過，用艾灸法治療孩子的淘氣，用三次的很少。它不是那種意義上的懲罰——「如果你那麼做，我就要打你的屁股。」然而，它所造成的傷害遠比打屁股嚴重，孩子清楚，他不能淘氣，否則就要被處罰。

除了這些用來對付任性孩子的方法，還有一些習慣是用來教孩子掌握必需的身體技能的。日本人強調這樣一點：教的人要手把手地，透過實際的行動來教孩子。孩子則應該是被動接受。在孩子兩歲前，父親會幫助他彎起腿來，雙腿向後盤著，坐正，腳背對著地板。一開始，孩子發現自己容易向後仰倒，特別是因為大人在訓練他的坐姿時，一定會強調要他一動

第十二章　童蒙

不動，坐立不安或者改變坐姿都不行。日本人說，要放鬆、要被動是學習的竅門，在擺正孩子的腿時，父親尤其強調這種被動性。

孩子要學的身體姿勢不只是坐姿，還有睡姿。日本女人對自己睡姿的態度非常謹慎，就像美國女人時刻小心不能讓別人看到自己的裸體。即使日本人並不以澡堂裡的赤身裸體為羞，直到政府為了贏得外國人的讚賞而發起運動，引入了裸浴羞恥的觀念，可他們卻特別地在乎睡姿。女孩一定要學會直著身子睡覺，而且要兩腿併攏，男孩子則十分自由。這是將男孩和女孩分開訓練的最初規則之一。

與日本的大部分其他要求一樣，上層社會對這一規則的要求，遠比下層社會嚴格。在談到自己的武士階層教養時，杉本夫人說：「從我能記事起，我晚上一直靜靜地、小心地躺在我那小小的木枕上⋯⋯武士家庭的女兒被教導，永遠都不能失去對自己身體和心靈的控制 —— 即使是睡覺時也不行。男孩子則可以伸展四肢，呈一個『大』字形，沒有什麼顧慮。然而女孩必須曲身成端莊優雅的身形，這代表了『控制精神』」（杉本鉞子：《武士家的女兒》，雙日公司，西元 1926 年，第 15～24 頁）。日本婦女告訴我，母親或保母晚上把她們放到床上去時，都會幫她們把四肢擺好。

在傳統的書寫教育中，教的人也要手把手地教孩子描出象形文字，「就是讓他產生那樣的感覺」。在孩子還不認識那些字，

更談不上會寫字的時候,先要學會感受寫字的動作,怎麼樣控制,怎麼樣有節奏感。這種教法在現代的大眾教育背景下,不是那麼顯著了,但還有人在使用。鞠躬、使用筷子、射箭或把枕頭當做孩子綁到背上,在教所有這些動作時,都要移動孩子的手,而且要讓他們的身體姿勢保持正確。

除非是上層社會的家庭,否則孩子們不用等到上學,就會和鄰居家的孩子們一起自由玩耍了。在農村,三歲之前的他們會成群結隊地玩;甚至在城鎮、擁擠不堪的街頭,也會是他們自由玩耍的地方,那自由得令人心驚肉跳,比如出沒於車水馬龍之間,他們是有特權的。他們在商舖周圍逗留,聽大人說話,或者玩手球,或者玩跳房子遊戲。為了玩耍,他們在村社聚集,有了神靈的保護,他們是安全的。

男孩和女孩在上學之前和上學之後的兩三年裡,都是一起玩的;不過,密友關係更可能出現在同性孩子之間,特別是在同齡孩子之間。這樣的同齡團體會延續一輩子,這點要勝過其他團體,在農村更是這樣。在須惠村,「隨著性慾的減退,同齡聚會成為老年人生活中的真正快樂。村民們說:『同年齡的人比老婆還親近。』」(恩布里·約翰:《須惠村》,第 190 頁)。

在學齡前孩子組成的團體內部,成員相互之間十分隨意。在西方人眼中,他們的不少遊戲淫穢得令人害臊。孩子們對生殖真相有所了解,不僅是因為大人們的隨意談論,也是因為日本的家庭成員,常常生活在離得很近的空間裡。另外,母親在

第十二章　童蒙

和孩子們一起玩或者幫他們洗澡時，常常讓他們注意自己的生殖器，特別是男孩子的陰莖。除非是在錯誤的地方、跟錯誤的夥伴一起玩性遊戲，而且有一點沉溺了，否則日本人不會批評孩子們玩這種遊戲。手淫不會被視為是危險的。

孩子團體也會十分隨意地相互批評——這種批評在成年人生活中會變成侮辱，而且還吹噓——在成年人眼中，這種吹噓就讓人感到奇恥大辱。「孩子們，」日本人平靜地微笑，「不知道什麼是羞恥。」他們又補充道：「這就是他們為什麼這麼快樂的原因。」在小孩和大人之間，就存在這麼一道鴻溝。如果說一個成年人「不知道什麼是羞恥」，就是說他太不莊重了。

這個年齡層的孩子會互相批評對方的家庭和財物，特別喜歡吹噓自己的父親。「我爸爸比你爸爸厲害！」、「我爸爸比你爸爸聰明。」他們總會這麼說。他們甚至會為自己可敬的父親而打起來。在美國人眼中，這類習慣行為沒什麼好關注的；可是在日本，這和孩子們所聽到的、關於他們父親的談話反差巨大。成年人提及自己家會說「敝宅」，說起鄰居家時會用「府上」；說自己的家庭時是「寒舍」，而別人的家庭則是「尊府」。

日本人公認，在童年時期——從遊戲團體的形成一直到九歲，就是小學三年級時——孩子們常常不由自主地做出，這類個人主義色彩濃厚的聲張。他們有時會說，「我來演主君，你演家臣。」「不行，我要當主君，我不想當僕人。」有時這是在貶損別人，吹噓自我。「他們是自由的，想說什麼就說什麼。他們長

大之後會發現，自己並不能想怎麼樣就怎麼樣；此後他們會等著別人來問自己才開口，並且永遠都不會吹噓了。」

對超自然神靈的態度，日本的孩子是在家裡學習的，僧侶們是不會「教」他這個的。他對有組織的宗教體驗通常來自這樣的機會：他跟著其他人去參加盛大的節日活動，那裡的僧侶會給他噴灑除病祛災的聖水。有些孩子被帶去參加佛教儀式，這種情況往往在節日活動中也會發生。家庭祭祀儀式通常以自己家裡的佛龕和神龕為中心，孩子在這樣的儀式上也可以體驗宗教，而且這樣的體驗是最一以貫之的，也是最根深蒂固的，更顯著的是佛龕，前面供著鮮花和香火，裡面則放著祖先的牌位。每天要供奉食品，家裡的長輩每天要在佛龕前鞠躬，還要向祖先報告家裡發生的所有事情。晚上那裡會點著小燈。

人們總說他們不喜歡在外面睡覺，因為沒了這些營造家庭氣氛的東西，他們會覺得失落。神龕通常是一個簡陋的架子，主要供奉的是來自伊勢神宮的神符，也供奉著其他種類的供品。廚房裡還有灰燼滿身的灶神，門上和牆上則可能貼著許多神符。這些神符都有保護作用，可以讓家成為安全的地方。村子裡的村社是同樣安全的地方，因為仁慈的神靈會顯靈提供保護。母親喜歡讓孩子在安全之處玩耍。孩子的經驗是，沒有什麼事物讓他害怕神靈，也不用讓自己的行為符合神靈的要求，讓公正而挑剔的神靈感到滿意。神靈應該受到崇敬，祂們會回報好處，並非是獨裁者。

第十二章　童蒙

　　成年日本人的生活裡要時時處處謹小慎微，讓孩子適應這樣的生活模式，是一件特別嚴肅的工作；這項工作直到孩子上學兩、三年之後，才會真正開始。那時的他已經學會了控制身體。如果他是一個非常任性的孩子，就會有人來治療他的「淘氣病」，分散他的注意力。他受到的是和藹的訓誡，以及輕微的嘲笑。但是以前的他可是被允許為所欲為，甚至可以對自己的母親動粗。他小小的自我得到了培育，在剛上學那時，他還沒什麼變化。

　　上學的前三年是男女同校，不管是男老師還是女老師都十分寵愛他們，成為他們中的一員。可是，不管在家裡或是在學校，更加強調的是，陷入「難堪」境地是危險的。孩子們還太小，不清楚什麼是「羞恥」；不過他們一定要學會避免陷入「難堪」境地。例如有一個故事是這樣說的：在沒有狼的時候，一個男孩大喊：「狼，狼來了！」這是在愚弄別人。倘若你做了這樣的事，別人就不會再信任你，那就會讓你感到難堪。很多日本人說，當他們出錯時，首先嘲笑他們的並不是老師或家長，而是他們的同學。

　　在這一點上，年長者的工作事實上並非讓自己以嘲笑的態度對待孩子，而是慢慢地將嘲笑結合那種要求孩子適應情義世界的道德教育。孩子六歲時，各種義務——以前是忠實的狗付出愛與奉獻，我們前面講過的義犬報恩的故事，就來自六歲孩子的讀本——現在，將一點點變成一系列約束。「如果你不這

麼做，如果你那麼做……」他們的長輩告誡道，「世人就會嘲笑你。」他們對家庭、鄰居和國家的職責與日俱增，因此他們需要讓自己的意志服從於這些職責。孩子一定要約束自己，一定要清楚自己的「債務」。他漸漸加入到負債者的行列，假使他打算還債，就得步履謹慎。

嬰兒時期的嘲笑方式，以一種新的嚴肅形式得到了延伸，從而這種地位的變化情況，被傳達給成長中的男孩子。到了八、九歲的時候，他的家人可能會冷靜認真地拒絕他。如果他的老師報告說，他不尊重別人或者不聽話，還讓他的操行分數不及格，那麼他的家人就會背對著他。如果有店主批評他惡作劇了，「他的家庭名譽就會因此而受辱」，他的家就成為攻擊他的鐵桶陣。

我認識兩個日本人，他們的父親在他們還不到十歲的時候，跟他們說以後別再回家了，就算他們去投奔親戚都會帶去恥辱。原因是之前他們在教室裡被老師懲罰了。兩人都有家不能回，最終還是母親找到了他們，讓他們回了家。

日本人有時會將小學高年級的男孩子關在屋子裡，目的是讓他們「謹慎」悔討。他們必須全神貫注地寫日記——日本人極為重視日記。無論什麼情況，家人都會表明，現在他們將這男孩視為他們在世界上的代表，他們之所以都反對他，是因為他被指責了。還沒有適應情義世界的他，不能指望家人給予他支持，更指望不上同年齡之人的支持。他的同學們會因為他犯

第十二章　童蒙

了錯而排斥他,在他被重新接納之前,必須要道歉,並承諾不再犯錯。

「有一點值得強調,」喬福里・郭雷說,「從社會學的角度來看,這些約束達到了非比尋常的程度。在大部分的社會中,大家族或宗派團體的某個成員,受到其他團體成員的攻擊或批評時,大家都會為了保護那個成員而行動起來,一致對外。只要自己的團體依然給予支持,那他就能在面對別人時,確信在他需要幫助或被攻擊時,會得到團體成員的大力支持。

「在日本,情況彷彿完全相反。一個人只有在得到其他團體肯定的情況下,才能確保為本團體所支持。要是外人不贊成他,甚至是批評他,本團體就會轉而拋棄他,並加入懲罰他的陣營,直到他做到了迫使另一個團體撤銷對他的攻擊。這套機制導致了『外面世界』的肯定至關重要,其重要性可能超過任何其他社會。」(喬福里・郭雷:〈日本文化的結構〉,《紐約科學院學報》,第 27 頁,西元 1943 年)

在這個年齡層,女孩所受的訓練在類型上跟男孩基本一樣,不過在細節上是有差異的。她在家裡受到的限制比她的兄弟更多。她承擔了更多的職責 —— 雖然男孩可能也要充當臨時的保母 —— 她接受的禮物和關注往往最少的。她的性格雖沒有男孩子那麼暴躁,可是跟其他亞洲國家的小女孩相比,她已經頗為自由了。她能穿鮮紅的衣服,能和男孩子們一起去大街上玩,還能和男孩子打架,而且往往一點都不服輸。身為一個孩

子,她也「不知道什麼是羞恥」。在六歲至九歲之間,她慢慢地學到了對世界的責任,她學到的東西以及累積的經驗和她的兄弟一樣多。

從九歲開始,班級分成男生和女生兩部分,男孩子們非常重視新建立的男性之間的團結。他們開始排斥女生,不讓別人看見自己和女生說話。女生呢,也會被母親警告:與男生交往是不妥當的。據說這個年齡的女生變得悶悶不樂,喜歡退縮,非常不好教育。在日本人口中,那代表她們的「歡樂童年」終結了。女孩的童年時期在被男孩排斥時結束,她們在往後的很多年裡只能「自重再自重」。這句訓誡會始終伴隨著她們,一直到她們訂婚、結婚。

但是,男孩子們雖然已經明白了自重和對世界的情義,卻尚未將一個日本成年男人所要承擔的全部義務搞清楚。「從十歲起,」日本人說,「他懂得了對自己名聲的情義。」他們顯然是在說:他明白,受到侮辱時感到怨恨是一種美德。這些規則也是他必須學習的:什麼時候與敵人面對面一決高下,什麼時候用間接的方式洗清自己的名譽。我不覺得他們是這樣的意思:男孩子在受到侮辱時,就要去攻擊對方。

他們在很小的時候,就被放任肆意地攻擊他們的母親;他們曾為了各式各樣的誹謗和抗辯和同年齡之人決鬥;現在他們十歲了,很難說還需要學習攻擊。不過男孩子在一、二十歲的時候,就會被招納到「對自己名聲的情義」這一道德規則之下,

第十二章　童蒙

而這一道德規則會將他們的攻擊性，引導到某些公認的形式之中，並且提供給他們一些特殊的應付手段。就像我們所看到的，日本人常常將攻擊的矛頭轉向自身，而非向他人施暴，即使是男性也不例外。

上完六年小學之後，一部分男孩子要繼續上學──這樣的人數大概占總人口的 15%，在男性人口中的比例更高些──他們這時突然要面對中學入學考試的激烈競爭，而且所有功課的成績都要進行排名，到了他們對自己名聲的情義負責的時候了。他們沒有慢慢感受這種情況到來的時間，因為在小學裡和家裡，幾乎是不存在競爭的。新體驗說來就來，競爭由此變成一件痛苦又需要全力以赴的事，他們都想要爭得名次，擔心其他同學因老師的寵愛而受到特別照顧。

不過，人們在回憶自己的人生時，這樣的競爭情形並沒有成為一個大話題，他們更多是在談，中學裡高年級男生折磨低年級同學的慣例。前者對後者呼來喝去，還給予後者種種侮辱，像是讓他們進行愚蠢而屈辱的表演。到處瀰漫著怨恨情緒，因為日本男生做這些事情時，並沒有什麼娛樂精神。小男生因此會在高年級同學面前變得卑躬屈膝，替他們跑腿，好像一個奴僕；然而他心裡憎惡著折磨他的人，籌劃著復仇。現實情況讓復仇不得不推遲，卻讓他更加報仇心切。這就是對自己名聲的情義，他將其視為美德。

幾年之後，他憑藉家族勢力可以讓那些折磨他的人失去工

作。或者，他自己的刀術和柔術練得爐火純青，在他們都畢業之後，他會在街頭當眾對那人進行一番羞辱。但是，除非他有朝一日大仇得報，否則他「始終會覺得有件事情還沒有完成」，這就是日本人冤冤相報的核心內容。

對於那些沒有升入中學的男孩子而言，他們在部隊所受的鍛鍊中，也會出現同樣的情況。和平時期的時候，每四個男孩中就有一個要入伍，一年兵受到二年兵的侮辱，比學校裡低年級學生受到的侮辱嚴重得多。這和軍官無關，甚至士官也只是偶然管一下。日軍軍規的第一條內容是：向軍官提出不管什麼申訴，都會讓申訴者丟臉。所以這種事都是士兵自行了斷。軍官們也接受這種惡習，因為在他們看來，這可以保持部隊的強硬作風，不過他們自己不會牽涉其中。

二年兵在前一年累積的怨恨，現在全都轉移到一年兵的身上；他們的聰明才智都發揮在怎麼想方設法羞辱別人上，以此來證明他們是「強硬」的。人們總說，經過部隊鍛鍊之後的新兵，像換了一個人，成為「真正的沙文國家主義者」。之所以有這種變化，不僅是因為他們接受極權主義國家理論的教育，也不僅是因為他們被灌輸了要向天皇效忠的思想，更加重要的原因其實是：他們體驗到了被侮辱的感覺。年輕人在家庭生活裡受到的訓練，是日本式的禮節，對「恰如其分的愛」的態度是非常認真的；但是換到了這樣的部隊環境裡，他們非常容易變得殘暴。他們忍受不了自己被嘲笑，折磨被他們解釋為受到排

第十二章　童蒙

斥,這讓他們反過來,變成了善於折磨其他人的人。

當然,在中學和軍隊裡,近代日本這些情形的特點,其來源是古代日本的某些習俗,即和嘲笑和侮辱有關的習俗。軍隊和中等以上的學校,並沒有教導如何應對這些習俗。顯然,由於日本存在的「對自己名聲的情義」這樣傳統的道德規範,他們因為受辱而激發的怨恨,和美國的情形相比顯得強烈得多。與古法一致的是:每一個受到侮辱的團體,雖然會及時地將懲罰轉向某個作為犧牲品的團體,卻阻止不了一名少年執意要和那個折磨他的人一決雌雄。

在許多西方國家都會出現替罪羊,這是一種社會習俗。比如,在波蘭,新學徒和年輕的收割手遭遇了奇恥大辱後,並不會向那些侮辱他們的人發洩怨恨,而是轉頭發洩向新的學徒和收割手。不過在日本事情並不總是這樣。男孩們固然也從胡亂發洩中得到滿足,但他們主要考慮的,還是要直接和侮辱他們的人較量。可以和折磨者清算,才會讓他們感到「痛快」。

領導者在日本的重建過程中,時刻惦記著國家的未來,會尤為關注這一侮辱少年的惡習,它讓男孩子們在成人學校和軍隊裡,做了一些十分愚蠢的行為。領導者會尤其強調學校精神,即使是「老同學關係」,以此來打破上下年級學生之間的分歧。他們會嚴令禁止部隊裡的侮辱行為,就算二年兵應該堅持像斯巴達人那樣,嚴厲地訓練一年兵,就像日本各級軍官正在做的一樣,這在日本算不上什麼傷天害理的事,但是侮辱的行為是

有害的。

在學校或軍隊裡，假使大一點的少年讓小的像條狗似的對他搖尾乞憐，或者表演醜行，像是在別人吃飯時表演「倒立」，任何一個這樣做的人，要是都被處罰了，那麼日本的再教育運動中就會出現一種變化，這種變化將比否認天皇的神聖性，和從教科書中剔除國家主義的內容更有效一些。

女人們不用學習對自己名聲的情義，也不會有男孩子們在中學和部隊裡的那種體驗，甚至連類似的經驗都沒有。她們的生活圈要比兄弟們的和諧一些。從記事時候開始，她們接受到的教育告訴她們，要接受這樣的事實：男孩子是享有領先權的，在排序、受關注和禮物方面都是，女孩子們的權利則被否定掉了。她們必須尊重人生規則，而且這些規則還不承認她們擁有公開自我主張的權利。

不過，嬰兒和小孩時期的女人們，還是和兄弟們分享著一般孩子的特權生活。她們還是小女孩時可以穿著鮮紅的衣服；在成年以後，她們就得放棄鮮紅這種顏色，直到她滿 60 歲，進入第二個享有特權的人生時期，才可以再次穿上鮮紅顏色的衣服。在家庭中，在母親和祖母的爭鬥中，她們會得到雙方的寵愛，和兄弟們一樣。兄弟姊妹們全都希望有一位姊妹最喜歡自己，也希望家裡其他成員也一樣。孩子們想和她一起睡，以此表明她喜歡他們。她可以經常將來自祖母的恩惠，分配給兩歲大的孩子。

第十二章　童蒙

日本人不喜歡一個人睡。夜裡，孩子的小床會放在某個被選出來的大人的床旁邊。這時兩個人的床緊挨在一起，往往就是「你最親我」的證據。在 9～10 歲時，女孩子會被排除在男孩子的玩伴之外；甚至在這一階段，她們也可以獲得一些補償。她們會被別人誇讚，因為她的新髮型；在 14～18 歲之間，她們的頭飾是全日本製作最精心的。她們到了能夠穿絲綢服裝，而不是棉布服裝的年齡了，一切努力都是為了提供給她們增添魅力的衣服。女孩們透過這些方式，得到了些許滿足。

女孩子需要約束，這份責任不是父母透過武斷的極權強加的，而是直接放在她們肩上的。父母對女孩子施行其特權，並非透過體罰，而是透過不偏不倚、平心靜氣的希望，他們希望女孩子可以做到社會需要她們做的事。在此引用一個關於這類訓練的極端例子，因為它充分地說明了那種並非強制的壓力，即日本人教育女孩子的特點，不怎麼嚴厲，還給了特權。小稻垣鉞子（稻垣鉞子，後隨夫姓改為杉本。）6 歲的時候，就有一名博學的儒家學者教她背誦漢文經典：

在全程長達兩小時的上課期間，除了嘴和手，他紋絲不動。我坐在他面前的榻榻米上，同樣身子端正，一動不動。有一回在課間，我動了一下。因為某個原因，我有點不安寧，身子微微擺動了一下，蜷曲的膝蓋由此稍稍變換了一下角度。一片驚訝的、淡淡的陰雲從老師臉上閃過。隨後，他一聲不響地闔上書本，口氣溫和卻又嚴厲地說道：「小姐，顯而易見，妳

今天的精神狀態不適合學習。妳應當回到自己房間，好好地想一下。」我差點要被羞死了，卻無能為力，只好謙恭地先後向孔子畫像和老師鞠躬，然後恭敬地退出教室。通常我上完課後，都要去向父親報告，這次我慢吞吞地去了他那裡。父親非常驚訝，因為還沒到下課時間呢！他不假思索地說：「妳的功課做得真快啊！」這話在我聽來彷彿一記喪鐘。那一刻我永遠都記得，一直到今天，還像未癒的淤傷，讓我感到疼痛。（杉本鉞子：《武士家的女兒》，雙日公司，西元1926年，第20頁）

在另一個地方，杉本夫人描繪了她的祖母，完成了概括日本家長最典型的態度之一：

她安詳地期望所有人都做她同意的事，沒有責備，也沒有爭辯；但是，她的期望彷彿絲綿，柔軟卻十分堅韌，讓她的小家庭走在她認為是對的道路上。

祖母的這一期望「彷彿絲綿一樣，柔軟卻十分堅韌」，之所以效力能如此之大，其中一個原因是：每一種工藝和技能方面的訓練都相當明確。孩子們學的除了規則，還有習慣。比如筷子的使用方法是不是正確，走進房間的步態是不是妥當，還有後來的茶道和按摩，大人手把手地教著每一個動作，反覆練習，直到孩子們嫻熟地掌握。在大人看來，孩子們不會在用到正確的習慣時，隨時就可以把它們「撿起來」。

杉本夫人描寫了她在14歲訂婚後，怎麼在飯桌上侍候丈夫。此前她從來沒有見過她的未婚夫，他在美國，而她自己在

第十二章　童蒙

越後。由母親和祖母看著,「我自己動手反覆做某一道菜,我哥哥跟我們說,那是松雄非常喜歡吃的菜。松雄的桌子和我的緊挨著,在布置自己的桌子前,我總是先安排好他的。這樣,我就學會了怎麼時刻注意讓未來的丈夫舒服。祖母和母親說,要假設松雄彷彿就在那裡,要時刻注意自己的舉止和衣著,和他真的在屋子裡一樣。就這樣,我在成長中就學會了尊重他,尊重自己作為他妻子的身分」。(杉本鉞子:《武士家的女兒》,雙日公司,西元1926年,第92頁)

男孩子接受細緻的習慣訓練,也是透過實例和模仿,即使這種訓練沒有女孩子的精深。一旦他「學會」了,任何不照著做的託詞,都是不被允許的。但是在青春期之後,在他自己生活的重要領域,他就得靠自己的主動性了:長輩們不會將求愛的習慣教給他。在家庭圈子裡,一切公開的性愛行為都是被排斥的,從9、10歲開始,便要分開不是親戚關係的男孩和女孩。父母在男孩子真正對性發生興趣之前,就替他安排一椿婚事,這是日本人的理想,所以,男孩子跟女孩子一起時,行為上應該表現出「羞澀」。

在農村,人們會拿某個話題大肆取笑男孩子,讓他們總「害羞」。不過,他們還是想學。在過去,一些相對偏僻些的村子裡,甚至在最近還是有不少女孩,有時是大部分女孩都未婚先孕了。這種婚前性經驗屬於「自由領域」,和嚴肅的人生沒什麼關係。在安排婚事時,父母不會提及這些事。不過,在現在,

就像一個須惠村的日本人，對恩布里博士所說的，「即使是女傭，也受過足夠的教育，懂得自己應該保住處女身」。道德規則也嚴厲地規定，進入中學的男孩子不能與異性有任何形式的接觸。日本教育和大眾輿論都在努力阻止，男女性在婚前有親密關係。

在日本電影裡，凡是與年輕女性隨便相處的年輕男子，會被認為是「壞人」。在美國人眼中，「好人」是這樣的人：他們對具有魅力的女孩，表現出輕率甚至無禮的態度。「跟女孩隨便相處」的意思是：那些男孩「到處瞎玩」，或者尋找妓女、藝伎乃至咖啡店的女侍（女給）。藝伎館是學習性事最好的地方，因為「她會教你，你只要放鬆，看著就可以了。」他用不著擔心自己表現笨拙，而且不用指望自己和藝伎發生性關係。然而有錢去藝伎館的男孩子沒幾個，所以他們便跑去咖啡店，看看男人們怎麼和女侍親密相處。

但是這樣的觀察跟他們在其他領域所學到的，不是同一種訓練。男孩子們在很長一段時間裡，都害怕自己笨手笨腳的。他們在人生的某些領域，被迫在沒有可以信任的長輩言傳身教的情況下，去學會某種新的行為，這些領域的其中一個就是性。年輕夫妻剛結婚時，那些地位較高的家庭會給他們幾本「新婚用書」，還有一些上面有許多細緻描畫的屏風，就像一個日本人說的：「你可以從書本上學，就像你可以透過這樣的方式，學習園林布置的規則。父親不會教你日本式的園林如何打理，這

第十二章　童蒙

是長大後需要自己學的一種愛好。」

日本人將性和園藝放在一起，說這兩樣東西都是可以從書本上學的，這可真有趣。不過，大部分日本年輕男人學會性行為，都是透過其他途徑。不管什麼情形，他們的「學會」，都不是透過大人細緻的言傳身教。對年輕人而言，這種訓練上的差異，強調了這樣一項日本信條：他在人生大事上都要聽大人的，大人們會費力訓練他的習慣。可是性是另外一個領域，即使他在這個領域裡會非常尷尬，非常害怕，他卻能夠自己掌握，自己滿足。性和婚姻並不屬於一個領域，規則並不相同。即使在結婚之後，日本人也能夠去外面尋歡作樂，根本用不著偷偷摸摸。而且，他這麼做並不會侵犯妻子的權利，也不會對婚姻的穩定構成威脅。

他的妻子可就不具備這樣的特權了。忠於丈夫是妻子的義務，即便是在被勾引的時候，她也得偷偷摸摸；在日本，幾乎沒有女人能做到保住婚外情的祕密。神經緊張、心神不定的她們，會被認為歇斯底里。「日本女人最頻繁碰到的難題，是在性生活中，而不是在社會生活中。顯而易見，大部分精神不正常和歇斯底里的婦女，罪魁禍首都是性生活的不協調。丈夫想到用什麼樣的方式來滿足性慾，她都必須接受。」（恩布里·約翰：《須惠村》，第 175 頁）。須惠村的村民們說，大部分婦女病都「發於子宮」，然後蔓延到腦袋。當丈夫在外面尋花問柳時，她也許會求助於手淫，這習慣是日本人可以接受的。不管是村民

家或是大戶人家,婦女們都珍藏著一些用來手淫的傳統器具。

另外,婦女在生了孩子後,就被允許有大量的色情行為。在這之前,連開個性玩笑都是不可以的。不過當了母親之後,隨著年齡越來越大,她可以在男女都有的聚會上,滿口都是性話題。她還會用十分放肆的色情舞蹈為大家助興,伴隨著下流歌曲,快速地前後扭動著自己的屁股。「這種表演每次都會帶來哄堂大笑。」在須惠村,當士兵完成軍事訓練回來時,人們會走到村子外圍迎接他們,女扮男裝的婦女們亂開著猥褻的玩笑,甚至還會假裝要強姦女孩子。

所以在性事上,日本女人可以有各式各樣的自由言行,出身越低賤越自由。她們在人生的大部分歲月裡,不得不遵守許多禁忌,只是,哪種禁忌都沒有要求她們否認,她們了解性生活的事實。在男人的性慾得到滿足時,她們是淫蕩的。同樣,當男人的性慾得到滿足時,她們又是無性的。她們到了成熟的年齡,就可以將禁忌全都拋開;出身低微的她們,更可以像所有男人一樣下流。日本人的目標是在不一樣年齡和不一樣場合,採取適當的行為,而沒有一以貫之的概念,也就是西方人意義上的「貞女」或者「蕩婦」。

在有些領域,男人需要努力地約束自己,不過他也有放肆的時候。男人們聚在一起喝酒,特別是旁邊有藝伎服侍時,在他看來,那是最大的滿足。日本男人喜歡喝得醉醺醺的感覺,沒有任何規定不允許他喝個痛快。幾杯酒下肚之後,他們就會

第十二章　童蒙

告別正經的姿勢，他們喜歡倚靠在一起，這樣顯得親密無間。喝醉的他們不會有暴力或攻擊行為，只有少數「不好相處的人」才會吵架。除了在諸如喝酒這樣的「自由領域」，男人們絕不應該——就像他們所說的——辜負別人的期望。在嚴肅的生活領域，說誰辜負了別人的期望，那嚴重程度僅次於日本人用來罵人的「混球」一詞。

不少西方人都描寫過日本人性格中的矛盾，這種矛盾性格可以在他們對孩子的教育中找到解釋，正是那種教育帶來的日本人世界觀的兩面性，哪面都不可忽視。幼兒時期的他們，感受到的是特權還有心理的愜意，在後來人生中的一切修練過程中，他們始終保留著這樣的記憶：生活在他們「不知恥辱」的時候，是更輕鬆的。他們用不著為未來描繪一個天堂，他們的天堂在從前。

在他們關於神靈仁慈的教義中，關於人性本善的教條中，在關於最想做日本人的信條中，他們說的都是在轉述童年。這讓他們非常容易將對「佛種」的一些極端解釋，視為他們的倫理基礎。在他們眼中，人人心中都有「佛種」，死時都會成為神。他們由此擁有了過分的或某種程度的自信。這讓他們有充足的理由認為，自己想做什麼工作就能做什麼，卻無視那工作的要求，實際上遠超自身的能力範圍。這也讓他們時刻準備著堅持自己的判斷，即使是與政府對抗，而且要用死來證明自己的判斷是對的。這種童年記憶有時會讓他們患上集體性的狂妄自大症。

在六、七歲之後,他們漸漸地就要承擔起審慎、「知恥」的責任,而且支持這份責任的,是最強大的制約因素:如果他們犯了錯,連自己的家庭都會選擇站在他們的對立面。這種壓力並非普魯士式的規定,而是無法逃避的命運。他們在小時候享有特權,卻在那時就已經奠定了現在的命運,因為那時他們在身體姿勢和便溺習慣方面,就被迫接受持久的訓練,還因為父母常常取笑他們,威脅說要將他們拋棄。這些早期經驗讓孩子漸漸接受了這樣的觀念:當他被告知,「世人」會嘲笑他,或者排擠他時,他需要花費極大的力氣來克制自己。

童年時期,他能夠自由表達自己的衝動,但是現在他需要壓下這些衝動,這並非因為它們是邪惡的,而是現在它們已不合時宜了。他現在進入了嚴肅的人生階段,童年的特權一點點地被剝奪,與此同時,他也得到了越來越多的成年人快樂。不過,他的童年經驗並沒有真正地消失,在他的人生哲學中,可以隨意利用這些經驗。當他在「人之常情」方面縱容自己的時候,就會進入到童年經驗去尋找理由。在生活的「自由領域」,在整個成人時期,他都在重溫自己的童年。

童年分成前後兩個階段,顯然兩個階段相互之間是有連繫的,其延續性在於:要受到同伴的認可,這一點非常重要,長輩也在諄諄教誨他牢記這一點。在前期,當他長大到可以撒嬌時,母親會帶他到自己的床上。他會查他和兄弟姊妹們得到的糖果數量,糖果的數量可以表明,自己在母親的心目中處在什

第十二章　童蒙

麼位置。他會很快注意到自己被忽略了,甚至會問:「妳最親的人是不是我?」在後期,他被要求放棄越來越多的個人樂事,不過大人許諾給他這樣的報酬:他會得到「世人」給予的認可和讚賞;而懲罰呢,就是「世人」的嘲笑。

當然,在大部分的文化中,人們在訓練孩子時,都會用到這種制約因素。但在日本,它特別地嚴重。當父母威脅說要丟棄孩子時,他們的取笑讓孩子那種被世人拋棄的感覺更嚴重了。人的一生中,可怕的並不是遭遇暴力,而是被排斥。他對嘲笑和排斥的威脅特別敏感,即使只是在自己的心裡想像一下都不可以。因為在日本社會當中,幾乎沒有什麼隱私可言,「世人」真的了解他所做的一切,要是他們不認同他的做法,就有可能拋棄他,這並非幻覺。日本房子的構造——薄薄的、聲音輕鬆穿透的牆壁,白天敞開著的門——對修不了圍牆和庭院的人而言,隱私生活就是徹底公開的。

日本人所使用的一些象徵物,對我們弄清楚他們性格的兩面性是有幫助的,兒童教育的不連貫性,就是造成這種兩面性的根源。一方面是「沒有羞恥感的自我」,於最初階段形成。當他們看著鏡子裡自己的臉時,他們會檢驗一下,自己有多少程度上還保持著這個自我。他們認為鏡子「反映的是永久的純潔」,既不接納虛榮,也不會反映「妨我」,它反映的是一個人的靈魂深處。一個人可以在鏡子裡看見「沒有羞恥感的自我」。在鏡子裡,他看到自己的眼睛,就彷彿看見了靈魂的門窗,這可

以讓他在生活中保持「沒有羞恥感的自我」。

據說，有些人因為這個會隨身帶著一面鏡子，甚至還有人在自家的神龕裡裝特殊的鏡子，用來鑑照自己、觀察自己的靈魂。他「神化自己」、「膜拜自己」，這是不尋常的，不過很容易做到，只需稍加改動，因為每個家庭的神龕上，都有作為神器的鏡子。日本電臺曾在戰爭期間廣播了一首特殊的讚歌，讚美的對像是一個班級的女生，因為她們買了一面鏡子給自己，放在教室裡。誰也不會想到，她們的做法是一種虛榮心的表現。那首歌描寫說，那表明她們要重新為靈魂深處的沉著目標獻身。攬鏡自照是一種表面的儀式，可以測試出她們美好的精神。

日本人對鏡子的感情，產生於孩子心裡被培植「觀我」之前。他們照鏡子時看不到「觀我」，因此沒有「恥辱」的指示，鏡子中的自我自然也就和童年的一樣純良。他們就是賦予鏡子這種象徵的意義，它也是臻於「圓通」的自我修練觀念的基礎，他們努力地修練自己，驅除「觀我」的同時，也要找回早年的率真。

儘管有特權的早期童年經驗，對日本人也有諸多的影響，不過他們並不一味地感到，後來階段的限制剝奪了他們的特權。在後一階段，羞恥成了美德的基礎。就像我們所看到的，日本人總會挑戰基督教的自我犧牲觀念，他們批評那種認為自己正在作出犧牲的想法。有些極端例子裡的日本人甚至說，他們自願為了盡忠、盡孝或履行「情義」去死。而按照他們的理

第十二章　童蒙

念，這不能歸入自我犧牲的範疇。他們說，這樣自願的死，可以讓人達到自己想要的目標。反之就是「一隻狗的死」，意思是「毫無價值的死」。英語裡也有這話，意思是死在貧民窟，然而在日語中卻不是這個意思。

至於那些不是很極端的行為，英語裡稱為自我犧牲；而在日語中，則被納入自重的範疇。自重往往意味著被約束，而約束是有價值的，和自重一樣。不進行自我約束，是無法取得偉大成績的。美國人強調取得成績的前提條件是自由；可是在日本人眼中，這是絕對不行的，因為他們的經驗跟美國人的不一樣。他們接受的觀念是：他們透過自我約束，可以讓自我變得更有價值，這一觀念被他們擺在倫理體系中的首要位置。他們的自我充滿了衝動，是危險的，那些衝動隨時可能爆發，將正常的生活攪得亂七八糟。除了自我約束，他們怎樣能控制這樣的自我呢？就像一位日本人所說的：

年復一年，勞作艱辛，塗上去的漆層越多，成品漆器的價值就越大。一個民族也是這樣……有人說：「把蘇聯人的表皮刮去，你會看到一個韃子。」你同樣可以義正詞嚴地這麼說：「把日本人的表皮刮去，再把漆擦掉，你會看到一個海盜。」不過，有一點我們不應該忘記：在日本，漆是製作手工藝品的輔助材料，是一種價值不低的產品。跟偽造沒有關係，它並不是一種為了掩蓋缺點的油漆。它至少和它所要裝飾的物品價值差不多。（野原駒吉：《日本的真面目》，倫敦，西元 1936 年，第 50 頁）

在西方人眼中，日本男人行為中的矛盾性是非常明顯的。導致這種矛盾性的，是他們童年教育的不連貫性。童年教育在他們的意識中，留下的印記十分深刻，即使經過了層層的刷漆，還被留存了下來。童年時期的他們，就像小小世界裡的小小神仙，甚至能夠透過任意攻擊別人來滿足自己，他們的所有要求好像都能得到滿足。因為這種根深蒂固的兩面性，長大後的日本人可以從沉湎於海誓山盟的浪漫愛情，轉到對家長的言聽計從。他們既能沉溺於安逸與快樂，也能不遺餘力地接受哪怕是極端的義務。

他們所接受的審慎訓練，讓他們總會成為行動上的懦夫；然而他們又是勇敢的，甚至是有些蠻勇的。他們既可以證明自己在階層制條件下是馴服的，卻又不會輕易向來自上級的控制表示服從。即便他們看起來彬彬有禮，卻又保留著自負傲慢的樣子。他們既可以在軍營中接受盲目信仰的訓練，卻又不會屈從於別人。他們可以是狂熱的保守主義者，同時又被新的生活方式吸引，比如，他們先是宣稱要接受中國的習俗，然後又宣告準備引進西方學說。

日本人性格的兩面性，導致了種種緊張的情況，不一樣的人對這些緊張情況，有著不一樣的反應方式。每個人面對同樣重要的問題，都有其解決之道。那問題就是：怎樣協調童年經驗和成年經驗之間的關係。前者說的是，在早年他所體驗到的自發性和任性；後者指的是，他在後來的人生中所關注的、可以

第十二章　童蒙

確保自己安全的種種約束。許多人都覺得這個問題不好解決。有些人彷彿是道學家，用約束自己生活的方式，來處理所有的事情，非常擔心與現實不期而遇。他們越發恐懼，因為想說什麼就說什麼的習慣並非白日夢，而是他們曾經有過的經歷。他們在態度上保持置身事外，透過嚴格遵守自己制定的規則，感覺自己跟一切發號施令的人沒什麼兩樣。

有一部分人更是離群索居，他們害怕自己的攻擊本能，已經在心裡將它控制住了，還用溫和的表面行為將其掩蓋。他們往往為一些雞毛蒜皮的事而忙碌，就是為了逃避自己真實的感情和意識。他們機械地履行生活常規，而這些常規對他們基本毫無意義。還有的人，因為受制於童年經驗的程度更高，在面對他們身為成年人需要面對的一切現實時，有著十分強烈的焦慮情緒，他們想要增強自己的依賴性，不過他們的年齡讓這已是不可能的。他們認為，任何失敗都是對權威的冒犯，所以什麼努力都讓他們激動萬分。不可能靠機械的方法，去解決一些難以預見的情況，他們因此驚恐不已。

當日本人因為遭到排斥和審查而無比焦慮時，他們就會面對這些典型的危險。當他們不是太受壓抑時，他們既可以表現有能力享受生活，又表現出不去踩別人腳趾的謹慎態度，這種態度是他們童年教育灌輸的結果，這是十分可觀的成績。幼兒時期賦予他們過分的自信，並沒有將他們沉重的罪過意識喚醒。後來的約束是打著鞏固與夥伴關係的旗號強加給他們的，而義

務也是相互的。在一些被指定的「自由領域」中，生活中的衝動還可以得到滿足，無論別人會在多大程度上，干涉他們在一部分事情上的願望。

日本人始終以擅長從天真的事物中取樂而聞名：賞櫻、賞月、賞菊花、賞初雪，將蛐蛐養在家中籠子裡，聽牠「唱歌」，賦詩、養花、品茗以及照料花園。這些都不是深陷煩惱而且攻擊性十足的人能做的，他們也不會以悲哀的態度對待快樂。在日本發動毀滅性的「使命」之前，在那些幸福的日子裡，在日本的農村社區，人們的閒暇時光裡飽含快樂和希望，他們幹活時是那麼地勤奮，這與任何其他現存民族都一樣。

不過日本人對自己的要求頗多。為了避免被排斥、被誹謗這樣的嚴重威脅，他們必須放棄許多親身品嘗過的個人樂事。在人生的重要事情上，他們必須要鎖住內心的衝動。很少有人膽敢觸犯這一規則，甚至冒著喪失自尊的危險。真正自重的人會修正生活的航向，讓其不在「善」與「惡」之間，而是在「符合期望」與「辜負期望」之間，讓他們個人的要求，沉沒於集體的「期望」裡。這樣的人就是所謂的好人，他們「知恥」，而且始終謹小慎微。他們為家庭、村子還有國家帶來榮耀。這樣會產生巨大的緊張感，表現出來就是高水準的雄心，讓日本成為亞洲領袖、世界強國。

但是，個人被這樣的緊張感加在身上，那就是一種沉重的壓力。人們一定要時刻留意，唯恐失敗，唯恐別人嘲諷自己在

第十二章　童蒙

行動過程中的表現,這一行動已經讓他們花費很多,也放棄了很多。日本人有時會爆發出最具攻擊性的行為,當他們察覺到自己受了侮辱或誹謗的時候,而不是他們的原則或自由遭到了挑釁(美國是這樣的),這樣的行為才會被激發起來。於是,他們危險的自我就會發作,可能去攻擊誹謗的人,要不就折磨自己。

日本人為他們的生活方式,付出了非常高昂的代價,他們並不承認自己應該擁有簡單的自由。毫無疑問,美國人將那樣的自由視為他們呼吸的空氣。我們一定要牢記,戰敗之後的日本人正在探求民主。讓他們按照自己喜歡的方式去做事,做得簡單而天真,他們會非常高興的。杉本夫人對此有過極為精彩的表述,她說她在東京的教會學校學習英語時,曾有過一塊花圃,能夠按照自己喜歡的方式種植草木。老師們給予每個女生一塊野外的土地,而且想要什麼種子都有。

「這塊能夠按照自己喜歡的方式種植草木的花圃,給了我一種全新的感覺,擁有個人權利的感覺……一個人的心中居然可以有如此幸福的感覺,這個事實讓我異常吃驚……我並沒有違背傳統,沒有玷汙家族的名譽,沒有讓父母、老師以及鄉親們吃驚,沒有傷害到世界上任何一種事物,所以,我可以自由地行動。」(杉本鉞子:《武士家的女兒》,雙日公司,西元1926年,第135～136頁)

所有女生都種花,而她打算種馬鈴薯——

「誰也不知道這一荒謬的舉動,給了我無憂無慮的自由感⋯⋯自由的精靈敲響了我的門。

這是一個全新的世界。

我家的庭院裡有一塊荒地,很像當年那塊花圃的一部分⋯⋯不過總有人在那裡忙著修剪樹籬或松樹。每天早晨僕人都要打掃石階,他將松樹下那塊空地打掃完後,就會小心翼翼地撒上剛剛從森林裡採來的松針。」

對杉本夫人而言,這塊模擬荒地代表了模擬的自由意志,以前她受訓時也享有這種自由。在日本,這樣的模擬荒地到處都有。日本園林裡總有一些大石頭,有一半埋在地下,每一塊都是精心挑選、小心運輸而來的,被擺放在一個隱蔽的臺子上,臺子是由一些小石頭組成的。大石頭擺放的位置,也是精心地考慮過它與溪流、房子、灌木叢和樹林的關係的。所以,生長在花瓶裡的菊花,是為全日本一年一度舉行的花展準備的,每一片完美的花瓣都單獨由栽培者布置好,其位置常常是用一根肉眼幾乎看不見的絲線固定,那絲線就插在活生生的鮮花裡。

當杉本夫人有機會將這些絲線放到一邊,她的陶醉是純真的,是快樂的。那菊花曾經被栽在小花瓶裡,被迫讓自己的花瓣被人小心地擺弄;後來它發現,處於自然狀態可以收穫純粹的快樂。不過,現在在日本人中,辜負別人的期望,質問羞恥的制裁,這樣的自由會顛覆生活方式的微妙平衡。在新的安排

第十二章　童蒙

下，他們需要學習新的制裁措施。而變化的代價是昂貴的，想出新的假設和新的美德很難。西方世界既不能覺得日本人會將它們放到自己眼前仔細打量，並讓它成為真正屬於他們自己的東西，也不應該想像，日本到最後都產生不了更加自由的、不如此僵硬的倫理體系。

那些在美國的「二世」日本人，不再了解日本的倫理規範，更談不上實踐了，他們的倫理系統中已經沒有什麼讓他們固執地堅守日本的慣例，即使他們的父母就是那個國家來的。同樣，在日本的新時代日本人，也建立起一種新的生活方式，這種方式不用像舊的生活方式那樣，要求約束個人。不再有絲線的纏繞和大規模的修剪，菊花可能非常漂亮。

在這向更大的心理自由轉變的過程中，日本人有一種歷史悠久的傳統美德，這對他們保持在一個平穩的平臺上相當有幫助。其中一種傳統美德是「自我負責」，他們的解釋是它為「對我身體裡的鏽」負責。這個比喻將人的身體比成一把刀，一個人必須對自身行為的結果負責，就像佩刀的人要對刀的閃閃發光負責。他的弱點、他的缺乏恆心、他的勞而無功，自然會帶來各種後果，他必須承認並且接受這些後果。

和自由的美國相比，日本人對自我負責的解釋要更加徹底。刀在這個意義上，並非進攻的象徵，而是理想化的自我負責之人的象徵。在尊重個人自由的安排中，沒有哪種平衡能比這種美德效果更好。日本的兒童教養和行為哲學，已經將其視為日

本精神的一部分。現在，日本人在西方意義上主張「將刀放在一邊」。在他們自己的意義上，他們具有的容忍力量會讓他們內心的刀免受鏽的威脅。在他們對美德的解釋裡，在一個更自由、更和平的世界當中，刀是一種他們能夠保持美德的象徵。

大二章　童蒙

第十三章

投降後的日本人

美國人在投降後的日本行政管理中，發揮了重要的作用，他們有為此而感到驕傲的理由。西元 1945 年 8 月 29 日，廣播電臺釋出了在國務院、陸軍部和海軍部的聯合指示中，確定下來的美國政策，並由麥克阿瑟將軍（Douglas MacArthur）巧妙地執行。美國人覺得驕傲的理由十分明顯，然而往往被美國報紙和電臺的黨派性讚揚和批評弄得模糊了。很少有人充分地了解日本文化，以確保某項既定政策是不是會受到歡迎。

占領的性質是日本投降時的大問題。勝利者是利用現存政府甚至天皇呢？還是要清算他們？是不是由美國軍政府官員，來掌握每個縣市的行政管理權？義大利和德國的模式是這樣的：在每個地區設立盟軍軍政府總部，作為戰鬥力量的組成部分，地方事務的管理權也掌握在盟軍行政長官手中。

戰勝之日，那些太平洋區域的盟軍軍政府首腦，也想在日本這樣統治。日本人自己都不清楚：他們將被允許保留哪些責任，來負責他們自己的事務。《波茲坦公告》只是宣稱，「日本領土上由同盟國指定的地點都將被占領，以確保我們實現在此所

第十三章　投降後的日本人

提出的基本目標」，必須永久根除「那些欺騙並誤導日本人民，走上征服世界之路的威權和影響」。

對這些事務，國務院、陸軍部和海軍部給麥克阿瑟將軍的聯合指示中，包含著一個重大的決定，麥克阿瑟將軍的司令部全面支持這一決定，那就是：日本國家的管理和重建，將由他們自己負責。「只要美國的目標可以得到充分地推進，最高司令官將透過日本政府機制和機構——包括天皇在內——行使其權力。在他（麥克阿瑟將軍）的指示下，日本政府將被允許在國內的行政事務中，行使政府的常規權力。」

所以，麥克阿瑟將軍領導下的日本行政管理體制，跟德國和義大利的全然不一樣。它根本就是一個總部組織，利用的是從上到下的日本官僚機構。它將通告發給日本帝國政府，而不是發給日本國民或者某個縣市的居民。制定一些目標，然後讓日本政府朝著那些目標努力工作，這就是它所要做的。倘若某位日本內閣大臣認定目標實現不了，那他可以辭職，不過若是他的提案很出色，那麼指示便可以修改。

這種管理體制比較大膽。站在美國的角度來看，這項政策擁有顯而易見的好處，就像希爾德林將軍在當時所說的：

利用日本政府可以讓我們得到極大的好處。日本有七千萬人，他們不管是語言、習俗還是態度，都和我們差異頗大。管理這樣一個國家，需要一整套複雜的機構，如果沒有現存的日本政府供我們利用，我們就需要自己直接去運轉那套機構。將

日本政府機構作為一種統治工具,加以清理並利用,我們是在節省自己的時間、人力還有資源。換言之,我們是在要求日本人打掃他們自己的房間,而我們僅僅提供具體的措施。

然而,當華盛頓制定出來這一指示時,還是有不少美國人擔心日本人會滿懷慍怒和敵意,全日本上下都會伺機復仇,任何和平計畫都可能被破壞。這些擔心被證明沒有道理。原因在於日本的古怪文化,而非什麼關於戰敗國或經濟或政治的普遍真理。這樣的一項充滿信任的政策,在任何其他的民族中,可能都不會像在日本這樣,取得這麼好的效果。在日本人看來,它把他們的慘敗在現實中羞恥的象徵給消除了,激勵他們去有效實行新的國策。他們能接受它,是因為他們的性格取決於他們的文化。

在美國,我們曾經沒完沒了地就和平條件展開爭論,這些條件有的溫和,有的強硬。這不是真正的問題,怎樣利用強硬的程度才是,用得不多不少,就可以摧毀日本危險而有進攻性的舊模式,並設立新的目標。日本人的性格和日本社會的傳統秩序,決定了我們所要選擇的方式。普魯士的權威主義扎根於德國的家庭和市民的日常生活中,於是跟德國人談一些和平條件就有必要了。

適用於德國的和平指令不同於日本的,德國人和日本人不一樣,他們不覺得自己對世界和歷史欠有債務。他們所致力的,並非要償還清算不了的債務,而是避免自己成為那個犧牲者。

第十三章　投降後的日本人

在德國，父親是權威人物，和其他地位高的人一樣，就像德國人說的，他「強求尊重」。要是他沒有得到其他人的尊重，就會認為自己受到了威脅。在德國人的生活中，每一代年輕人在青春期，都會反抗他們權威的父親；隨後，他們覺得，就得委屈自己；最後，要屈服於平靜而單調的生活。他們認為，這樣的生活和他們父母的完全一樣。一生的高潮一直停留在青春反叛的歲月中。

日本文化的問題不是粗魯的權威主義。父親關注又關愛著孩子，對幾乎所有的西方觀察家來說，在西方人的經驗中，這彷彿十分罕見。日本孩子想當然地以為自己和父親之間，存在真正的同志之誼，並公開表示自己以父親為傲。父親簡單地變化一下嗓音，就會讓孩子去實現他的願望。但是，父親對孩子並不嚴格，處在青春期的孩子並不會反抗父親的權威，而會在世人眼中，成為家裡負責任的馴服代表。他們尊敬父親，就像日本人說的，「是為了訓練」、「為了練習」。意思就是身為受尊敬的對象，父親已經不再擁有個性，已經成為階層制和正確行為的象徵。

在人生最初的經驗中，孩子在跟父親一起時，就學得了這種態度，它變成了貫穿日本社會上下的一種正規化。有的人因為他們憑藉階層制中的地位，而受到最高的尊重，不過他們自己並不行使武斷的特權，那些處在階層制頂端的高官，通常也不會使用實權。自天皇以下，都是顧問和隱蔽的勢力於幕後進

行操縱。一個黑龍會頭目的話，可以說是關於日本社會這方面最準確的描述之一，黑龍會是超級「愛國」的團體之一。1930年代早期，那個頭目這樣和東京的一份英文報紙的記者說：「社會（他指的當然是日本）是一個三角，被釘住其中一角的大頭針所控制。」（轉引自厄普頓·克洛斯：《表象背後的日本》，西元1942年，第136頁）

換句話說，這三角就在檯面上，大家都能看見，但看不見針。這三角有時候向右，有時候向左。它在一個軸上轉動，那軸自己卻從來都在否認這一點。就像西方人總說的，「一切都做得不露真相」。他們所做的一切，都是為了盡可能地隱藏那武斷的威權面容，並讓一切行為看起來都是忠於那個象徵性的地位，而擁有這一地位的人，通常並不行使實權。當日本人真正揭開了權力的面具，發現並確認了這權力的根源時，他們就會覺得，它剝削別人，配不上他們的社會體系，他們通常也是這麼看待放高利貸的人和暴發戶。

這就是日本人的世界觀，在壓根沒有成為革命者的情況下，他們可能挺身而出，反抗不義和剝削。他們並不是要將社會結構撕成碎片。他們在不向社會體系造謠的情況下，就可以完成最徹底的變革，他們在明治時代就做到了這一點。他們將其稱為「復古」，就是「回到過去」。他們並非革命派。西方人寄希望於日本在意識形態領域的群眾運動，在戰爭期間，他們誇大日本的地下勢力，並指望這些勢力在日本投降時能掌控領導

第十三章　投降後的日本人

權。在日本投降之後,他們一直預言激進政策會贏得選舉最終嚴重地錯判了形勢,他們的預言全都錯了。幣原男爵(幣原喜重郎)是一名保守的首相,西元1945年10月,他完成組閣時發表了更為貼近實際的演說:

> 新的日本政府採用民主體制,將尊重人民的意願……自古以來,在我們國家,天皇將他個人的意願弄成人民的意願,這是明治天皇制定的憲法精神。我現在所說的民主政府,可以視為是這種精神的真正展現。

美國人會覺得,這種對民主的解釋好像還不如什麼都不說,毋庸置疑的是,日本能夠在這種身分意識而非西方意識形態為基礎,更加容易地擴展國民的自由領域,建構起國民的福利制度。

日本當然也會試驗西方的民主政治機制,然而西方的種種安排,雖然在美國建立了一個很好的世界,卻無法取得日本的信任。選舉和被選出來的人組成的立法機關,會解決很多難題,同時也造成不少難題。當這些難題擴大時,日本會修改那些我們西方人賴以獲取民主的方法。那樣的話,美國人就會提高了音量說,這仗算是白打了。我們相信我們的安排是對的,可是對於日本人而言,要重建一個長治久安的國家,普選最多是一種外圍工具。西元1890年,日本首度試行選舉,不過從那時到現在,並沒有發生根本性的變化,小泉八雲曾經描寫過的一些舊難題可能還會出現:

那些狂暴的競選活動吞噬了這麼多的生命，不過這裡面真的沒有個人恩怨；陌生人會對國會辯論的暴力性質感到震驚，但是這裡面基本上沒有個人對抗。政治鬥爭是不同的宗族利益或黨派利益之間的鬥爭，而不是個人之間的鬥爭。每一個宗族或黨派都有不少奮不顧身的追隨者，新政策被他們簡單地理解為新戰爭——為了忠於領袖而戰。（《日本：一種解釋》，西元 1904 年，第 453 頁）

在西元 1920 年的、更為晚近的選舉中，投票之前的村民們常常說：「我的脖子已經為刀洗好了。」這話將競選和以前有特權的武士對平民的攻擊畫上等號。即使在現在，日本選舉的一切內涵解釋都不同於美國，無論日本有沒有在尋求危險的侵略政策，這一點都是千真萬確的。

日本要將自己改造成和平國家，他真正可以用的力量，在於承認自己的行動方針「失敗了」，然後將精力投入到其他方面。日本人有一種善變的倫理，他們曾企圖透過戰爭獲得自己應得的地位，最終遭遇了失敗。現在他們可以放棄這樣的方針，卻被自己受的一切訓練給限制了，無法改變方向。具有更為絕對倫理的民族，肯定相信自己是在為原則而戰。當他們向勝利者投降時，他們還在表示「我們被打敗了，正義也沒了」。他們的自尊要求他們繼續努力，好讓「正義」下次獲勝。要不他們就會捶胸頓足，懊悔不已。

東京的大報《每日新聞》在談到戰敗以及戰敗帶來的變化時

第十三章　投降後的日本人

說：「這對徹底解救日本來說完全是好事。」這篇社論強調，現在每個人都應該牢記日本徹底失敗了。因為他們試圖建造一個完全基於武力的日本，這種努力大敗虧輸，因此從今往後，他們必須要走一條和平建國的道路。另一家東京大報《朝日新聞》在同一週如此概括：日本近年來「對軍事力量過分相信」，這是「一個十分嚴重的錯誤」，在國內外政策上都是這樣，「過去的態度讓我們獲益極少，吃苦極多，是時候拋棄了；一種新的態度應該扎根於國際合作與愛好和平」。

西方人觀察後認為，這是一種原則上的轉變，所以心存懷疑。但是在日本，無論是在個人關係還是國際關係上，這都屬於生活實踐的組成部分。在日本人看來，他施行了一項行動方針卻沒有實現目標，就是犯了錯。既然失敗了，就要拋棄這項方針，因為他沒必要繼續追求這樣一個失敗的方針。「咬著自己的肚臍，」他說，「沒有用的。」

西元1930年時，他們想獲得世界的仰慕，而他們公認的、能達到這一目的的途徑，就是軍國主義——他們的軍事力量是這種仰慕的基礎——於是，他們接受這一綱領所需要的一切犧牲。西元1945年8月15日，天皇以全日本都要認可的口吻告知他們，日本輸了。他們對這一事實所意味的一切也全盤接受。這意味著美軍會出現在他們的面前，因此他們歡迎美軍。這表明他們皇朝美夢的破滅，因此他們同意考慮含有摒棄戰爭內容的憲法條款。

他們的報紙《讀賣新聞》在投降10天之後，發表文章說：「這是新藝術和新文化的開端。」還說：「我們心裡必須牢記，軍事失敗與日本文化的價值什麼關係都沒有。軍事失敗應該發揮一種推動力的作用……因為它帶來的是全民族的失敗，而這可以讓日本人民真正將他們的心靈提升到世界水準，能夠客觀地觀察事物的真相。日本人一定要透過坦率的分析，去除一切讓日本人思維顛三倒四的非理性因素……在這樣一種冷酷的事實面前，我們要鼓足勇氣看待這一失敗，（然而我們一定要）對日本文化的明天充滿信心。」

日本曾想要推行一種行動方針，然而沒有成功。現在，他們想致力於和平的生活藝術。「日本，」他們各家報紙的社論反覆訴說，「一定會受到世界各國的尊敬。」日本人有在新的基礎上贏得這種尊重的責任。

這些社論並不只是少數知識分子的聲音，從東京街頭到偏僻村落的普通民眾，同樣也在發生徹底地轉變。這些友好的日本人曾經發誓說，要憑著竹矛戰鬥到死，這讓美國占領軍難以置信。日本人的倫理觀念中，有不少讓美國人排斥的東西，不過美國人在占領日本期間所獲得的經驗，充分地證明了一種古怪的倫理體系，能夠包括多少可愛的方面。

以麥克阿瑟將軍為首的美國對日管理當局已經承認，日本人具備駛向新航道的能力。當局沒有使用羞辱的方式來阻礙這一航程，按照西方的倫理觀念，即使我們那麼做了，在文化上

第十三章　投降後的日本人

也是能夠被接受的。因為西方倫理中有一個信條認為：懲罰和羞辱是有效的社會方式，可以讓做錯事的人承認自己的罪行，而重新做人的第一步就是認罪。就像我們看見的，日本人在這個問題上有不一樣的說法。他們的倫理觀念讓人對自己行為的一切意義負責，一個錯誤行為所自然產生的種種後果，應該會讓他確信這種行為行不通。全民戰爭的失敗，甚至可能也屬於這些後果。

不過，這些情況不一定被日本人視為恥辱而加以憎惡。在日本人的詞典裡，一個人或一個國家凌辱他人或他國，包括以下方式：蔑視、嘲笑、誹謗、鄙視和強加丟臉的象徵物。當日本人確信自己被侮辱時，復仇就成為一種美德，無論西方倫理觀念多麼強烈譴責這樣一種信條。美國占領日本的方式是有效的，而這種有效性由美國人在這一點上的自我約束決定。日本人對嘲笑深惡痛絕，他們將嘲笑和投降所帶來的「自然結果」區分開來；根據他們的投降條款，「自然結果」包括諸如去軍事化，甚至包括被迫接受賠償義務。

日本曾經戰勝過世界幾大強國中的一個，當那個強國最終投降時，日本人覺得對方並沒有嘲笑自己；於是，即使身為戰勝者，他也謹慎地避免去羞辱失敗者。西元1905年，蘇聯軍隊在旅順港向日本投降，在日本有一幅照片家喻戶曉——照片上的蘇聯人都帶著軍刀。因為蘇聯軍人並沒有被繳械，勝敗雙方只能透過制服來區分。關於那次投降，日本有一個著名的傳

聞：當蘇聯司令官斯多塞爾將軍表示，他可以接受日本提出的投降條件時，一名日本大尉和一名翻譯帶著食物去了將軍的司令部。「除了斯多塞爾將軍的馬以外，所有的馬都被吃了。日本人隨身帶去的禮物——50隻雞、100顆新鮮雞蛋——極受歡迎。」

斯多塞爾將軍和乃木將軍約定第二天會面。「兩位將軍握手時，斯多塞爾將軍表達他十分讚賞日軍的勇氣……乃木將軍則讚揚俄軍勇敢而頑強的防禦。乃木將軍在戰爭中失去了兩個兒子，斯多塞爾將軍對此表示同情……斯多塞爾將軍把他的白色阿拉伯良駒送給乃木將軍，乃木將軍說，他非常想接受這份禮物，然而他必須先獻給天皇。不過他承諾，如果天皇將馬轉賜給他——他對這一點信心滿滿——那他一定會好好照顧這寶馬，就彷彿那始終是他自己的座駕。」（這是日本的一個傳聞。轉引自厄普頓‧克洛斯：《表象背後的日本》，西元1942年，第294頁。這個關於俄軍投降的版本未必完全真實，但它在文化上有重大的意義。）

在日本婦孺皆知的，是乃木將軍在自己家的前院，為斯多塞爾將軍的馬修了一個馬廄——在普通人的描述裡，那馬廄比乃木將軍自己的房間還要講究。他死後，那馬廄成了國家級的乃木神社的一部分。

據說，日軍在蘇聯投降和日本占領菲律賓這兩個時間當中有了變化。全世界的人們都清楚，在菲律賓的日本人是多麼肆

第十三章　投降後的日本人

意破壞，多麼殘暴。可是，像日本這樣一個對倫理觀念隨機應變的民族而言，這不是必然的結論。首先，在巴丹戰役之後，美國並沒有投降，只是當地的美軍投降了。同樣，甚至在菲律賓的日軍投降時，作為一個國家的日本還在繼續戰鬥。

其次，日本人從來都不覺得，蘇聯人在本世紀早期曾經「侮辱」過他們，不過在 1920、1930 年代，任何一個日本人都人云亦云地覺得，美國的政策是「輕視日本」的，或者用他們自己的話說就是「將日本弄成了屎」。對《排外法案》、美國在《樸茨茅斯和約》和《海軍分配協議》中所扮演的角色，日本人就是這樣的反應。日本人看待美國在遠東日益增強的經濟影響，及其對非白種人的種族主義態度，也曾經是這樣的。所以，打敗蘇聯和在菲律賓打敗美國，這兩場勝利足以說明，受到侮辱和沒受到侮辱兩種情況下的日本人，其行為是徹底相反的。

最後美國贏了，日本人面臨的形勢又有了變化。最終的失敗導致他們放棄一直追逐的目標，在他們的生活中，這樣的放棄行為是總發生的。日本人特殊的倫理觀念，讓他們能夠把歷史碑銘全都清除。那塊石碑已經被清除完畢，美國的政策和麥克阿瑟的管理，避免在上面寫上新的、讓日本人覺得恥辱的象徵，只是堅持那些日本人認為是失敗的「自然結果」的事情。這效果很好。

保留天皇作用極大，這事做得非常好。是天皇先去拜訪麥克阿瑟將軍，而不是反過來的。這是故意給日本人上的一課，

西方人不容易理解它的影響力。據說曾有人建議天皇否認他的神性時，他表示反對，這會讓他覺得尷尬，因為他要被剝奪的是他也沒擁有過的東西。他的話十分真誠：日本人並沒有視他為西方意義上的神。

但是，麥克阿瑟司令部的人規勸天皇說，他宣稱自己擁有神性，西方人會覺得這於日本的國際聲譽有損。於是，天皇答應接受否認神性所帶來的尷尬。他在新年發表了談話，世界各地的新聞媒體評論他的談話內容。看了那些評論後，天皇告訴麥克阿瑟將軍的司令部，說自己非常滿意。他為發表了那樣的談話感到高興，外國人之前對這一點明顯感到無法理解。

美國的政策也讓日本人得到某些滿足。國務院、陸軍部、海軍部的聯合指示，清晰地指出：「對勞工、工業和農業等組織的發展，要在民主的基礎上，給予一定的鼓勵，並表達關切。」日本的勞工組織不少，都是按照行業建立的。以前的農民聯合會在1920、1930年代曾經相當活躍，現在又再次發出了自己的聲音。對許多日本人而言，他們能夠主動地改善自己的條件了，這表明，作為這場戰爭的結果，日本也還是有一定的收穫。美國一位通訊記者曾經寫過一名罷工工人，他曾經到過東京。那人抬頭看著一名美國士兵，欣喜若狂地說：「日本贏了，對吧？」

現今日本的罷工和以前農民的暴動有一些共同點，農民們的要求總是：強加於他們的賦稅和勞役，妨礙了他們正常的生

第十三章　投降後的日本人

產活動。這並非西方意義上的階級鬥爭,他們並沒有打算改變體制本身。現在,日本各地的罷工沒有影響生產。工人們最喜歡的罷工形式是這樣的:「占領工廠,繼續工作,用增加生產的方式來讓管理層丟臉。一家三井集團旗下的煤礦上,罷工工人們將全體管理人員趕出了礦坑,然後將日產量從 250 噸提高到 620 噸。在一次「罷工」期間,足尾銅礦的工人們也提高了產量,並將自己的薪資提升了一倍。」(《時代》雜誌,西元 1946 年 2 月 18 日)

無論被大家接受的政策表現出多少好意,管理任何一個戰敗國當然都是艱難的。在日本,食物、住房和重建等問題都十分棘手。要是不用日本政府人員進行管理,這些問題也不會緩解一些。在戰爭結束之前,美國管理人員對日軍復員士兵的問題頭痛不已。若是不保留日本政府官員,那麼這個問題會帶來更大的威脅。這個不好解決的難題,日本人自己也意識到了。他們的報紙去年秋天曾煽情地說,士兵們已經受了苦,作出了犧牲,對他們來說,戰敗的滋味是多麼苦澀啊!那報紙還請求士兵們,不要讓這一事實影響了他們的「理智判斷」。

被遣返的軍人通常都會表現出明顯理性的「判斷」,然而,失業和失敗會將某些士兵拋入舊式的祕密社團,去追逐國家主義的目標。他們非常容易對現狀不滿。他們以前的特權位置沒了:以前傷殘軍人總會穿著一身白衣服,人們在大街上遇到他們都要鞠躬;即使是和平時期,村子裡的人們都會為應徵入

伍的士兵舉辦歡送會，他回來時還要開歡迎會，酒、點心、跳舞、演戲應有盡有，而他則坐在主要的位置。眼下，被遣返的士兵沒了這樣的關注。家人會給他找個位置，也就這樣了。他在很多城鎮都會遭到冷遇。如果我們了解日本人這一行為上的變化有多麼大，就非常容易想像出來：以前國家的榮耀是被託付給軍人的，當被遣返的軍人再次和老同袍們聯合起來，回到往昔歲月，他會有多麼的滿足。

他的同袍也會跟他說，有些日本士兵很幸運，他們已經在而且是始終在爪哇、山西和滿洲國和盟軍作戰，他為什麼要絕望？他也有再度去打仗的機會，他們會通知他的。日本的國家主義祕密社團是歷史非常悠久的組織，他們洗刷了「日本的名聲」。有些人認為：世道不平，有的事情還沒人做，為了打抱不平，他們得有所作為。這種人極有可能成為這樣的地下社團後備軍，諸如黑龍會和玄洋社這類社團都帶有暴力傾向。在日本的倫理觀念中，對這些暴力傾向是容許的，認為那是在履行對自己名聲的「情義」。假使取消這種暴力傾向，那麼在接下來的幾年當中，為了貶損對自己名聲的「情義」，強調「義務」，日本政府還得繼續努力相當長的時間。

日本政府需要做的，不只是懇求國民進行「理性的判斷」。它需要重建經濟，給現在二、三十歲的人一條生路，也給他們「合適的位置」。它要讓農民的境遇得到改善，因為經濟一不景氣，日本人就要回到他們的故鄉農村，受債務和苛捐雜稅

第十三章　投降後的日本人

所限,狹小的耕地養活不了更多的人口。還有工業也應該發展了,因為日本社會強烈抵制兒子們分得財產,這樣的結果是除了大兒子,別的都得去城市裡碰碰運氣。

毋庸置疑,擺在日本人前面的是一條漫長而艱難的路。不過如果國家預算不用再為重整軍備支付費用,那麼他們就有提高國民生活水準的機會。在珍珠港事件之前的 10 年當中,日本全國收入的一半,都被花在軍備和軍隊裡。這樣的一個國家,先將這些花費去掉,再一點點地減少對農民的收費,是有可能成為一個健康的經濟體。我們知道日本農業產值的分配比例是這樣的:六成給農戶,四成用來支付各種租金和稅金。緬甸和暹羅等國同樣是水稻國家,它們的情況卻和日本形成了巨大的反差,按那兩個國家的傳統分配比例,是九成都要留給農戶。日本的戰爭機器之所以最終能夠轉動起來,靠的就是對農民如此高的收費。

未來的 10 年當中,和需要軍備的國家相比,任何一個不需要軍備的歐洲或亞洲國家,都擁有潛在的優勢,因為它的財富能夠用來建立一個健康、繁榮的經濟體。在美國的亞洲和歐洲政策中,我們基本沒有考慮過這種情形,因為我們明白,在自己的國家,不論國防開支多麼昂貴,都不會導致破產。我們國家沒有遭遇重創,而且並非是以農業為主的國家。工業生產過剩是我們面臨的嚴重問題。我們的規模生產和機械裝備已經得到了完善,如果不做軍備、奢侈品生產、福利和研究設施等大

項目,美國人就會失業。營利性的投資需要也非常緊迫。

這和美國以外的情況完全不一樣,甚至和西歐的都不一樣。即使有種種重建的需求,若是德國被禁止重新武裝,而法國準備建立龐大的軍事力量,那麼差不多 10 年後,德國就可以打下一個堅實、繁榮的經濟體基礎,法國卻不能。日本之於中國,也可以取得類似的優勢。中國現在的目標就是軍事化,而美國選擇支援它的勃勃雄心。倘若日本的預算中沒有軍事化這一項,只要他想,那麼用不了多少年,他不僅可以繁榮自己,也能成為東方商貿體系中至關重要的角色。他能夠將經濟基礎建立在和平的利益上,還可以提高人民的生活水準。這樣和平的日本,會在世界各國中占據一個可敬的位置。如果美國繼續利用它的影響來支持這一項計畫,將會發揮極大的幫助作用。

美國不能做的——任何一個國家都不能做的——是下令建立一個自由、民主的日本。這招從來沒有在哪個被統治的國家中有效。任何一個國家都不可以命令別國的人民接受某種生活方式,因為那種生活是根據他的情形形成的,而別國的人民並不具備他的習慣和觀念。我們不能透過立法,讓日本人接受被選出來的人是具有權威的,而忽視那早已在他們的階層制中根深蒂固的「相應的地位」。我們不能透過立法,讓日本人接受人與人之間輕鬆自由的接觸方式(在美國這些方式是習以為常的),或是強制性的獨立要求,讓每個人都自己選擇配偶、工作、住房和義務。

第十三章　投降後的日本人

然而，日本人自己對於這方面的變化是十分清楚的，而且他們也覺得這是必須的。自從投降後，他們的公眾人物始終在說，日本社會應該鼓勵人們過自己的生活、相信自己的良知。他們當然沒有直接說，不過隨便一個日本人都清楚，他們是在質疑「羞恥」在日本的作用，而且他們希望在自己的同胞中，自由可以獲得新的發展，那是不再害怕被「世界」批評和放逐的自由。

無論日本人多麼心甘情願地接受，日本社會的壓力總是對個人有太多的要求。社會要他放棄欲望，隱藏情緒，代表家庭、組織或國家拋頭露面。事實表明，日本人可以接受這樣一種方針所需要的一切自我修練。然而他們的負擔太重了，為了自己的利益，不得不過分地壓抑自己。他們曾因不敢冒險去過一種心理負擔不那麼重的生活，而被軍國主義者引上歧路，那是一條讓他們持續付出代價的漫長路途。在付出了這麼高昂的代價之後，他們變得自以為是，還瞧不起那些道德觀念沒那麼苛刻的民族。

透過承認窮兵黷武是一個失敗、一種「錯誤」，日本人已經朝著社會變革邁出了第一步，而且是一大步。他們想重新贏得和平國家的尊重。世界一定要是一個和平的世界，要是蘇聯和美國在未來的幾年持續擴充軍備、準備打仗，那麼日本會利用其一技之長加入其中。不過，承認這一實情，並不等於要質疑和平日本的內在可能性。日本的動機是隨機應變的，若是環境

允許,它會在和平的世界裡尋求自己的位置。如果相反,條件不允許,那麼它就會在軍營似的世界裡,找自己的位置。

現在,日本人明白,軍國主義是一盞已經熄滅的燈。他們將會關注它在別的國家是不是也熄滅了。如果沒有熄滅,日本人就有可能重新點燃他們的好戰熱情,炫耀他們可以做出「巨大的貢獻」;如果熄滅了,日本人就有可能調整自己,來表明他們已經徹底吸取了教訓:天皇帝國的美夢,並非通向榮譽的康莊大道。

國家圖書館出版品預行編目資料

菊與刀，戰後人類學視角下的日本國民性剖析：以美國著名人類學家潘乃德視角解析日本社會的矛盾結構與行為邏輯 /[美]露絲‧潘乃德（Ruth Benedict）著，繁秋 譯 .-- 第一版 .-- 臺北市：崧燁文化事業有限公司，2025.07
面；　公分
POD 版
譯自：The chrysanthemum and the sword
ISBN 978-626-416-645-4(平裝)
1.CST: 民族文化 2.CST: 民族性 3.CST: 日本
535.731　　　　　　　114008295

菊與刀，戰後人類學視角下的日本國民性剖析：以美國著名人類學家潘乃德視角解析日本社會的矛盾結構與行為邏輯

作　　者：[美]露絲‧潘乃德（Ruth Benedict）
譯　　者：繁秋
發 行 人：黃振庭
出 版 者：崧燁文化事業有限公司
發 行 者：崧燁文化事業有限公司
E - m a i l：sonbookservice@gmail.com
粉 絲 頁：https://www.facebook.com/sonbookss/
網　　址：https://sonbook.net/
地　　址：台北市中正區重慶南路一段 61 號 8 樓
Rm. 815, 8F., No.61, Sec. 1, Chongqing S. Rd., Zhongzheng Dist., Taipei City 100, Taiwan
電　　話：(02) 2370-3310　　傳　　真：(02) 2388-1990
印　　刷：京峯數位服務有限公司
律師顧問：廣華律師事務所 張珮琦律師

-版權聲明-

本書版權為出版策劃人：孔寧所有授權崧燁文化事業有限公司獨家發行電子書及繁體書繁體字版。若有其他相關權利及授權需求請與本公司聯繫。
未經書面許可，不得複製、發行。

定　　價：450 元
發行日期：2025 年 07 月第一版
◎本書以 POD 印製